S0-BMW-136

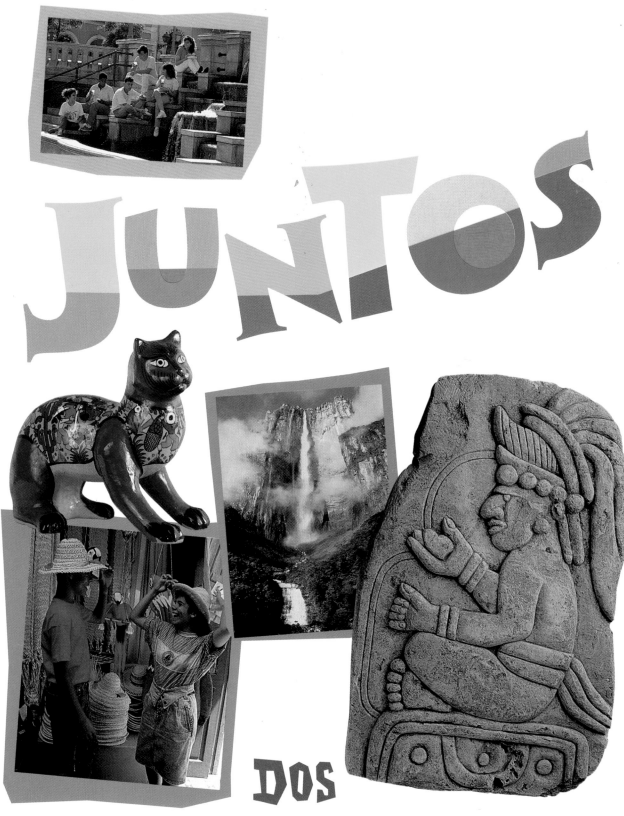

JUNTOS

DOS

PRENTICE HALL

PRENTICE HALL STAFF CREDITS

Director of Foreign Languages: Marina Liapunov

Director of Marketing: Karen Ralston

Project Support: Julie Demori

Advertising and Promotion: Carol Leslie, Alfonso Manosalvas, Rip Odell

Business Office: Emily Heins

Design: Jim O'Shea, AnnMarie Roselli

Editorial: Guillermo Lawton-Alfonso, José A. Peláez, Generosa Gina Protano, Barbara T. Stone

Manufacturing and Inventory Planning: Katherine Clarke, Rhett Conklin

Media Resources: Libby Forsyth, Maritza Puello

National Consultants: Elisa C. Rodríguez, Mary J. Secrest, Camille Wiersgalla

Permissions: Doris Robinson

Product Development Operations: Laura Sanderson

Production: Janice L. Lalley

Sales Operations: Hans Spengler

Technology Development: Richard Ferrie

Copyright © 2000, 1997 by Prentice-Hall, Inc., Upper Saddle River, New Jersey 07458. All rights reserved. No part of this book may be reproduced or transmitted in any form or by any means, electronic or mechanical, including photocopying, recording, or by any information storage and retrieval system, without permission in writing from the publisher. Printed in the United States of America.

ISBN 0-13-050848-9

3 4 5 6 7 8 9 10 03 02 01

PRENTICE HALL

PROGRAM ADVISORS

Pat Barr-Harrison
Prince George's County Public Schools
Upper Marlboro, MD

Jacqueline Benevento
Rowan College
Glassboro, NJ

Christine Brown
Glastonbury Public Schools
Glastonbury, CT

Celeste Carr
Howard County Public Schools
Ellicott City, MD

Jo Anne Engelbert
Montclair State University
Montclair, NJ

María J. Fierro-Treviño
Northside Independent School District
San Antonio, TX

Sol Gaitán
The Dalton School
New York, NY

Charles Hancock
Ohio State University
Columbus, OH

Mary Ann Hansen
Connecticut State Department
of Education
Hartford, CT

William Jassey
Norwalk Public Schools
Norwalk, CT

Dora Kennedy
University of Maryland
College Park, MD

Jacqueline M. Kiraithe-Córdova
California State University
Fullerton, CA

Guillermo Lawton-Alfonso
Universidad de La Habana
La Habana, Cuba
Columbia University, NY

Douglas Morgenstern
Massachusetts Institute of Technology
Cambridge, MA

Bert J. Neumaier
Farmington Public High School
Farmington, CT

Emily S. Peel
Wethersfield High School
Wethersfield, CT

Edward Powe
The University of Wisconsin
Madison, WI

Ramón Santiago
Lehman College
Bronx, NY

TEACHER CONSULTANTS

Carol Barnett
Forest Hills High School
Forest Hills, NY

Barbara Bennett
District of Columbia Public Schools
Washington, D.C

Linda Bigler
Thomas Jeffferson High School
Fairfax County, VA

Félix Cortez
The Dalton School
New York, NY

Yolanda Fernandes
Montgomery County Public Schools
Rockville, MD

Cindy Gerstl
Prince George's County Public Schools
Upper Marlboro, MD

Hilda Montemayor Gleason
Fairfax County Public Schools
Alexandria, VA

Leslie Grahn
Prince George's County Public Schools
Upper Marlboro, MD

Mark Grudzien
West Hartford Public Schools
West Hartford, CT

Adriana Montemayor Ivy
Denver Public Schools
Denver, CO

Judith Katzman
West Hartford Public Schools
West Hartford, CT

Delia García Menocal
Emerson High School
Emerson, NJ

Ruth Rivera
Prince George's County Public Schools
Upper Marlboro, MD

CULTURE CONSULTANTS

Mónica Alpacs
Lima, Peru

Virginia Álvarez
Santo Domingo, Dominican Republic

Lola Aranda
Mexico City, Mexico

Gloria Beretervide
Buenos Aires, Argentina

Andrés Chávez
Los Angeles, CA

Chris Chávez
Chicago, IL

Manuel Coronado
Madrid, Spain

Linda Cuéllar
San Antonio, Texas

Eric Delgado
San Juan, Puerto Rico

Carmen Franchi
Miami, FL

José Hernández
San Jose, Costa Rica

Diana Martínez
Los Angeles, CA

Kurt and Christine Rosenthal
Lima, Peru

Lita Vértiz
Mexico City, Mexico

CONTENIDO

¡BIENVENIDOS!

Bienvenidos al mundo hispano XX
    Welcome to the Spanish Speaking World

Mapas XX
    Maps, Tables, Population Estimates

  España XXII
  América del Sur XXIII
  México, América Central y el Caribe XXIV
  Estados Unidos de América XXVI
  El mundo XXVIII

¡Bienvenidos otra vez al español! XXX
    Reasons to Study Spanish

Consejos XXXII
    Tips for Learning More Spanish

SALUDOS

*Saludos is a review unit that provides overview of communicative themes introduced in **Juntos Uno** and serves as a bridge between* **Juntos Uno** *and* **Juntos Dos***.*

¿Cómo se llaman tus amigos? 2

Hola, ¿cómo estás? 4

¡Vamos a comer! 6

¿Qué comes? 8

¿Qué te gusta? 10

¿Qué más? 12

¿Qué hacemos hoy? 14

¿Cómo llegas a...? 16

¿Qué tal tus vacaciones? 18

¿Qué hiciste? 20

¡Llueve a cántaros! 22

¿Qué necesitas? 24

Una fiesta 26

Una carta 28

¡Vamos de viaje! 30

Vacaciones ideales 32

HAZ UN DIÁLOGO 34

Self-Test
- Haciendo amigos
- Conociéndose mejor
- Por teléfono
- Haciendo planes
- ¿Dónde está...?
- En el restaurante
- De compras
- En la escuela

REPASO DE LOS NÚMEROS . . 38

Review of Numbers

LA FECHA Y LAS ESTACIONES 39

Review of the Date and the Seasons of the Year

UNIDAD 1 COSTA RICA: EL JARDÍN DE LA PAZ 40

Unit Theme: A Trip to Costa Rica

CAPÍTULO 1 UN VIAJE EN AVIÓN 42

CHAPTER THEME: TRAVELING BY PLANE

Conversemos   Communicative Overview 44
Un viaje en avión

Realidades   Authentic Cultural Reading 46
En el avión

Palabras en acción   Vocabulary Focus 48
En el aeropuerto internacional

Para comunicarnos mejor   Grammar Summary 50
¿Lo tienes tú? **Direct object pronouns**
¿Qué asiento prefieres? **The verbs** *pensar, querer,*
and *preferir*

Situaciones   Proficiency-Building Situations 54
¡Vamos de viaje!

Para resolver   Cooperative Problem-Solving 56
Aerolíneas Caribe

Entérate   Reading for Cultural Information 58
El mural del aeropuerto Juan Santamaría

Vocabulario temático   Vocabulary Summary and Review 59
La conexión inglés-español   Language Connections

¿Qué aprendiste? Self-Test, Activity Book

CAPÍTULO 2 EXCURSIONES Y AVENTURAS 60

CHAPTER THEME: OUTDOOR ACTIVITIES AND THE ENVIRONMENT

Conversemos   Communicative Overview 62
Ecología y actividades al aire libre

Realidades   Authentic Cultural Reading 64
Descubran Costa Rica: ¡Es pura vida!

Palabras en acción   Vocabulary Focus 66
Excursión a una reserva natural

Para comunicarnos mejor   Grammar Summary **68**
   ¡No acampen aquí! Formal commands
   ¿Qué hiciste en el verano? The preterite of regular *-ar, -er,*
   and *-ir* verbs and of the irregular verbs *hacer, ir* and *ser*

Situaciones   Proficiency-Building Situations **72**
   Una excursión de un día

Para resolver   Cooperative Problem-Solving **74**
   ¡Visítenos!

Entérate   Reading for Cultural Information **76**
   Parques nacionales de Costa Rica

Vocabulario temático   Vocabulary Summary and Review **77**
   La conexión inglés-español Language Connections

   ¿Qué aprendiste? Self-Test, Activity Book

ADELANTE **78**

INTERDISCIPLINARY CULTURAL SECTION

Antes de leer   Reading Strategies **78**

Del mundo hispano   Interdisciplinary Cultural Reading **80**
   La diversidad de Costa Rica

Después de leer   Reading Comprehension Activities **82**

Taller de escritores   Real-World Writing **83**

Manos a la obra   Hands-on Cultural Project **84**
   Árboles de orquídeas

Otras fronteras   Connections to Other Disciplines **86**
   ECOLOGÍA, ARQUEOLOGÍA, POLÍTICA Y BIOLOGÍA

UNIDAD 2 MÉXICO: AYER Y HOY..... 88

Unit Theme: Mexico—Its Past and Present

CAPÍTULO 3 ¡OÍSTE LAS NOTICIAS! 90

CHAPTER THEME: THE NEWS

Conversemos   Communicative Overview 92
Las noticias

Realidades   Authentic Cultural Reading 94
México: los últimos treinta años

Palabras en acción   Vocabulary Focus 96
El maratón

Para comunicarnos mejor   Grammar Summary 98
¿Oyeron las noticias? **The preterite of** *decir, haber,* **and
verbs with spelling changes**
¿Pasó algo? **Indefinite and negative expressions**

Situaciones   Proficiency-Building Situations 102
El incendio de La Casa de los Azulejos

Para resolver   Cooperative Problem-Solving 104
Las noticias de *La Actualidad*

Entérate   Reading for Cultural Information 106
Jeroglíficos mexicanos

Vocabulario temático   Vocabulary Summary and Review 107
La conexión inglés-español Language Connections

¿Qué aprendiste? Self-Test, Activity Book

CAPÍTULO 4 LA TECNOLOGÍA DE HOY 108

CHAPTER THEME: TECHNOLOGY AND CITY LIFE

Conversemos   **Communicative Overview** 110
El pasado y el presente

Realidades   **Authentic Cultural Reading**............. 112
El presente y el pasado de Monterrey

Palabras en acción   **Vocabulary Focus**............... 114
La gran ciudad

Para comunicarnos mejor   **Grammar Summary**......... 116
¿Qué usaban antes? **The imperfect tense**
¿Qué es más rápido? **Comparisons:** *más/menos... que,
tan... como, tanto(a/os/as)... como*

Situaciones   **Proficiency-Building Situations** 120
Bienvenidos a la Enciclopedia electrónica

Para resolver   **Cooperative Problem-Solving**................... 122
Una casa más cómoda

Entérate   **Reading for Cultural Information**................ 124
Tesoros en el Golfo de México

Vocabulario temático   **Vocabulary Summary and Review**........ 125
La conexión inglés-español **Language Connections**

¿Qué aprendiste? Self-Test, Activity Book

ADELANTE 126

INTERDISCIPLINARY CULTURAL SECTION

Antes de leer   **Reading Strategies** 126

Del mundo hispano   **Interdisciplinary Cultural Reading** 128
Las pirámides del antiguo México

Después de leer   **Reading Comprehension Activities** 130

Taller de escritores   **Real-World Writing**.................... 131

Manos a la obra   **Hands-on Cultural Project**................... 132
Tu árbol de la vida

Otras fronteras   **Connections to Other Disciplines**................ 134
LITERATURA, BAILE, DEPORTE Y ECOLOGÍA

UNIDAD 3 NUEVA YORK Y LA REPÚBLICA DOMINICANA.. 136

Unit Theme: Latino Heritage in the United States

CAPÍTULO 5 ¡PASÁNDOLA BIEN EN LA CIUDAD! 138

CHAPTER THEME: TYPICAL CITY ACTIVITIES

Conversemos Communicative Overview...................... 140
  Tus amigos y tú

Realidades Authentic Cultural Reading 142
  Folleto de El Museo del Barrio

Palabras en acción Vocabulary Focus 144
  ¡Vamos al concierto!

Para comunicarnos mejor Grammar Summary 146
  ¿Se divirtieron anoche? The preterite of *-ir* verbs
  ¿Qué les serviste? Indirect object pronouns

Situaciones Proficiency-Building Situations 150
  ¡Vamos a divertirnos!

Para resolver Cooperative Problem-Solving.................. 152
  Una fiesta latina

Entérate Reading for Cultural Information.................... 154
  El merengue y otros ritmos latinos

Vocabulario temático Vocabulary Summary and Review 155
  La conexión inglés-español Language Connections

  ¿Qué aprendiste? *Self-Test, Activity Book*

CAPÍTULO 6 RECUERDOS DE LA ISLA 156

CHAPTER THEME: REMEMBERING THE DOMINICAN REPUBLIC

Conversemos Communicative Overview...................... 158
  Mis recuerdos

Realidades Authentic Cultural Reading 160
  El álbum de fotos de mi familia

Palabras en acción Vocabulary Focus 162
  ¡Vamos al pueblo!

Para comunicarnos mejor Grammar Summary 164
  ¿Dónde se conocieron? **Reciprocal verbs; adverbs**
  ¿Qué hacían cuando llegaste? **The preterite or the imperfect tense**

Situaciones Proficiency-Building Situations 168
  Los juegos de tu niñez

Para resolver Cooperative Problem-Solving 170
  Una historieta

Entérate Reading for Cultural Information....................172
  El carnaval dominicano

Vocabulario temático Vocabulary Summary and Review.........173
  La conexión inglés-español Language Connections

  ¿Qué aprendiste? Self-Test, Activity Book

ADELANTE 174

INTERDISCIPLINARY CULTURAL SECTION

Antes de leer Reading Strategies 174

Del mundo hispano Interdisciplinary Cultural Reading 176
  El béisbol dominicano de ayer y de hoy

Después de leer Reading Comprehension Activities 178

Taller de escritores Real-World Writing.......................179

Manos a la obra Hands-on Cultural Project...................180
  Al ritmo de maracas

Otras fronteras Connections to Other Disciplines...............182
  ARTE, MINERALOGÍA, BIOLOGÍA Y ECONOMÍA

UNIDAD 4

ARGENTINA: DOS ESCENAS DE LA VIDA COTIDIANA.. 184

Unit Theme: Life in Argentina

CAPÍTULO 7 ¡UN FIN DE SEMANA EN BUENOS AIRES!.................... 186

CHAPTER THEME: PREPARING FOR A CELEBRATION

Conversemos   Communicative Overview 188
Las celebraciones y tú

Realidades   Authentic Cultural Reading 190
Mapa gastronómico de Argentina

Palabras en acción   Vocabulary Focus 192
¡Es hora de comer!

Para comunicarnos mejor   Grammar Summary 194
¿Cuánto tiempo hace que viven en…? **Hace… que +**
present tense; verbs with an irregular stem in the preterite
¿Está puesta la mesa? **Past participles**

Situaciones   Proficiency-Building Situations 198
Guía para el fin de semana

Para resolver   Cooperative Problem-Solving 200
¡A cocinar!

Entérate   Reading for Cultural Information 202
¿Che, tenés hambre?

Vocabulario temático   Vocabulary Summary and Review 203
La conexión inglés-español Language Connections

¿Qué aprendiste? Self-Test, Activity Book

CAPÍTULO 8 UNA SEMANA EN UNA ESTANCIA .. 204

CHAPTER THEME: COUNTRY LIFE ON A HACIENDA

Conversemos   Communicative Overview 206
El campo y tú

Realidades   Authentic Cultural Reading 208
¡Estancias para todos los gustos!

Palabras en acción **Vocabulary Focus** 210
    Una estancia en La Pampa

Para comunicarnos mejor **Grammar Summary** 212
    ¿Visitaremos una estancia? **The future tense**
    ¿Por o para? **Uses of** *por* **and** *para*

Situaciones **Proficiency-Building Situations** 216
    ¡Ven a la doma!

Para resolver **Cooperative Problem-Solving** 218
    El mapa de nuestro pueblo

Entérate **Reading for Cultural Information** 220
    Los gauchos

Vocabulario temático **Vocabulary Summary and Review** . 221
    La conexión inglés-español **Language Connections**

    ¿Qué aprendiste? Self-Test, Activity Book

ADELANTE 222
INTERDISCIPLINARY CULTURAL SECTION

Antes de leer **Reading Strategies** 222

Del mundo hispano **Interdisciplinary Cultural Reading** 224
    Argentina, tierra de contrastes

Después de leer **Reading Comprehension Activities** 226

Taller de escritores **Real-World Writing** 227

Manos a la obra **Hands-on Cultural Project** 228
    ¡Buen provecho!

Otras fronteras **Connections to Other Disciplines** 230
    DEPORTE, GASTRONOMÍA, ARTE Y CINE

UNIDAD 5
ESPAÑA: ¡QUÉ BIEN TE SIENTA! 232
Unit Theme: Fashion and Exercise in Spain

CAPÍTULO 9 ¿QUÉ ESTÁ DE MODA? 234
CHAPTER THEME: GETTING READY TO GO OUT

Conversemos   Communicative Overview 236
La moda y tú

Realidades   Authentic Cultural Reading 238
Moda joven

Palabras en acción   Vocabulary Focus 240
¡Vamos a las galerías!

Para comunicarnos mejor   Grammar Summary 242
¿Ése es de lana? Demonstrative pronouns
¿Es interesante Madrid? Permanent qualities:
the verb *ser;* temporary qualities: the verb *estar*

Situaciones   Proficiency-Building Situations 246
¡A cortarse el pelo!

Para resolver   Cooperative Problem-Solving 248
Una revista de modas

Entérate   Reading for Cultural Information 250
España: moda internacional

Vocabulario temático   Vocabulary Summary and Review. 251
La conexión inglés-español Language Connections

¿Qué aprendiste? Self-Test, Activity Book

CAPÍTULO 10 ¡PONTE EN FORMA! 252
CHAPTER THEME: STAYING HEALTHY AND FIT

Conversemos   Communicative Overview 254
Tu salud

Realidades   Authentic Cultural Reading 256
Gimnasio *La pesa de oro*

Palabras en acción   Vocabulary Focus 258
En el gimnasio

Para comunicarnos mejor   Grammar Summary 260
 ¡Evita el estrés! Informal *(tú)* commands
 ¡No tomes mucho café! Negative informal commands

Situaciones   Proficiency-Building Situations 264
 Aliméntate bien

Para resolver   Cooperative Problem-Solving 266
 Mantente sano

Entérate   Reading for Cultural Information. 268
 Una escuela para deportistas

Vocabulario temático   Vocabulary Summary and Review. 269
 La conexión inglés-español Language Connections

 ¿Qué aprendiste? Self-Test, Activity Book

ADELANTE 270
 INTERDISCIPLINARY CULTURAL SECTION

Antes de leer   Reading Strategies 270

Del mundo hispano   Interdisciplinary Cultural Reading 272
 El fútbol y el baloncesto en España

Después de leer   Reading Comprehension Activities 274

Taller de escritores   Real-World Writing. 275

Manos a la obra   Hands-on Cultural Project. 276
 Práctico y de moda

Otras fronteras   Connections to Other Disciplines 278
 CINE, ARTE, ASTRONOMÍA Y TECNOLOGÍA

UNIDAD 6 ESTADOS UNIDOS: ESPAÑOL POR TODAS PARTES........ 280

Unit Theme: Spanish in the United States

CAPÍTULO 11 SERVICIOS A LA COMUNIDAD 282

CHAPTER THEME: COMMUNITY SERVICE

Conversemos   Communicative Overview 284
  Tu comunidad

Realidades   Authentic Cultural Reading 286
  ¡Tú también puedes ayudar!

Palabras en acción   Vocabulary Focus 288
  En el vecindario

Para comunicarnos mejor   Grammar Summary 290
  Es importante que ayudemos **Expressions with the subjunctive**
  ¡Reciclemos! Nosotros **commands**

Situaciones   Proficiency-Building Situations 294
  Seamos mejores ciudadanos

Para resolver   Cooperative Problem-Solving 296
  ¿Qué servicios ofrece tu comunidad?

Entérate   Reading for Cultural Information..................... 298
  Un café para poetas

Vocabulario temático   Vocabulary Summary and Review........ 299
  La conexión inglés-español Language Connections

  ¿Qué aprendiste? Self-Test, Activity Book

CAPÍTULO 12 LAS VENTAJAS DE SER BILINGÜE .. 300

CHAPTER THEME: CAREER GOALS—GETTING A JOB

Conversemos   Communicative Overview 302
  Tu futuro

Realidades   Authentic Cultural Reading 304
  ¿Qué aptitudes tienes?

Palabras en acción   Vocabulary Focus 306
  Campamento de verano *El Bosque*

Para comunicarnos mejor   Grammar Summary **308**
   Te recomiendo que aprendas otro idioma **Use of the subjunctive**
   ¿Has buscado trabajo alguna vez? **The present perfect**

Situaciones   Proficiency-Building Situations **312**
   Oportunidades de empleo para personas bilingües

Para resolver   Cooperative Problem-Solving **314**
   Estudios y profesiones

Entérate   Reading for Cultural Information **316**
   ¡Qué útiles son los idiomas!

Vocabulario temático   Vocabulary Summary and Review **317**
   La conexión inglés-español **Language Connections**

   ¿Qué aprendiste? Self-Test, Activity Book

ADELANTE **318**

INTERDISCIPLINARY CULTURAL SECTION

Antes de leer   Reading Strategies **318**

Del mundo hispano   Interdisciplinary Cultural Reading **320**
   ¡Qué suerte ser bilingüe!

Después de leer   Reading Comprehension Activities **322**

Taller de escritores   Real-World Writing **323**

Manos a la obra   Hands-on Cultural Project **324**
   Su vida en fotos

Otras fronteras   Connections to Other Disciplines **326**
   CULTURA, SOCIEDAD, TEATRO Y ARTE

PARA TU REFERENCIA

Verbos: resumen gramatical   Grammar Summary **328**
Glosario español-inglés   Spanish-English Vocabulary **334**
Glosario inglés-español   English-Spanish Vocabulary **351**
Índice gramatical   Grammar Index **364**

$1 + 6 = 7$

BIENVENIDOS AL MUNDO HISPANO

You are about to continue your journey into the language and culture of the Spanish-speaking world to get acquainted with new cities and countries. You'll meet more of the 300 million people who are Spanish speakers. As you gradually become one of them, you may very well find that your new language opens doors to exciting and rewarding opportunities.

¡Buen viaje! Have a good trip!

WHERE IN THE WORLD?

In the section that follows, you will find maps that highlight countries throughout the world where people speak Spanish. These maps will provide you with the following information: the Spanish name of the country, its location, geographic landforms, and the products and wildlife that you will find there. Enjoy studying the maps as you think about where in the world you might want to visit someday.

MAPS AND TABLES

- Population Estimates
- Geographic Landforms Used in the Maps
- Symbols Used in the Maps
- Map of Spain
- Map of South America
- Map of Mexico, Central America, and the Caribbean
- Map of the U.S.
- Map of the World

Population Estimates *(Countries where Spanish is the Primary Language)*

Country	Population	Country	Population
Mexico	86,170,000	Dominican Republic	7,591,000
Spain	39,200,000	Bolivia	7,411,000
Colombia	35,600,000	El Salvador	5,635,000
Argentina	34,883,000	Honduras	5,164,000
Peru	23,854,000	Paraguay	5,003,000
Venezuela	19,085,000	Nicaragua	3,932,000
Chile	14,000,000	Puerto Rico	3,500,000
Ecuador	11,055,000	Costa Rica	3,300,000
Cuba	10,900,000	Uruguay	3,200,000
Guatemala	9,705,000	Panama	2,500,000

GEOGRAPHIC LANDFORMS USED IN THE MAPS

On the pages that follow, you will find maps illustrated with geographic landforms. For reference, the landforms that appear in these maps are illustrated below with the name of each feature in Spanish.

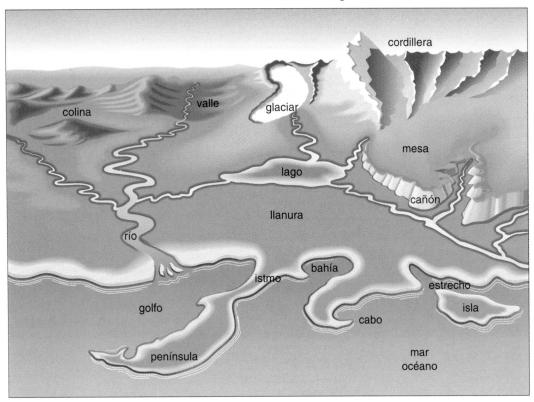

SYMBOLS USED IN THE MAPS

The maps that follow contain symbols that will give you a glimpse of the agricultural products, industries, and animals that you will likely see when you visit the region.

naranjas

plátanos

ganado vacuno

caballos

turismo

algodón

manatíes

petróleo

área muy lluviosa

piñas

industria

montañas

maíz

esquí

área seca

pesca

ovejas

trigo

uvas

puerto

área de lluvias moderadas

caña de azúcar

minas

flores

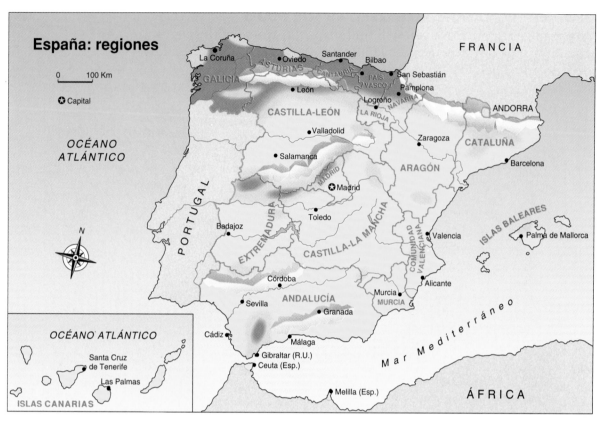

España: regiones

0 100 Km

⊗ Capital

OCÉANO
ATLÁNTICO

FRANCIA

La Coruña
Oviedo
Santander
Bilbao
GALICIA
ASTURIAS
CANTABRIA
PAÍS
VASCO
San Sebastián
Pamplona
León
Logroño
NAVARRA
LA RIOJA
ANDORRA
CASTILLA-LEÓN
Valladolid
Zaragoza
CATALUÑA
Salamanca
ARAGÓN
Barcelona
PORTUGAL
MADRID
⊗ Madrid
EXTREMADURA
Toledo
Badajoz
CASTILLA-LA MANCHA
COMUNIDAD
VALENCIANA
Valencia
ISLAS BALEARES
Palma de Mallorca
Córdoba
ANDALUCÍA
Alicante
Murcia
MURCIA
Sevilla
Granada
Cádiz
Málaga
Gibraltar (R.U.)
Ceuta (Esp.)
Melilla (Esp.)
Mar Mediterráneo
ÁFRICA

OCÉANO ATLÁNTICO
Santa Cruz
de Tenerife
Las Palmas
ISLAS CANARIAS

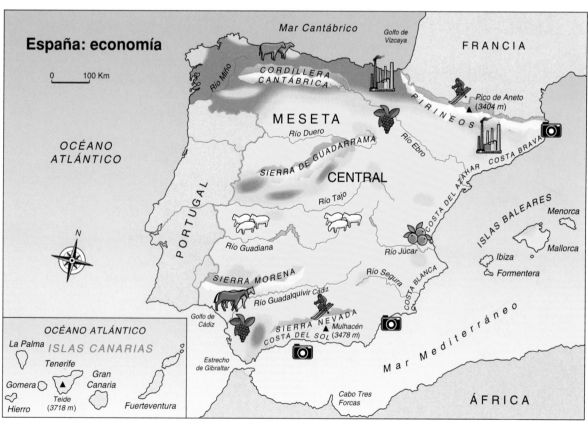

España: economía

0 100 Km

Mar Cantábrico
Golfo de
Vizcaya
FRANCIA

Río Miño
CORDILLERA
CANTÁBRICA
PIRINEOS
Pico de Aneto
(3404 m)

MESETA
Río Duero
SIERRA DE GUADARRAMA
CENTRAL
Río Ebro
COSTA BRAVA
COSTA DEL AZAHAR

OCÉANO
ATLÁNTICO

PORTUGAL
Río Tajo
Río Guadiana
Río Júcar
ISLAS BALEARES
Menorca
Ibiza
Mallorca
Formentera

SIERRA MORENA
Río Segura
COSTA BLANCA
Río Guadalquivir Cádiz
SIERRA NEVADA
Mulhacén
(3478 m)
COSTA DEL SOL
Golfo de
Cádiz
Estrecho
de Gibraltar
Mar Mediterráneo
Cabo Tres
Forcas
ÁFRICA

OCÉANO ATLÁNTICO
La Palma
ISLAS CANARIAS
Tenerife
Gomera
Teide
(3718 m)
Gran
Canaria
Hierro
Fuerteventura

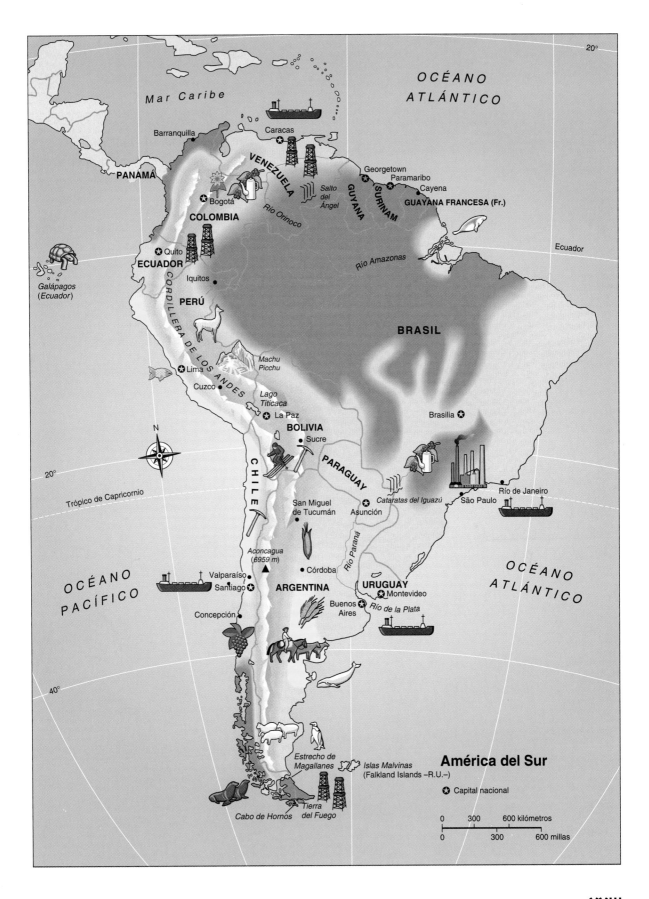

Mar Caribe

OCÉANO ATLÁNTICO

20°

Barranquilla

Caracas

PANAMÁ

VENEZUELA

Georgetown
Paramaribo
Cayena

GUYANA

SURINAM

GUAYANA FRANCESA (Fr.)

Bogotá

Salto del Ángel

COLOMBIA

Río Orinoco

Ecuador

Quito

ECUADOR

Río Amazonas

Iquitos

PERÚ

CORDILLERA DE LOS ANDES

Galápagos (Ecuador)

BRASIL

Lima

Machu Picchu

Cuzco

Lago Titicaca

La Paz

Brasilia

BOLIVIA

Sucre

PARAGUAY

Cataratas del Iguazú

CHILE

20°

Trópico de Capricornio

San Miguel de Tucumán

Asunción

São Paulo

Río de Janeiro

N

Aconcagua (6959 m)

Córdoba

Río Paraná

OCÉANO PACÍFICO

Valparaíso
Santiago

ARGENTINA

URUGUAY

Montevideo

OCÉANO ATLÁNTICO

Concepción

Buenos Aires

Río de la Plata

40°

América del Sur

Estrecho de Magallanes

Islas Malvinas
(Falkland Islands –R.U.–)

Capital nacional

Cabo de Hornos

Tierra del Fuego

0   300   600 kilómetros

0   300   600 millas

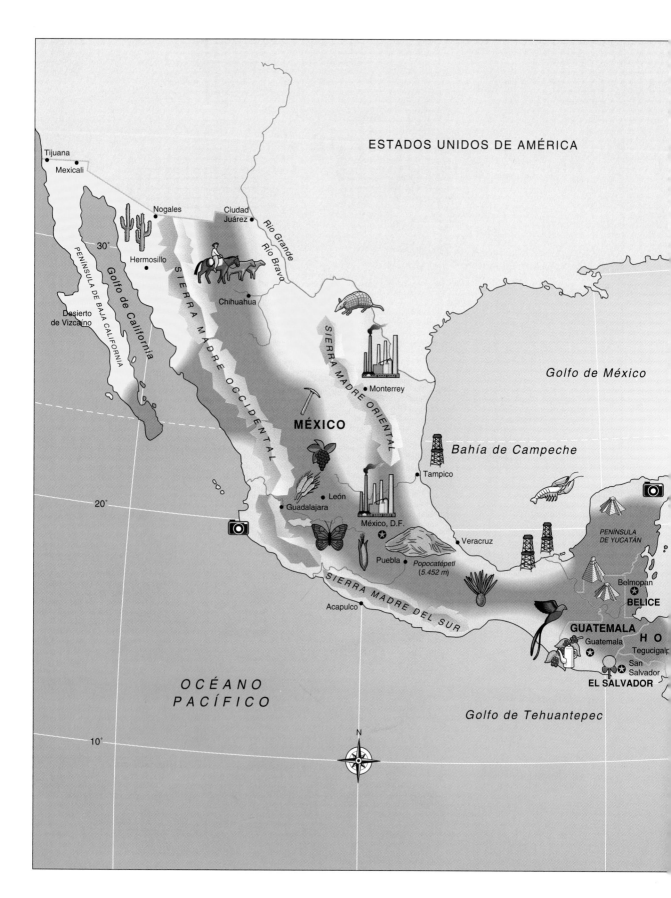

ESTADOS UNIDOS DE AMÉRICA

Tijuana
Mexicali
Nogales
Ciudad Juárez
Río Grande
Río Bravo

30°

PENÍNSULA DE BAJA CALIFORNIA

Golfo de California

Hermosillo

Chihuahua

SIERRA MADRE OCCIDENTAL

SIERRA MADRE ORIENTAL

Desierto de Vizcaíno

Monterrey

Golfo de México

MÉXICO

Bahía de Campeche

León

Tampico

20°

Guadalajara

México, D.F.

PENÍNSULA DE YUCATÁN

Veracruz

Puebla

Popocatépetl
(5.452 m)

Belmopan

BELICE

SIERRA MADRE DEL SUR

GUATEMALA

H O

Acapulco

Guatemala

Tegucigalp

San Salvador

EL SALVADOR

OCÉANO
PACÍFICO

Golfo de Tehuantepec

10°

N

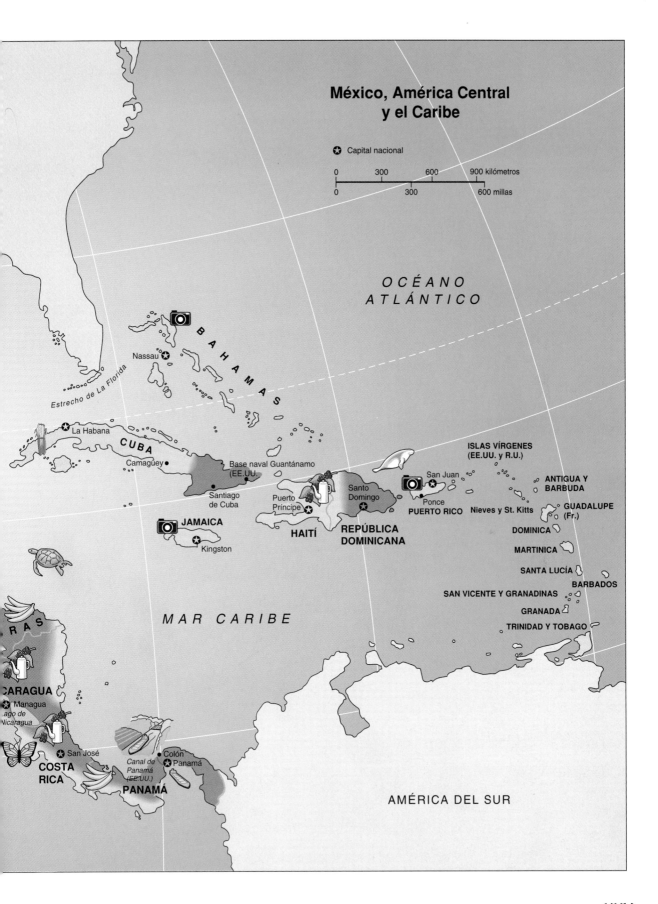

México, América Central y el Caribe

★ Capital nacional

0	300	600	900 kilómetros
0		300	600 millas

OCÉANO
ATLÁNTICO

B A H A M A S

Nassau ★

Estrecho de La Florida

★ La Habana
CUBA

Camagüey •

Base naval Guantánamo
(EE.UU.)

Santiago
de Cuba

Puerto
Príncipe ★

HAITÍ

Santo
Domingo

REPÚBLICA
DOMINICANA

San Juan
★
Ponce •
PUERTO RICO

ISLAS VÍRGENES
(EE.UU. y R.U.)

ANTIGUA Y
BARBUDA

Nieves y St. Kitts

GUADALUPE
(Fr.)

DOMINICA

MARTINICA

SANTA LUCÍA

BARBADOS

SAN VICENTE Y GRANADINAS

GRANADA

TRINIDAD Y TOBAGO

JAMAICA
★
Kingston

MAR CARIBE

RAS

CARAGUA

★ Managua
ago de
Nicaragua

★ San José
COSTA
RICA

Canal de
Panamá
(EE.UU.)

Colón •
★ Panamá
PANAMÁ

AMÉRICA DEL SUR

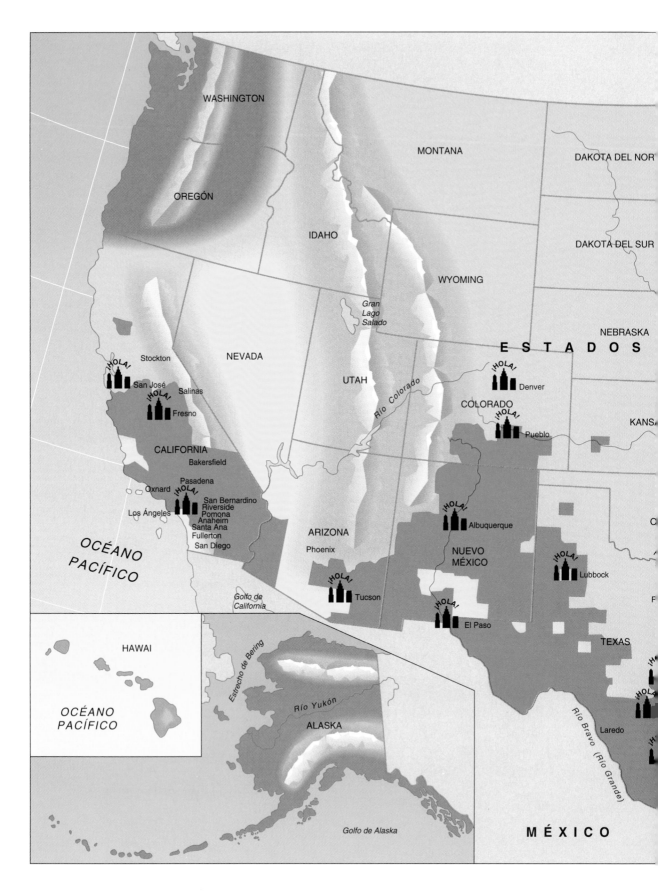

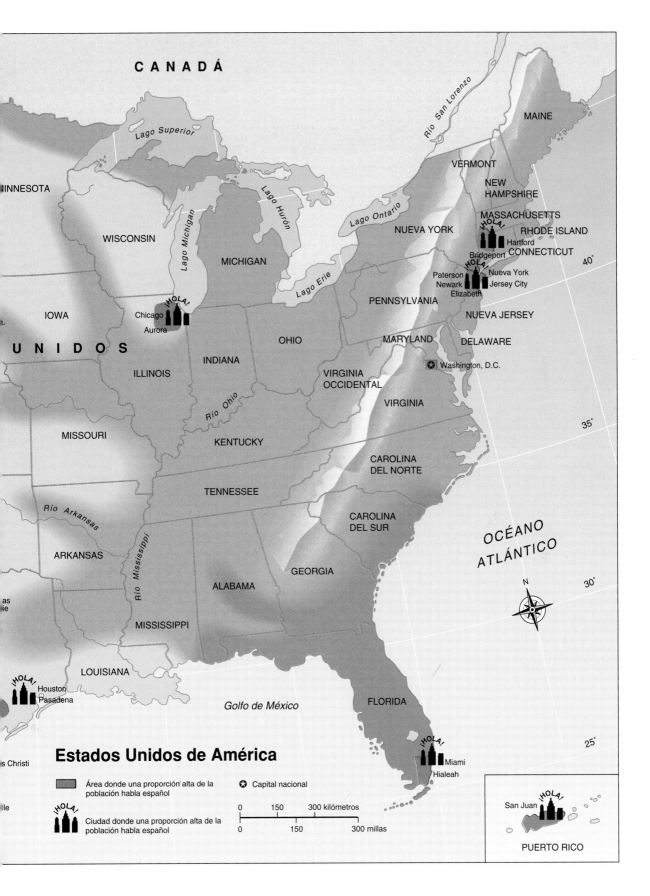

CANADÁ

MINNESOTA

WISCONSIN

MICHIGAN

IOWA

UNIDOS

ILLINOIS

INDIANA

OHIO

Lago Superior

Lago Michigan

Lago Hurón

Lago Erie

Lago Ontario

Río San Lorenzo

MAINE

VERMONT

NEW HAMPSHIRE

MASSACHUSETTS

RHODE ISLAND

CONNECTICUT

NUEVA YORK

¡HOLA!
Hartford

¡HOLA!
Bridgeport

Paterson
Newark
Elizabeth

Nueva York
Jersey City

40°

PENNSYLVANIA

NUEVA JERSEY

¡HOLA!
Chicago
Aurora

MARYLAND

DELAWARE

VIRGINIA OCCIDENTAL

VIRGINIA

Washington, D.C.

Río Ohio

MISSOURI

KENTUCKY

35°

CAROLINA DEL NORTE

TENNESSEE

Río Arkansas

ARKANSAS

Río Mississippi

CAROLINA DEL SUR

GEORGIA

OCÉANO ATLÁNTICO

N

30°

ALABAMA

MISSISSIPPI

LOUISIANA

¡HOLA!
Houston
Pasadena

s Christi

le

Golfo de México

FLORIDA

25°

¡HOLA!
Miami
Hialeah

Estados Unidos de América

Área donde una proporción alta de la población habla español

★ Capital nacional

¡HOLA!
Ciudad donde una proporción alta de la población habla español

| 0 | 150 | 300 kilómetros |
| 0 | 150 | 300 millas |

¡HOLA!
San Juan

PUERTO RICO

GROE
(DINA

CANADÁ

**AMÉRICA
DEL NORTE**

ESTADOS UNIDOS

*Bermuda
(R.U.)*

Trópico de Cáncer

*Hawai
(EE.UU.)*

MÉXICO

CUBA

BAHAMAS
REPUBLICA DOMINICANA
Puerto Rico (EE.UU.)
Islas Vírgenes (EE.UU. y R.U.)
SAINT KITTS Y NIEVES
ANTIGUA Y BARBUDA
DOMINICA
SANTA LUCÍA
BARBADOS
SAN VICENTE Y LAS GRAN
TRINIDAD Y TOBAGO
SURINAM
GUAYANA FRANCESA
(FRANCIA)

BELICE
GUATEMALA
EL SALVADOR
HONDURAS
COSTA RICA
PANAMÁ

JAMAICA
NICARAGUA

HAITÍ
GRANADA

VENEZUELA

COLOMBIA

OCÉANO PACÍFICO

Ecuador

*Islas Galápagos
(ECUADOR)*

ECUADOR

GUYANA

P O L I N E S I A

*Wallis y
Futuna
(FRANCIA)* **KIRIBATI**

*Islas
Tokelau (N.Z.)*

*Samoa
Norteamericana
(EE.UU.)*

**SAMOA
OCCIDENTAL**

TONGA

*Polinesia
Francesa
(FRANCIA)*

Trópico de Capricornio

*I. Pitcairn
(R.U.)*

**AMÉRICA
DEL SUR**

BRASIL

PERÚ

BOLIVIA

PARAGUAY

CHILE

ARGENTINA

URUGUAY

0	1000	2000 millas
0	1000	2000 kilómetros

*Islas Malvinas
Falkland Islands
(R.U.)*

Círculo Polar Antártico

El mundo

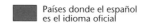 Países donde el español
es el idioma oficial

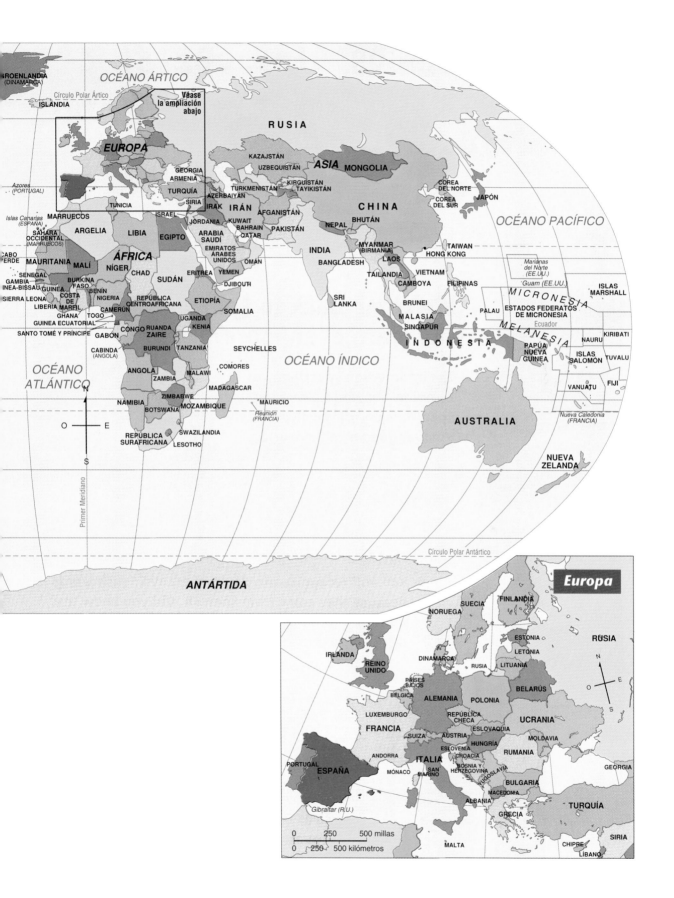

OCÉANO ÁRTICO

Círculo Polar Ártico

ISLANDIA

Véase la ampliación abajo

RUSIA

EUROPA

ROENLANDIA (DINAMARCA)

Azores (PORTUGAL)

KAZAJSTÁN

UZBEQUISTÁN

ASIA MONGOLIA

GEORGIA
ARMENIA

TURQUÍA

TURKMENISTÁN
AZERBAIYÁN

KIRGUISTÁN
TAYIKISTÁN

COREA
DEL NORTE

JAPÓN

SIRIA

IRAK

IRÁN

AFGANISTÁN

CHINA

COREA
DEL SUR

Islas Canarias (ESPAÑA)

MARRUECOS

ISRAEL

JORDANIA

NEPAL

BHUTÁN

OCÉANO PACÍFICO

SAHARA
OCCIDENTAL
(MARRUECOS)

ARGELIA

LIBIA

EGIPTO

KUWAIT
BAHRAIN
QATAR

PAKISTÁN

TAIWAN

ARABIA
SAUDÍ

HONG KONG

CABO
VERDE

MAURITANIA

MALÍ

ÁFRICA

NÍGER

CHAD

EMIRATOS
ÁRABES
UNIDOS

OMÁN

INDIA

MYANMAR
(BIRMANIA)

LAOS

Marianas
del Norte
(EE.UU.)

SENEGAL

SUDÁN

ERITREA

YEMEN

BANGLADESH

Guam (EE.UU.)

GAMBIA
INEA-BISSAU GUINEA

BURKINA
FASO

BENÍN

NIGERIA

REPÚBLICA
CENTROAFRICANA

DJIBOUTI

TAILANDIA

VIETNAM

CAMBOYA

FILIPINAS

MICRONESIA

ISLAS
MARSHALL

SIERRA LEONA

COSTA
DE
MARFIL

CAMERÚN

ETIOPÍA

SRI
LANKA

BRUNEI

ESTADOS FEDERADOS
DE MICRONESIA

LIBERIA

GHANA

TOGO

GUINEA ECUATORIAL

UGANDA

SOMALIA

MALASIA

PALAU

Ecuador

SANTO TOMÉ Y PRÍNCIPE

GABÓN

CONGO

RUANDA
ZAIRE

KENIA

SINGAPUR

MELANESIA

CABINDA
(ANGOLA)

BURUNDI

TANZANIA

SEYCHELLES

INDONESIA

PAPÚA
NUEVA
GUINEA

ISLAS
SALOMÓN

NAURU

KIRIBATI

TUVALU

OCÉANO
ATLÁNTICO

N

ANGOLA

ZAMBIA

MALAWI

COMORES

OCÉANO ÍNDICO

VANUATU

FIJI

O E

MADAGASCAR

MAURICIO

NAMIBIA

ZIMBABWE

MOZAMBIQUE

Reunión
(FRANCIA)

AUSTRALIA

Nueva Caledonia
(FRANCIA)

BOTSWANA

S

Primer Meridiano

REPÚBLICA
SURAFRICANA

SWAZILANDIA

LESOTHO

NUEVA
ZELANDA

Círculo Polar Antártico

ANTÁRTIDA

Europa

SUECIA

FINLANDIA

NORUEGA

ESTONIA

RUSIA

IRLANDA

REINO
UNIDO

DINAMARCA

RUSIA

LETONIA

LITUANIA

N

PAÍSES
BAJOS

BELARÚS

O E

BÉLGICA

ALEMANIA

POLONIA

S

LUXEMBURGO

FRANCIA

REPÚBLICA
CHECA

UCRANIA

SUIZA

ESLOVAQUIA

AUSTRIA

PORTUGAL

ESPAÑA

ANDORRA

MÓNACO

ITALIA

SAN
MARINO

ESLOVENIA

HUNGRÍA

MOLDAVIA

CROACIA

RUMANIA

BOSNIA Y
HERZEGOVINA

YUGOSLAVIA

GEORGIA

BULGARIA

MACEDONIA

ALBANIA

TURQUÍA

Gibraltar (R.U.)

GRECIA

0   250   500 millas

0   250   500 kilómetros

MALTA

CHIPRE

SIRIA

LÍBANO

¡Bienvenidos otra vez al ¡español!

¿Por qué aprender todavía más?

(Welcome back to Spanish. Why learn even more?)

- The information superhighway is bringing the world closer together. Spanish is one of the most widely used languages in the world.

- You will recognize the origin of many English words because they come from Spanish. Did you know that *mosquito, potato,* and *tornado* are just a few of the words we use every day that are of Spanish origin?

- You will be able to read one of the richest of all European literatures in the original Spanish: *Don Quijote* and *El Cid*—as well as works by contemporary Nobel Prize winners such as Octavio Paz and Gabriel García Márquez.

- New careers and exciting adventures will open up to you around the world. As the global economy expands, the 18 Spanish-speaking countries of Latin America, Puerto Rico, and Spain will present great job opportunities and markets in the 21st century. You will also enjoy traveling and meeting people in all of these places when you can speak their language!

- You will be better able to communicate with people in your own country. Spanish is the most commonly spoken language in the United States after English. There are Spanish-speaking neighborhoods in many parts of the U.S.

Tips for Learning More Spanish

- **Expand what you already know!** Communicate in Spanish as often as you can. Keep adding the new words and phrases that you learn to those you already know. Remember — the best way to learn to speak Spanish is to do it every day!

- **Have fun with language!** Try to use Spanish every day — in and out of the classroom. Tell a joke that has a Spanish punchline. Use your Spanish to order food in a Spanish restaurant or shop in a Spanish store. Speak Spanish to a friend whose first language is Spanish. Don't worry if you don't get everything right. Spanish-speakers will appreciate it if you try to communicate with them in Spanish. They'll even help you out, if you need it!

- **Listen actively!** Take every opportunity that you can to hear Spanish spoken. Turn on a Spanish station on your radio or TV. Listen to Spanish music — get into the rhythm! Even if you don't understand every word you hear, that's okay. Listen carefully. Spanish is all around you. Take advantage of every chance to surround yourself with the sounds of the language.

- **Think about how you learn!** Everybody has a special learning style. Some people learn a language by watching for clues in the way others act when they speak. Some people learn a language by noticing words that sound familiar and making a mental note of them. Still others learn by teaching what they know to others — like a family member or a younger friend. Share your learning style with your classmates. Pick up tips about their learning styles, and try those tips out for yourself.

- **Be positive!** Remember, you're not exactly a newcomer to this language. You learned a lot of Spanish last year, and there's still more to do, but you are going to succeed! You know how to use ¡JUNTOS! because you've used it before. Look for other ways to practice speaking and reading Spanish. If you didn't find a Spanish-speaking pen pal last year, try to do that this year. Maybe you can even find a Spanish-speaking pal in cyberspace on a World Wide Web site! Go to a Spanish movie and see how much you understand without using the subtitles. Take charge of your own learning!

- **Work together!** Together is what ¡JUNTOS! is all about. It's not just in the classroom, but outside of it as well. Speak Spanish to classmates in the hall, in the lunchroom, over the phone, or even at a football game! Use your new skills together ....¡JUNTOS!

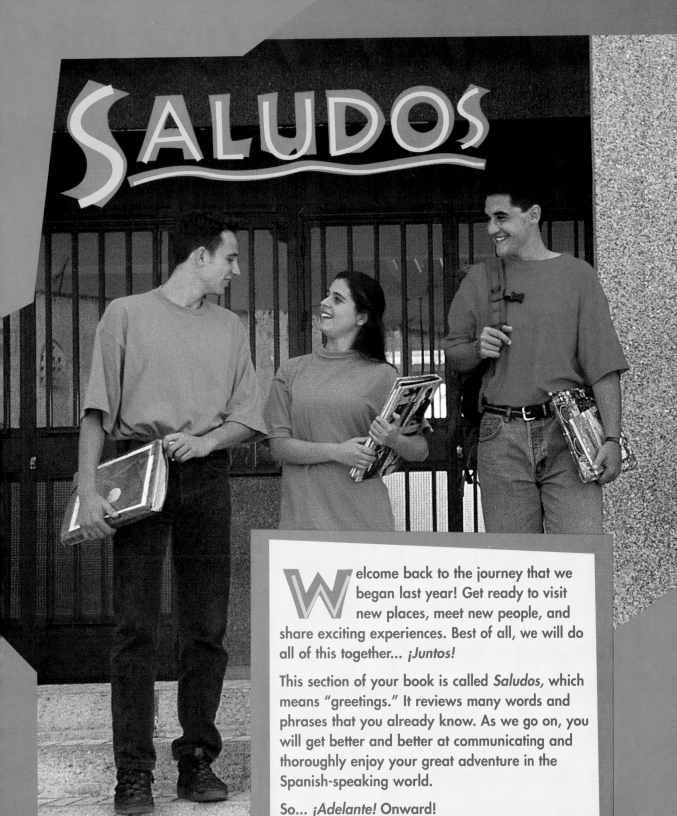

SALUDOS

Welcome back to the journey that we began last year! Get ready to visit new places, meet new people, and share exciting experiences. Best of all, we will do all of this together... *¡Juntos!*

This section of your book is called *Saludos,* which means "greetings." It reviews many words and phrases that you already know. As we go on, you will get better and better at communicating and thoroughly enjoy your great adventure in the Spanish-speaking world.

So... *¡Adelante!* Onward!

¿CÓMO SE LLAMAN TUS AMIGOS?

Más nombres

Chicas

Alicia	Guadalupe (Lupe)		
Ana	Inés		
Bárbara	Irene		
Beatriz	Isabel (Isa,		
Carlota	Chabela)		
Carmen (Menchu)	Juana		
Carolina	Julia		
Catalina	Lucía		
Clara	Margarita		
Claudia	Marta		
Cristina (Tina)	Natalia		
Diana	Pilar		
Dolores (Lola)	Sara		
Elena	Susana		
Elisa	Teresa (Tere)		
Estefanía	Virginia		
Eva			

Chicos

Alberto	Javier
Alejandro	Jorge
Alfonso	José (Pepe)
Alfredo	Juan
Andrés	Lorenzo
Antonio (Toni,	Luis
Toño)	Manuel (Manolo)
Carlos	Martín
Daniel	Miguel
David	Pablo
Eduardo	Pedro
Enrique (Quique)	Rafael (Rafa)
Esteban	Ramón (Moncho,
Felipe	Mongo)
Fernando (Nano)	Raúl
Francisco (Paco)	Roberto (Beto)
Guillermo	Víctor

PRIMER APELLIDO
BÉJAR
SEGUNDO APELLIDO
LASA
FECHA NACIMIENTO 31.05.80
NOMBRE
ISABEL
CALLE, PLAZA Y NUMERO
RENTERIA 14 1
PROVINCIA
POBLACIÓN
20013
SEBASTIAN
JEFATURA DE TRAFICO DE EXPEDICIÓN
GUIPUZCOA
NUMERO LICENCIA
32.425.384
VÁLIDO HASTA
Mod. 2.30/94

G VIDEO CLUB ATOCHA S.A.
ALQUILER Y VENTA DE PELICULAS
ALQUILER DE CAMARAS DE VIDEO
Socio Nº **9 5 5 9**   Fecha **26 - 3 - 94**
Sr.
JAIME LUIS RUIZ
Calabria, 321   Tel. 555 35 54   08029 Barcelona

2

¿Cómo te llamas?

Pregúntale a tu compañero(a) su nombre
y cuántos años tiene.

— *¿Cómo te llamas?*
— *Me llamo Alicia.*
— *¿Cuántos años tienes?*
— *Tengo 15 años.*

2 **Tu familia**

Pregúntale a tu compañero(a) sobre su
familia.

— *¿Tienes hermanos?*
— *Sí. Tengo dos hermanos.*
— *¿Cómo se llaman?*
— *Se llaman Jorge y Rosa.*
— *¿Tienes mascotas?*
— *Sí, tengo una tortuga.*

 Tu clase

Pregúntales a tus compañeros de clase.

¿Quién en la clase tiene...?
• un nombre que empieza con L
• un nombre que termina con S
• hermanos
• un nombre con seis letras
• un gato
• un perro

 A escribir

Ahora, escribe seis oraciones sobre tu
compañero(a). Después, presenta a tu
compañero(a) a la clase.

MÁS PREGUNTAS...

¿Cuántos meses / años tiene?   ¿Cómo es?

¿Tienes un perro?   ¿Cómo se llama?

¿RECUERDAS?

Use the verb **tener** *(to have) to talk about your
age and what you have or own.*

yo	**tengo**	nosotros(as)	**tenemos**
tú	**tienes**	vosotros(as)	**tenéis**
usted	**tiene**	ustedes	**tienen**
él/ella	**tiene**	ellos/ellas	**tienen**

¿RECUERDAS?

Use the verb **llamarse** *(to be called) to tell your
name.*

yo	**me llamo**	nosotros(as)	**nos llamamos**
tú	**te llamas**	vosotros(as)	**os llamáis**
usted	**se llama**	ustedes	**se llaman**
él/ella	**se llama**	ellos/ellas	**se llaman**

¿SABES QUE...?

In Spanish-speaking countries
many people have name
combinations that start with
María or *Mari* for women,
such as *María del Carmen*
or *María Rosa,* and with
Juan or *José* for men, such
as *José Luis* or *Juan Carlos.*

1 ¡De dónde eres?

Pregúntale a tu compañero(a) de dónde es.

— ¿De dónde eres?
— Soy de Ohio, ¿y tú?
— De Illinois.

2 Mucho gusto

En grupos de tres, presenten a sus nuevos(as) compañeros(as). ¡Usen sus nombres españoles!

— Hola, te presento a mi amigo Pablo.
— ¿Cómo estás?
— Muy bien, ¿y tú?
— Estoy bien, gracias.

3 ¿De dónde es? ¿Dónde está?

Pregúntales a tus compañeros(as) de qué ciudad o país son sus familias. ¿Sabes dónde está?

— ¿De dónde es tu familia?
— Mis abuelos, los padres de mi madre, son de Bogotá.
— ¿Dónde está Bogotá?
— Está en Colombia.

4 Mi familia

En grupos, hagan una encuesta sobre sus orígenes. Hagan una tabla según el modelo.

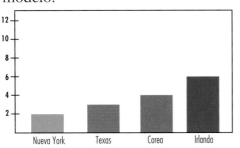

¿RECUERDAS?

Use the verb **ser** (to be) to describe people and things. Use **ser + de** to talk about where somebody is from.

yo	**soy**	nosotros(as)	**somos**
tú	**eres**	vosotros(as)	**sois**
usted	**es**	ustedes	**son**
él/ella	**es**	ellos/ellas	**son**

¿RECUERDAS?

Use the verb **estar** (to be) to talk about how you are. Use **estar + en** to indicate location.

yo	**estoy**	nosotros(as)	**estamos**
tú	**estás**	vosotros(as)	**estáis**
usted	**está**	ustedes	**están**
él/ella	**está**	ellos/ellas	**están**

5 Te toca a ti

Con tu compañero(a), creen dos diálogos.

A say hi

B reply/ask: how are you?

A answer/ask back

B reply/ask something about him/her

A answer/ask something else

B answer/say goodbye

A reply

¡VAMOS A COMER!

Funda La Casera

COCINA MEXICANA TRADICIONAL

RESTAURANTE · PIANO · TERRAZA

PLAZA TRES REYES, 31

La Gran Muralla 榮星

Restaurante chino
*abierto todos los días del año
de 11 de la mañana
a 2 de la noche*

Pizzas Aurelio

**Come la mejor pizza
de Nueva York.**

Gran oferta

Compra dos pizzas
medianas y...
¡te damos una gratis!

TAQUERÍA TACOS LOCOS

Tacos   **Enchiladas**

Burritos

Chiles

Pasteles Aurora
Chocolate · Sándwiches
Batidos naturales

6

1 **¿Adónde te gustaría ir?**

Con tu compañero(a), miren los anuncios.
Decidan dónde quieren comer.

— *¿Te gustaría ir a Tacos Locos?*

— *No. ¿Vamos a La Gran Muralla?*

— *Sí. Me gusta mucho la comida china.*

MÁS PREGUNTAS...

¿Es caro?　　　　　¿A qué hora?

¿Con quién?　　¿Cómo vamos?

 2 **¿Dónde comes?**

Con tu compañero(a), hablen de dónde
comen.

— *Generalmente, ¿dónde comes?*

— *Como en la cafetería de la escuela.*
  ¿Y tú?

— *Yo como en casa.*

MÁS PREGUNTAS...

¿Te gusta?

¿Con quién?　　¿Vas a un restaurante?

¿Qué tipo de restaurante es?　　¿Cuál te gusta?

 3 **En tu ciudad**

Con tu compañero(a), hablen de los
restaurantes y otros lugares de su ciudad
que conocen.

— *¿Conoces el restaurante Tapas?*

— *No, ¿es un restaurante bueno?*

— *Sí, buenísimo. Es un restaurante*
  español.

MÁS PREGUNTAS...

¿Dónde está?　　¿Qué tipo de comida hay?

¿Comes allí muchas veces?

¿Qué comes allí?　　Generalmente, ¿qué pides?

¿Es caro? ¿Es barato?

¿Tienen plato del día?

¿Qué más?

- la plaza
- el centro comercial
- la discoteca
- el gimnasio
- la cafetería
- el cine

¿QUÉ COMES?

¿Qué comes en el desayuno?
- cereales
- huevos con jamón
- mantequilla
- pan
- fruta

¿Qué tomas?
- café
- leche
- café con leche
- té
- jugo
- chocolate caliente

¿Qué comes en el almuerzo?
¿Y en la comida?
- pescado
- verduras
- carne
- arroz
- ensalada
- pollo
- sopa
- frijoles

¿Qué tomas?
- batido
- limonada
- refresco
- agua mineral
- jugo de tomate

¿Y de postre?
- helado
- flan
- pastel
- yogur
- fruta

¿Qué fruta te gusta más?
- la manzana
- el plátano
- la piña
- la naranja
- el melón

1 ¿Cuándo...?

Con tu compañero(a), hablen de qué comes y qué tomas en el desayuno, el almuerzo y la cena.

— *En el desayuno, ¿qué comes?*
— *Cereales y fruta.*
— *¿Y qué tomas?*
— *Leche.*

2 En el restaurante

Pregúntale a tu compañero(a) si quiere compartir algo contigo.

— *¿Qué vas a pedir?*
— *No sé. No tengo mucha hambre.*
— *¿Compartimos algo?*
— *Sí. ¿Por qué no compartimos un plato de arroz con frijoles?*
— *Perfecto. ¿Y de postre?*

3 ¿Cuándo dicen...?

Con tu compañero(a), digan cuándo usan las siguientes expresiones.

- ¡Ay, qué rico!
  (*Cuando como helado*)
- ¡Ay, qué horrible!
- ¡Buen provecho!
- ¡Qué buena idea!
- ¡Me encanta!

MÁS PREGUNTAS...

¿Y tu hermano(a)?   ¿Y tu mascota?

¿Y los fines de semana?

Generalmente, ¿con quién comes?

¿Comes muchas verduras?

¿RECUERDAS?

To talk about everyday activities in the present you can use many verbs that end in **-ar**, **-er** and **-ir**.

	tomar	**comer**	**compartir**
yo	tom**o**	com**o**	compart**o**
tú	tom**as**	com**es**	compart**es**
usted	tom**a**	com**e**	compart**e**
él/ella	tom**a**	com**e**	compart**e**
nosotros(as)	tom**amos**	com**emos**	compart**imos**
vosotros(as)	tom**áis**	com**éis**	compart**ís**
ustedes	tom**an**	com**en**	compart**en**
ellos/ellas	tom**an**	com**en**	compart**en**

4 Te toca a ti

Con tu compañero(a), imaginen que están en un restaurante. Tienen que decidir qué van a pedir. Creen tres diálogos.

A
ask: what do you want to order?

B
say you are not sure/ask something about the menu

A
suggest something

B
reply/ask what you are going to order

A
reply/ask what you want to drink

B
answer/ask back

A
answer

¿QUÉ TE GUSTA?

¿Cómo eres?
¿Qué necesitas?

1 ¿Qué es lo primero que haces por la mañana?
a. Me ducho, me cepillo los dientes, me pongo la ropa, como algo y me cepillo los dientes otra vez.
b. Me ducho y como algo.
c. Veo la televisión.

2 ¿Qué mascota te gusta más?
a. No me gustan las mascotas.
b. los perros o los pájaros
c. los gatos o los peces

3 ¿Qué comes?
a. sólo verduras y cereales
b. de todo
c. comida rápida

4 En tu tiempo libre, ¿qué te gusta hacer?
a. ir a clases de música y leer
b. practicar deportes y salir con amigos
c. escuchar música y mirar la televisión

5 ¿Cuál es tu materia favorita?
a. matemáticas, ciencias o historia
b. educación física, español o literatura
c. ninguna

Resultados:
La mayoría a: ¡Atención! ¡Relájate! Eres joven, no necesitas tanto estrés.

La mayoría b: ¡Buenas noticias! ¡Eres una persona equilibrada!

La mayoría c: Compañera, compañero... ¿qué te pasa? ¡Necesitas un poco de salsa en tu vida!

Tus costumbres

Pregúntale a tu compañero(a) sobre sus costumbres.

— *¿Qué es lo primero que haces por la mañana?*
— *Me ducho.*
— *Y después de ducharte, ¿qué haces?*
— *Como algo de desayuno.*
— *¿Y después?*
— *Me cepillo los dientes.*

¿Qué más?
- bañarse
- ponerse la ropa
- cepillarse el pelo
- lavarse las manos
- peinarse
- secarse el pelo

 ¿En cuánto tiempo?

Pregúntale a tu compañero(a) en cuánto tiempo se prepara para ir a la escuela.

— *¿En cuánto tiempo te duchas?*
— *En siete minutos.*
— *¿Y en cuánto tiempo te cepillas los dientes?*
— *En tres minutos.*

MÁS PREGUNTAS...

¿Qué ropa te pones para salir?
        ¿Y para ir a la escuela?
¿Y para ir a una fiesta?
        ¿Y para quedarte en casa?
        ¿Con qué champú te lavas el pelo?

 A escribir

Escribe ocho oraciones o más sobre qué haces los fines de semana. Preséntalas a la clase.

El sábado por la mañana me baño y me cepillo el pelo. Por la tarde me encuentro con mis amigos. Generalmente vamos al cine.

¿RECUERDAS?

To talk about daily routines, you can use reflexive verbs. When you use them, you need to include the reflexive pronouns **me, te, se, nos** *and* **os.** *Here are the forms of the verb* **ponerse** *(to put on, to wear):*

yo	**me**	pongo	nosotros(as)	**nos**	ponemos
tú	**te**	pones	vosotros(as)	**os**	ponéis
usted	**se**	pone	ustedes	**se**	ponen
él/ella	**se**	pone	ellos/ellas	**se**	ponen

Other reflexive verbs that you know are: **bañarse** *(to take a bath),* **ducharse** *(to take a shower),* **cepillarse** *(to brush one's hair/teeth),* **encontrarse** *(to meet),* **lavarse** *(to wash oneself),* **peinarse** *(to comb one's hair),* **prepararse** *(to get ready) and* **secarse** *(to dry oneself).*

¿QUÉ MÁS?

¿Qué te gusta?
¿Qué no te gusta?

Me gusta(n)... No me gusta(n)...

- la comida picante
- los conciertos de rock/salsa
- los programas de deportes
- la ciudad
- la escuela
- la playa

Después de la escuela,
¿qué te gusta hacer?

Me gusta... No me gusta...

- pasear por el parque
- bailar
- ir de compras
- hacer la tarea
- hablar por teléfono
- practicar deportes
- trabajar

Los fines de semana,
¿te gusta salir con amigos(as)?

Sí, ¡me encanta!
Sí, a veces.
No, no me gusta nada.

- salir con amigos
- ir al cine
- viajar
- leer
- hacer una barbacoa
- mirar la televisión
- hacer excursiones

¿Cuándo?

Pregúntale a tu compañero(a) qué le gusta hacer y cuándo.

— *¿Qué te gusta hacer después de la escuela?*

— *Me gusta jugar con videojuegos.*

MÁS PREGUNTAS...
¿Después del almuerzo?
¿En la clase de educación física?
¿Los fines de semana?
¿Cuando nieva? ¿Cuando hace calor?
¿En las vacaciones de verano?

¿Y a tus amigos?

Haz a dos de tus mejores amigos(as) cuatro preguntas sobre qué les gusta hacer. Después compara las respuestas con las actividades que a ti te gusta hacer. ¿Son similares las respuestas? Presenta los resultados a la clase.

Cuando llueve, a mí me gusta mirar la televisión, pero a Samuel y a Lisa les gusta ir al cine.

MÁS PREGUNTAS...
¿Y a tus hermanos? *¿Y a tus vecinos?*
¿Y a tus padres?

 ## ¿A quién le gusta...?

Pregúntales a tus compañeros(as).

¿A quién...?
- le gusta la comida mexicana
- no le gusta la televisión
- le gusta la música clásica
- no le gustan los deportes
- le gusta mucho la escuela
- no le gustan las telenovelas

Te toca a ti

Con tu compañero(a), crea dos diálogos.

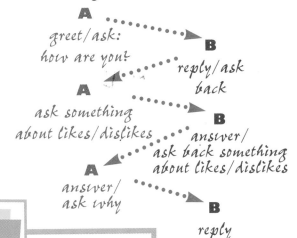

A
greet/ask: how are you?

B
reply/ask back

A
ask something about likes/dislikes

B
answer/ ask back something about likes/dislikes

A
answer/ ask why

B
reply

¿RECUERDAS?

To talk about things you like or dislike, use the verb **gustar** *and a noun. To say that you like or dislike one thing, use* **gusta** *followed by a singular noun. To say that you like or dislike more than one thing, use* **gustan** *followed by a plural noun.*

(a mí)	**me**	**gusta(n)**	(a nosotros/as)	**nos**	**gusta(n)**
(a ti)	**te**	**gusta(n)**	(a vosotros/as)	**os**	**gusta(n)**
(a usted)	**le**	**gusta(n)**	(a ustedes)	**les**	**gusta(n)**
(a él/ella)	**le**	**gusta(n)**	(a ellos/ellas)	**les**	**gusta(n)**

To talk about activities, use **gusta** *+* **infinitive** *of the verb.*

№ 130619   BBV

ZOO
CASA DE CAMPO
MADRID

ZOO
CASA de CAMPO
MADRID

- Abierto todos los días del año desde las 10 horas hasta el anochecer.
- Autobuses línea 33.
  Autobuses especiales, domingos y festivos
- Metro Batán.
- Restaurantes, hamburguesería, bares.

MUSEO DE ARTE COSTARRICENSE
MINISTERIO DE CULTURA, JUVENTUD Y DEPORTE

TARIFA ₡ 300.00   №   17237

Domingos: Entrada Gratuita,
Niños y Estudiantes

PROIMPISA Tel.: 33-00-61.

sesión especial
boletos 3.500ptas

NUEVO APOLO
TEATRO MUSICAL DE MADRID

Zarzuela

ESTADIO OLÍMPICO
" UNIVERSITARIO "

№   04895

DOMINGO 20 NOV. 1994
A LAS 16:00 HRS.

UNIVERSIDAD
— vs —
GUADALAJARA
fútbol
PUERTAS: 2-5-14-18-28

¿Qué te gustaría hacer?

Con tu compañero(a), habla sobre los espectáculos de
los anuncios y sobre qué quieren hacer.

— *¿Qué te gustaría hacer?*
— *Me gustaría ir a ver el partido de fútbol.*
  ¿Y a ti?
— *No sé... ¿Por qué no vamos al zoo?*
— *¡Vale!*

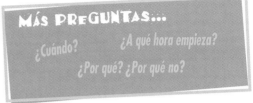
MÁS PREGUNTAS...

¿Cuándo?   ¿A qué hora empieza?

        ¿Por qué? ¿Por qué no?

 ¿Y este fin de semana?

Pregúntale a tu compañero(a) sobre sus planes para
este fin de semana.

— *¿Qué vas a hacer el sábado?*
— *Voy a ir a la piscina con mis primos. ¿Y tú?*
— *Yo voy a ir a la biblioteca. Tengo que estudiar
  para el examen de historia.*

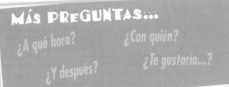
MÁS PREGUNTAS...

¿A qué hora?   ¿Con quién?

    ¿Y después?   ¿Te gustaría...?

 ¿Y en el futuro?

En grupos pequeños, hablen sobre sus planes para el
futuro. ¿Qué quieren hacer? ¿Qué van a hacer algún
día?

— *Algún día voy a subir al Everest. ¿Y tú?*
— *Yo voy a estudiar chino. ¿Y tú, Ana?*
— *Yo quiero viajar por Estados Unidos en
  autobús.*

¿Qué más?
- visitar Machu Picchu
- escribir un libro
- pasear por el bosque
- tener un programa
  de televisión
- hacer esquí acuático
- conocer al presidente

¿RECUERDAS?

Use the verb **ir** *(to go) to say that you are going
somewhere.*

yo	**voy**	nosotros(as)	**vamos**
tú	**vas**	vosotros(as)	**vais**
usted	**va**	ustedes	**van**
él/ella	**va**	ellos/ellas	**van**

Use **ir** *+* **a** *+* ***infinitive*** *to talk about your plans
or what you are going to do in the future.*

¿CÓMO LLEGAS A...?

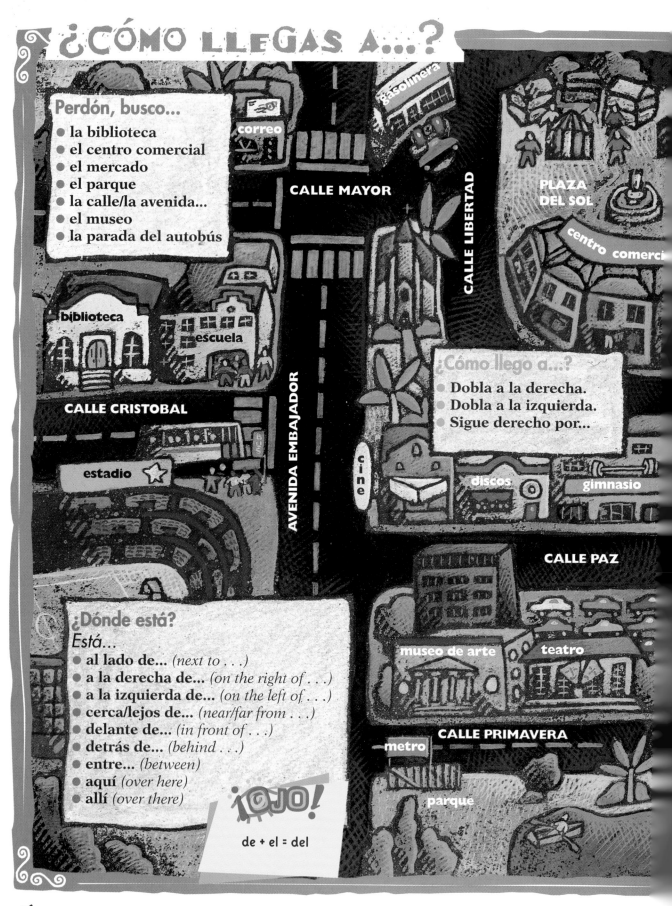

Perdón, busco...
- la biblioteca
- el centro comercial
- el mercado
- el parque
- la calle/la avenida...
- el museo
- la parada del autobús

¿Cómo llego a...?
- Dobla a la derecha.
- Dobla a la izquierda.
- Sigue derecho por...

¿Dónde está?
Está...
- al lado de... *(next to . . .)*
- a la derecha de... *(on the right of . . .)*
- a la izquierda de... *(on the left of . . .)*
- cerca/lejos de... *(near/far from . . .)*
- delante de... *(in front of . . .)*
- detrás de... *(behind . . .)*
- entre... *(between)*
- aquí *(over here)*
- allí *(over there)*

¡OJO!

de + el = del

correo

gasolinera

CALLE MAYOR

CALLE LIBERTAD

PLAZA DEL SOL

centro comerci

biblioteca

escuela

CALLE CRISTOBAL

AVENIDA EMBAJADOR

estadio

cine

discos

gimnasio

CALLE PAZ

museo de arte

teatro

CALLE PRIMAVERA

metro

parque

1 Perdón, ...

Con tu compañero(a), miren el mapa. Escojan un lugar. Desde allí, pregunten cómo ir a otros lugares. Creen cuatro diálogos.

> *(Estoy delante de la biblioteca.)*
> — *Perdón, ¿dónde está el museo de arte?*
> — *Sigue derecho por la calle Cristóbal. En la avenida Embajador, dobla a la derecha. En la calle Primavera, dobla a la izquierda.*

2 En tu ciudad

Con tu compañero(a), hablen de diferentes lugares de su ciudad.

> — *¿Conoces el restaurante La Bodega?*
> — *No, ¿dónde está?*
> — *Está en la calle Santos, entre el mercado y una tienda de ropa.*

3 Está en la ciudad, ¿qué es?

Escoge un edificio del mapa. Tu compañero(a) tiene que hacer preguntas y adivinar cuál es. Tú sólo puedes contestar sí o no.

> — *¿Es una tienda?*
> — *Sí.*
> — *¿Está en una avenida?*
> — *No.*
> — *¿Está en una calle?*
> — *Sí.*

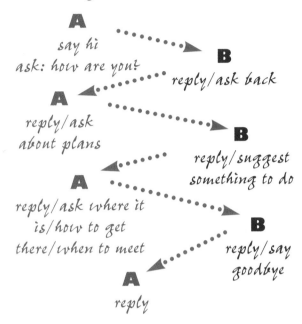

4 Te toca a ti

Con tu compañero(a), crea cuatro diálogos.

A say hi / ask: how are you?

B reply/ask back

A reply/ask about plans

B reply/suggest something to do

A reply/ask where it is/how to get there/when to meet

B reply/say goodbye

A reply

MÁS PREGUNTAS...

¿Es una persona?　　　¿Es una cosa?

¿Está en esta clase?　　¿Es famosa?

¿Es grande? ¿Es de colores?

¿Está cerca de...?

¿Qué más?
- debajo de... (under)
- encima de... (on top of)

CHILE, un país de contrastes

¡Hola, Iván!
¿Qué tal en México? Yo estoy de vacaciones con mi familia en Chile. La semana pasada fuimos a visitar la Isla de Pascua. Allí vimos los famosísimos gigantes moais. ¿Los conoces? Ahora estamos en Santiago, pero pronto vamos a visitar otros lugares. Vamos a alquilar un coche.
Un abrazo,
Sandra

© EDITADO POR HISPAPEL LTDA. MERCED 118 - SANTIAGO DE CHILE - F. 6399252 Reproducción Prohibida

41-13

Iván Oscoz
Bonifacio Andrade
n.º 3036
CP 44670
Guadalajara
Jalisco, México

Saludos desde **Chile**

46 - SAN SEBASTIAN.
Vista general desde el Monte Igueldo.
Vue générale du Mont Igueldo.
General view from Igueldo Mountain.

Queridos abuelos:
Estoy de viaje con unos amigos en San Sebastián. Está en el norte de España, en la costa. Hace muy buen tiempo y vamos a la playa todos los días. ¡Ayer aprendí a hacer surf! Tienen que visitar un día esta ciudad. Es muy bonita.
Besos,
Rafa

Sres. Ruiz
Alegría 30
El Paso, Texas
USA

manipel

Dep. Legal B. 20.181-XXV

EL ABISMO
Edo. Bolívar . VENEZUELA

Hola Susi:
Te escribo desde La Gran Sabana, en Venezuela. Las vistas panorámicas son impresionantes. Ayer hicimos una excursión por la selva. Fue muy emocionante. Mañana vamos a visitar Caracas, la capital.
Escribe pronto.
Carolina

JACOME
editores

Fotografía: Henry González. Nikon FM / Nikkor 35-70 mm.
Derechos Reservados. Venezuela / 1994. Edición Limitada.

¿Qué tal tus vacaciones?

- Muy bien.
- ¡Padrísimo!
- Regular.
- ¡Chévere!
- No muy bien.
- Muy divertidas.
- ¡Fantásticas!
- Muy relajantes.
- ¡Muy emocionantes!

¡Adónde fueron?

Con tu compañero(a), hablen sobre dónde fuiste en tus últimas vacaciones.

— *¿Adónde fuiste de vacaciones?*
— *Fui a California a visitar a mis abuelos. ¿Y tú?*
— *Fui a la playa.*

MÁS PREGUNTAS...

¿Cómo fuiste? ¿En coche? ¿En avión?
¿Cuándo fuiste?
¿En qué mes? ¿Por cuánto tiempo?
¿Con quién?
¿Hiza buen tiempo?
¿Qué tiempo hizo?

 # ¡Hiciste amigos?

Pregúntale a tu compañero(a) más cosas sobre sus vacaciones.

— *¿Hiciste nuevos amigos?*
— *Sí. Hice dos amigos. Se llaman Elisa y Felipe.*

¡Qué viste?

Pregúntale a tu compañero(a) qué vio en sus vacaciones.

— *¿Qué viste en tus vacaciones?*
— *Vi la famosa catedral de Burgos.*

MÁS PREGUNTAS...

¿Viste a uno de nuestros compañeros?
¿Cómo es?
¿Dónde está?
¿Qué más viste?
¿Viste a tu familia? ¿Viste una película?

MÁS PREGUNTAS...

¿Quién fue?   *¿Hiciste una barbacoa?*
¿Hiciste una fiesta?
¿Con quién?   *¿Hiciste deportes?*
¿Hiciste una excursión?

¿RECUERDAS?

*To talk about what you did in the past, you can use the preterite tense. The verbs **ir** (to go), **ver** (to see) and **hacer** (to do) are irregular in the preterite.*

	ir	ver	hacer
yo	fui	vi	hice
tú	fuiste	viste	hiciste
usted	fue	vio	hizo
él/ella	fue	vio	hizo
nosotros(as)	fuimos	vimos	hicimos
vosotros(as)	fuisteis	visteis	hicisteis
ustedes	fueron	vieron	hicieron
ellos/ellas	fueron	vieron	hicieron

¿Qué más?

- la catedral de...
- el castillo de...
- la costa de...
- el valle de...

¿QUÉ HICISTE?

¿Qué hiciste?
- Nadé en el mar.
- Subí a una montaña.
- Jugué al frisbi.
- Aprendí a hacer surf.
- Escribí un diario.
- Hice un picnic.

¿Compraste alguna cosa?
¿Qué compraste?
Compré...
- una camiseta
- un libro de...
- una tarjeta postal
- una escultura
- No compré nada.

¿Conociste a mucha gente?
- Sí, conocí a una chica de...
- Sí, conocí a mucha gente.
- No, no mucha.

¿Qué hicieron?

Pregúntale a tu compañero(a) qué hizo en sus vacaciones.

— *¿Qué hiciste?*
— *Visité varios museos. ¿Y tú?*
— *Yo tomé el sol en la playa y nadé en el mar.*

MÁS PREGUNTAS...
¿Viajaste?   ¿Adónde?
          ¿Con quién?
¿Fuiste al cine?   ¿Cómo?

 Tus experiencias del verano

Pregúntale a tu compañero(a) más cosas sobre sus vacaciones.

¿Cuál fue...?
- la situación más divertida
- el lugar más maravilloso
- la situación más difícil
- la experiencia más emocionante
- el día más divertido
- el día más aburrido
- el paisaje más espectacular

Te toca a ti

Con tu compañero(a), creen tres diálogos.

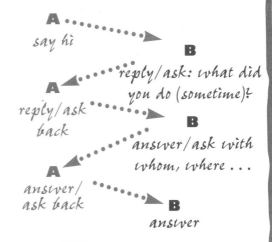

A · · · · · ·▶
say hi
                              B
                    reply/ask: what did
A ◀· · · · · ·   you do (sometime)?
reply/ask · · · · ·▶
back   B
                    · · · · · answer/ask with
                              whom, where . . .
A ◀· · · · ·
answer/
ask back · · · · · ·▶ B
                    answer

 ¿Quién...?

Pregúntales a tus compañeros.

En las vacaciones, ¿quién...?
- fue a un país hispano
- visitó un museo
- nadó en un río/una piscina
- visitó a su familia
- habló español
- viajó en tren

¿RECUERDAS?

To talk about what you did in the past, use the preterite of **-ar, -er** *and* **-ir** *verbs.*

	hablar	**aprender**	**escribir**
yo	hablé	aprendí	escribí
tú	hablaste	aprendiste	escribiste
usted	habló	aprendió	escribió
él/ella	habló	aprendió	escribió
nosotros(as)	hablamos	aprendimos	escribimos
vosotros(as)	hablasteis	aprendisteis	escribisteis
ustedes	hablaron	aprendieron	escribieron
ellos/ellas	hablaron	aprendieron	escribieron

¡LLUEVE A CÁNTAROS!

Cuatro chicos y chicas de diferentes lugares del mundo nos escriben de qué tiempo hace donde ellos viven y qué les gusta hacer.

Junio, Cumaná, Venezuela
Aquí en el Caribe hace mucho calor. Hoy en Cumaná hace 34 °C. ¡Está chévere para ir a la playa! Generalmente hace buen tiempo, pero el pronóstico para mañana dice que viene una tormenta. A veces tenemos tormentas con mucho viento.

Los Ángeles, marzo
En mi ciudad hoy hace sol y la temperatura es de 23 °C. En primavera generalmente hace buen tiempo durante el día, pero por la noche hace frío. Mis amigos y yo siempre nos encontramos después de la escuela y vamos a patinar.

La Paz, Bolivia, marzo
El clima aquí es bastante frío. La Paz está en los Andes, a más de 3.000 metros de altura. Hoy hace 14 °C. Hace viento y está lloviendo a cántaros. Generalmente llueve mucho de noviembre a marzo. Nunca salgo cuando llueve. Me quedo en casa y miro la televisión o juego con videojuegos.

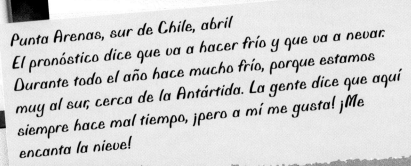

Punta Arenas, sur de Chile, abril
El pronóstico dice que va a hacer frío y que va a nevar. Durante todo el año hace mucho frío, porque estamos muy al sur, cerca de la Antártida. La gente dice que aquí siempre hace mal tiempo, ¡pero a mí me gusta! ¡Me encanta la nieve!

1. ¿Qué tiempo hace?

Mira las cartas que chicos y chicas de diferentes países escribieron sobre el tiempo. Describe qué tiempo hace en tu pueblo o ciudad.

2. ¿Te gusta la lluvia?

Con tu compañero(a), hablen sobre cómo les afecta el tiempo que hace.

— ¿Te gusta la nieve?

— ¡No, no me gusta! Nunca salgo cuando nieva.

— A mí sí me gusta. Me encanta jugar con la nieve.

— ¿Cuál es tu estación favorita?

— El invierno.

MÁS PREGUNTAS . . .

¿Por qué?   ¿Llueve mucho?

¿Qué te gusta más, ... o ...?

¿Dónde te gustaría vivir?

3. ¿Qué puedes hacer?

Con tu compañero(a), hablen de qué actividades pueden hacer y cuáles no pueden hacer según el tiempo que hace.

— ¿Puedes volar chiringas en la playa?

— Sí, cuando hace viento.

— ¿Y si hay una tormenta?

— No, es muy peligroso.

¿Qué más?

- hacer un picnic
- subir a una montaña
- hacer surf
- ver pájaros

¿RECUERDAS?

Use the verb **poder** *(to be able to) to talk about what you can or cannot do. Remember it is a stem-changing verb. The vowel in the stem* (**pod-**) *changes from* **o** *to* **ue** *in all forms, except for the* **nosotros(as)** *and* **vosotros(as)** *forms.*

yo	p**ue**do	nosotros(as)	podemos
tú	p**ue**des	vosotros(as)	podéis
usted	p**ue**de	ustedes	p**ue**den
él/ella	p**ue**de	ellos/ellas	p**ue**den

Other stem changing verbs that you have learned are: **pedir** *and* **servir** *(e > i),* **querer**, **preferir** *and* **nevar** *(e > ie),* **llover** *(o > ue) and* **jugar** *(u > ue).*

¿QUÉ NECESITAS?

Cuando vas a la playa,
¿qué necesitas?
Necesito...
- los lentes de sol
- el protector solar
- la sombrilla
- el traje de baño
- la toalla
- el frisbi
- las paletas
- las aletas

¿Y cuando llueve?
Necesito...
- el paraguas
- el impermeable
- las botas

¿Qué ropa llevas
cuando nieva?

Llevo...
- el abrigo
- los guantes
- el suéter
- el gorro

1. ¿Qué necesitas?

Pregúntale a tu compañero(a) qué necesita en las siguientes situaciones.

Hace sol. ¿Necesitas el protector solar?
(*Sí, lo necesito.*)

Estás en la calle. Llueve. ¿Necesitas el paraguas?

Hace frío y tú estás en casa. ¿Necesitas las botas?

No sabes qué tiempo va a hacer y quieres salir. ¿Necesitas un periódico para leer el pronóstico del tiempo?

Viene un huracán. ¿Necesitas la tabla de surf?

Ahora inventa cuatro situaciones nuevas.

2. ¿Quién?

Pregúntales a tus compañeros(as).

A quién...?
no le gusta la nieve
no le gusta salir a la calle cuando llueve
le gusta la primavera

Quién...?
nunca presta atención al pronóstico del tiempo
sabe el nombre de un huracán
nunca usa paraguas

3. Te toca a ti

Con tu compañero(a), creen cuatro diálogos.

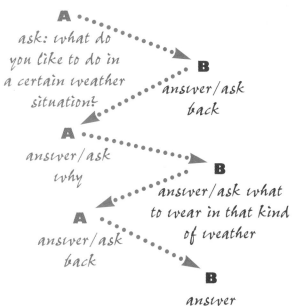

A — ask: what do you like to do in a certain weather situation?

B — answer/ask back

A — answer/ask why

B — answer/ask what to wear in that kind of weather

A — answer/ask back

B — answer

¿RECUERDAS?

*A direct object noun answers the question **what?** or **whom?** To avoid repeating direct object nouns, use direct object pronouns.*

¿Necesitas **el mapa?**   Sí, necesito **el mapa.**
(Sí, **lo** necesito.)

¿Conoces a **esa chica?**   No, no conozco a **esa chica.**
(No, no **la** conozco.)

Here are the direct object pronouns:
me *me*
te *you (informal)*
lo *him, it, you (formal, masc.)*
la *her, it, you (formal, fem.)*
nos *us*
os *you (informal, pl., in Spain)*
los *them (masc., masc. and fem.), you (masc., pl.)*
las *them (fem.), you (fem., pl.)*

Fiesta del aniversario
de Juan Ramón y Lucía

¡Ven a bailar con nosotros!

Lugar: _salón de fiestas Rotonda_

Fecha: _domingo, seis de mayo_

Hora: _18:00_

¡FIESTA SORPRESA!

Es el cumpleaños de Tomás
y vamos a tener una fiesta.

¿cuándo?   ...el sábado
¿a qué hora?   ...a las 6 de la tarde
¿dónde?   en su casa

(importante: ¡no debes decirle a Tomás
que hay una fiesta!)

Donna te invita a su

Fiesta de graduación

Lugar: Memorial High School

Fecha: 21 de julio

Hora: 4 de la tarde

Tu fiesta

grupos, planeen su fiesta ideal. Decidan qué tipo de fiesta van a
cer, cuándo va a ser, dónde, a quiénes van a invitar y qué van a
eparar. Después, diseñen y escriban una invitación.

¿Qué necesitamos?

grupos, escriban una lista de lo que necesitan. Incluyan el menú, la
ísica, las decoraciones, etc. Anoten quién tiene que hacer o comprar
da cosa.

Quién?	¿Qué tiene que hacer?
Rita	comprar decoraciones: velas rojas y verdes
Toni	comprar globos de muchos colores
Sofía	hacer una piñata

¿Qué tengo que hacer?

ora tienen que decir a cada persona lo que tiene que hacer.

Toni, compra globos y velas.

Sofía, haz una piñata.

¿RECUERDAS?

To tell a friend to do something, use the informal **tú** *command. Note that
the* **tú** *command forms are the same as the* **usted/él/ella** *forms of the
present tense.*

-ar *verbs:* **-a** *ending*		**-er/-ir** *verbs:* **-e** *ending*	
comprar	compra	comer	come
		escribir	escribe

You can also use **tener que** *followed by an infinitive of another verb:*
Tienes que escribir una carta. *(You have to write a letter.)*

To tell a friend not to do something, you can use **no debes** *and an
infinitive of another verb:* **No debes escribir con lápiz.** *(You should not
write in pencil.)*

Remember that some
verbs have an irregular
tú command.
hacer: haz
tener: ten
ser: sé
decir: di
venir: ven
ir: ve
poner: pon
salir: sal

UNA CARTA

Queridos compañeros de clase:

Les escribo desde México. Estoy aquí para practicar mi español. ¡Estoy aprendiendo mucho! Vivo con la familia Valdez. Los señores Valdez son muy simpáticos. Tienen tres hijos, dos chicas y un chico. El chico se llama Luis. Es alto y muy guapo. Tiene veinte años. Las chicas se llaman Andrea y Alicia. Andrea tiene diecisiete años. La semana pasada fue el cumpleaños de Alicia. Ahora tiene quince años.

En México, cuando una chica cumple quince años, es una ocasión muy especial. Hay una gran fiesta que se llama la "quinceañera". La fiesta de Alicia fue en casa de sus abuelos. Decoramos toda la casa con globos, velas y flores. Yo seleccioné la música para el baile.

La familia de Alicia le hizo muchos regalos. Le regalaron unos aretes muy bonitos. Su hermana Andrea le regaló un vestido y su hermano Luis le regaló un libro sobre Estados Unidos. A Alicia le gustaría viajar por Estados Unidos algún día. Yo también le hice un regalo. Le regalé dos discos compactos de sus cantantes favoritos.

Aquí conocí a mucha gente. Hice muchos amigos nuevos. Es muy interesante conocer otra cultura. Las cosas van muy bien, pero a veces pienso mucho en todos ustedes. ¡Escriban pronto!

Patricia

P. D. ¿Qué tal en Miami?

La carta de Patricia

Con tu compañero(a), contesten las siguientes preguntas.

- ¿A quién le escribe Patricia una carta? ¿Por qué?
- ¿Qué hace Patricia en México? ¿Con quién vive?
- ¿Cómo es la familia Valdez?
- ¿Sobre qué fiesta escribe Patricia? ¿Por qué?
- ¿Qué regalos le hicieron a Alicia? ¿Quiénes?

¿RECUERDAS?

Indirect object pronouns usually tell **to whom** or **for whom** something is intended.

me	to/for me
te	to/for you (informal)
le	to/for him, her, it, you (formal)
nos	to/for us
os	to/for you (pl., informal)
les	to/for them, you (pl., formal)

Some of the verbs you know that can use indirect object pronouns are: **dar** (to give), **decir** (to say) and **pedir** (to ask for).

2 Una celebración típica

Con tu compañero(a), piensen en una celebración típica de algún país. Escriban una pequeña descripción.

MÁS PREGUNTAS...

¿Cuándo es? ¿Dónde? ¿Con quién?

¿Por qué? ¿Te hacen regalos?

3 Celebraciones en familia

Para ti, ¿cuál fue la mejor? ¿Por qué? Escribe seis oraciones describiéndola y preséntalas a la clase.

5 Te toca a ti

En parejas, imaginen que están en una fiesta. Creen tres diálogos.

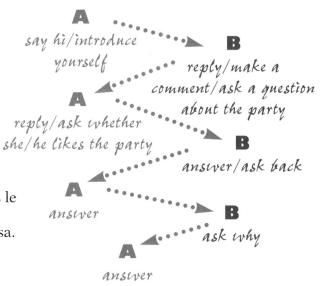

A ... say hi/introduce yourself

B ... reply/make a comment/ask a question about the party

A reply/ask whether she/he likes the party

B answer/ask back

A answer

B ask why

A answer

4 ¿Quién?

Pregúntales a tus compañeros(as).

¿Quién...a quién?

- Muchas veces les hace un pastel de cumpleaños a sus amigos.
- Nunca les escribe una tarjeta de cumpleaños a sus hermanos.
- Le gustan mucho las celebraciones en familia.
- El día de su cumpleaños sus padres le regalaron un reloj.
- Su familia le hizo una fiesta sorpresa.

¡VAMOS DE VIAJE!

En julio y agosto
ven a Bariloche,
el mejor lugar
de Argentina para esquiar.

**Si no sabes esquiar,
¡aprende con nosotros!**

Ofertas especiales para estudiantes
Avión y una semana ❄ $599
Avión y dos semanas ❄ $899

AVENTURA DE 15 DÍAS EN CHILE

✔ Admira los paisajes naturales
✔ Vive sensaciones emocionantes
✔ Sube a una montaña
✔ Navega los rápidos
✔ Pasea en jeep por el desierto

¡Todo por $ 799!

Ocho días en barco por el Caribe

¡desde $849!
(incluye avión + barco)

San Juan, St. Thomas,
St. Marteen, Martinica
and Serena Cay

VISITA MADRID, BARCELONA Y SEVILLA

museos   catedrales

ciudades históricas

Dos semanas por sólo $999

Incluye:
Viaje en avión y autobús ☆☆☆☆
Hoteles de cuatro estrellas
Varias excursiones con guías bilingües

¿Qué hacemos?

Con tu compañero(a), miren los anuncios. Hagan planes para sus próximas vacaciones y decidan qué necesitan.

— *¿Adónde quieres ir?*
— *A Bariloche. ¿Y tú?*
— *Yo también. ¿Necesitamos el pasaporte?*
— *¡Sí! El pasaporte es importantísimo.*

¿Qué más?
- los esquís
- las aletas
- la cámara
- el protector solar
- la guía turística
- los cheques de viajero
- el traje de baño

 # Tus viajes

Pregúntale a tu compañero(a) sobre sus viajes o excursiones.
- ¿Cuál fue su viaje más divertido?
- ¿Y el viaje más aburrido?
- ¿Y el viaje más largo?
- ¿Y el paisaje más espectacular?
- ¿Y un lugar hermosísimo?
- ¿Y un lugar conocidísimo?

 # A escribir

Escribe un párrafo sobre tu experiencia más emocionante o increíble. Preséntalo a la clase.

¿RECUERDAS?

To describe a person, place, or thing that stands out from all the rest, use the superlative construction. To form the superlative, use a noun and **más**, followed by an adjective: **la montaña más alta** *(the highest mountain).*

Another way to form a superlative is to add the ending **-ísimo(s), -ísima(s)** to the adjective: **El pasaporte es importantísimo.** *(The passport is extremely important.)*

Son las vacaciones de invierno. ¿Qué están haciendo? Están...
- patinando sobre hielo.
- jugando con la nieve.
- abriendo un regalo.

Son las vacaciones de primavera. ¿Qué están haciendo? Están...
- escribiendo una tarjeta.
- haciendo un picnic.
- montando en bicicleta.

Son las vacaciones de verano. ¿Qué están haciendo? Están...
- tomando el sol.
- nadando.
- tomando helado.

Unas vacaciones ideales

Imagina unas vacaciones ideales. ¿Dónde estás? ¿Con quién? ¿Qué estás haciendo? Escribe seis oraciones y preséntalas a la clase.

Estoy en las montañas de los Andes con mi amiga Rita. Estamos admirando el paisaje y tomando una taza de chocolate caliente.

 ¿Qué están haciendo?

Con tu compañero(a), habla de tu familia y amigos. ¿Dónde están ahora? ¿Qué están haciendo?

— ¿Qué está haciendo tu madre?
— Está trabajando en la tienda.

 ¿Quién es?

Pregúntales a tus compañeros(as) si conocen a alguien que siempre está...

- leyendo
- cantando
- bailando
- jugando al béisbol
- mirando la televisión
- jugando al baloncesto

¿RECUERDAS?

*To describe an action in progress, use the present progressive tense. To form the present progressive, use a form of the verb **estar** followed by the present participle of the main verb. To form the present participle, replace the **-ar** ending of a verb with **-ando**, and the **-er** and **-ir** ending of a verb with **-iendo**.*

visit**ar**	visit**ando**	**Estoy visitando.** *(I am visiting.)*
com**er**	com**iendo**	**Estás comiendo.** *(You are eating.)*
escrib**ir**	escrib**iendo**	**Está escribiendo.** *(He/She is writing.)*

 Te toca a ti

Con tu compañero(a), crea dos diálogos.

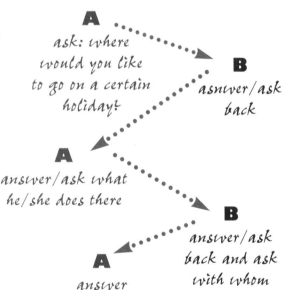

A — ask: where would you like to go on a certain holiday?

B — answer/ask back

A — answer/ask what he/she does there

B — answer/ask back and ask with whom

A — answer

Haciendo amigos
Making friends

- **Hola, ¿qué tal?** *(Hello/Hi, what's up?)*
- **Buenos días.** *(Good morning/Hello.)*
- **Buenas tardes.** *(Good afternoon.)*
- **Buenas noches.** *(Good evening / Good night.)*

- **Me llamo..., ¿y tú?** *(My name is . . . What's yours?)*
- **¿Conoces a...?** *(Do you know . . .?)*
- **Te presento a...** *(Let me introduce you to . . .)*
- **Éste(a) es mi amigo(a)...** *(This is my friend . . .)*
- **Mucho gusto.** *(Nice to meet you.)*
- **Encantado(a).** *(Delighted.)*

- **Adiós.** *(Goodbye.)*
- **Chau.** *(Bye.)*
- **Hasta luego.** *(See you later.)*
- **Hasta mañana.** *(See you tomorrow.)*

Conociéndose mejor *Getting to know each other better*

- **¿De dónde eres?** *(Where are you from?)*
- **¿Dónde vives?** *(Where do you live?)*
- **¿Cuántos años tienes?** *(How old are you?)*
- **¿Cuándo es tu cumpleaños?** *(When's your birthday?)*
- **¿Cuál es tu... favorito(a)?** *(What's your favorite . . .?)*

- **¿Cómo estás?** *(How are you?) (familiar)*
- **¿Cómo está?** *(How are you?) (formal)*
- **Muy bien.** *(Very well.)*
- **Bien, gracias.** *(Fine, thanks.)*
- **Regular.** *(So-so.)*
- **Mal, estoy un poco cansado(a).** *(Not well, I'm a little tired.)*

Por teléfono *On the phone*

- **¿Puedo hablar con...?** *(May I speak with . . .?)*
- **Un momento, por favor.** *(One moment, please.)*
- **No está.** *(He/She is not in.)*

- **Dígale que me llame, por favor.** *(Tell him/her to call me, please.)*
- **Llama más tarde.** *(Call later.)*
- **¿Quieres dejar un mensaje?** *(Do you want to leave a message?)*
- **Va a volver pronto.** *(He/She will return soon.)*

- **Deja un mensaje en el contestador automático.** *(Leave a message on the answering machine.)*
- **Deja un mensaje después de la señal.** *(Leave a message after the beep.)*
- **Llámame.** *(Call me.)*

Haciendo planes *Making plans*

- **¿Te gustaría ir a patinar?** *(Would you like to go skating?)*
- **¿Vienes a mi fiesta?** *(Are you coming to my party?)*

- **Me encantaría.** *(I'd love to.)*
- **Sí, ¿a qué hora?** *(Yes, at what time?)*
- **¿Dónde nos encontramos?** *(Where shall we meet?)*

- **Lo siento, no puedo.** *(Sorry, I can't.)*
- **¡Qué lástima! Tengo otros planes.** *(What a shame! I have other plans.)*
- **Tal vez otro día.** *(Maybe another day.)*

- **¿Te gustaría ir conmigo?** *(Would you like to go with me?)*
- **¿Adónde te gustaría ir?** *(Where would you like to go?)*
- **¿Qué te gustaría hacer?** *(What would you like to do?)*
- **Me gustaría ir al cine.** *(I'd like to go to the movies.)*

Haz un diálogo. Haz un diálogo. Haz un diálogo. Haz un diálogo. Haz un diálogo.

Haz un diálogo. Haz un diálogo. Haz un diálogo.

¿Dónde está...?   *Where is...?*

- **Perdón, ¿dónde está la estación del metro?** *(Excuse me, where is the subway station?)*
- **Por favor, ¿puede decirme dónde está la salida?** *(Could you tell me where the exit is, please?)*
- **Busco la parada del autobús.** *(I'm looking for the bus stop.)*

- **Dobla a la derecha.** *(Turn right.)*
- **Dobla a la izquierda.** *(Turn left.)*
- **Sigue derecho por la calle...** *(Follow . . . Street.)*
- **Tienes que ir por...** *(You have to go through . . .)*
- **Está cerca de...** *(It's near . . .)*
- **Está al lado de...** *(It's next to . . .)*

- **Gracias.** *(Thank you.)*
- **De nada.** *(You're welcome.)*

En el restaurante   *At the restaurant*

- **¿Tienes hambre/sed?** *(Are you hungry/thirsty?)*
- **Tengo mucha hambre/sed.** *(I'm very hungry/thirsty.)*
- **¿Qué vas a pedir?** *(What are you going to order?)*

- **¿Qué desean?** *(What would you like?)*
- **Quiero...** *(I'd like . . .)*
- **No quiero nada.** *(I don't want anything.)*
- **¿Qué quieres tomar?** *(What would you like to drink?)*
- **¿Quieres compartir un postre?** *(Would you like to share a dessert?)*
- **¿Algo más?** *(Anything else?)*
- **¿Es picante?** *(Is it spicy?)*
- **¡Buen provecho!** *(Enjoy your meal!)*

De compras *Shopping*

- **¿Qué desea?** *(What would you like?)*
- **¿En qué le puedo ayudar?** *(How can I help you?)*
- **¿Qué talla tiene(s)?** *(What size are you?)*
- **¿Qué número de zapato tiene(s)?** *(What (shoe) size are you?)*

- **Quiero devolver este suéter.** *(I'd like to return this sweater.)*
- **Quiero cambiar esta corbata.** *(I'd like to exchange this necktie.)*
- **¿Cuánto cuesta(n)?** *(How much does it/do they cost?)*
- **¿Cuánto es?** *(How much is it?)*
- **¿Qué precio tiene?** *(What's the price?)*

- **¿Aceptan tarjetas de crédito/cheques?** *(Do you take credit cards/checks?)*
- **Sólo aceptamos dinero en efectivo.** *(We only take cash.)*
- **Es una ganga.** *(It's a bargain.)*
- **Está en rebaja.** *(It's on sale.)*
- **No funciona.** *(It doesn't work.)*
- **Me queda pequeño/grande.** *(It's small/big on me.)*

En la escuela *At school*

- **¿Cuándo tienes clase de español?** *(When do you have your Spanish class?)*
- **Después.** *(Later.)*
- **Mañana.** *(Tomorrow.)*
- **Todos los días.** *(Every day.)*
- **Los lunes.** *(On Mondays.)*

- **¿Cuándo fue tu examen?** *(When was your exam?*
- **Ayer.** *(Yesterday.)*
- **La semana pasada.** *(Last week.)*

- **¿Cómo fue tu examen?** *(How was your exam?)*
- **¡Chévere!** *(Great!)*
- **¡Genial!** *(Cool!)*
- **Muy bien, ¡qué suerte!** *(Very well, what good luck!)*
- **¡Qué rollo!** *(What a bore!)*
- **¡Fue fatal!** *(It was awful!)*
- **¡Fue horrible!** *(It was horrible!)*
- **¡Qué mala suerte!** *(What bad luck!)*
- **No fui; estaba enfermo.** *(I didn't go; I was ill.)*

az un diálogo. Haz un diálogo. Haz un diálogo. Haz un diálogo. Haz un diálogo.

REPASO DE LOS NÚMEROS

NÚMEROS CARDINALES

0	cero	19	diecinueve	80	ochenta
1	uno (un, una)	20	veinte	90	noventa
2	dos	21	veintiuno (veintiún,	100	cien (ciento)
3	tres		veintiuna)	101	ciento uno(a)
4	cuatro	22	veintidós	102	ciento dos
5	cinco	23	veintitrés	200	doscientos(as)
6	seis	24	veinticuatro	300	trescientos(as)
7	siete	25	veinticinco	400	cuatrocientos(as)
8	ocho	26	veintiséis	500	quinientos(as)
9	nueve	27	veintisiete	600	seiscientos(as)
10	diez	28	veintiocho	700	setecientos(as)
11	once	29	veintinueve	800	ochocientos(as)
12	doce	30	treinta	900	novecientos(as)
13	trece	31	treinta y uno	1.000	mil
14	catorce	40	cuarenta	1.001	mil uno
15	quince	41	cuarenta y uno	2.000	dos mil
16	dieciséis	50	cincuenta	1.000.000	un millón (de)
17	diecisiete	60	sesenta	2.000.000	dos millones (de)
18	dieciocho	70	setenta		

Notas

- **Uno** becomes **un** before a masculine noun: **cuarenta y un libros.**
- **Uno** becomes **una** before a feminine noun: **cuarenta y una camisas.**
- **Cien** is used alone before nouns and before **mil: cien pesetas, cien mil pesetas.**
- **Ciento** is used before numbers under 100: **ciento treinta.**
- Numbers from 200 through 999 have a masculine and a feminine form:
    quinientos libros
    cuatrocientas faldas
- The word **y** is used only between the tens and the units in numbers above thirty: **ciento treinta y uno, doscientos cuarenta y dos**
  but: **trescientos uno.**

NÚMEROS ORDINALES

1°	primero (primer, primera)	4°	cuarto(a)	9°	noveno(a)
		5°	quinto(a)	10°	décimo(a)
2°	segundo(a)	6°	sexto(a)		
3°	tercero (tercer, tercera)	7°	séptimo(a)		
		8°	octavo(a)		

Notas

- Ordinal numbers are used only through *tenth;* beyond that, cardinal numbers are used: **la quinta lección,** but **el siglo veintiuno.**
- **Primero** and **tercero** drop the final **-o** before a masculine singular noun: **el primer día, el tercer mes.**

LA FECHA Y LAS ESTACIONES

Las estaciones (Seasons)

el invierno	winter
la primavera	spring
el verano	summer
el otoño	fall

Los días de la semana (Days of the week)

lunes	Monday
martes	Tuesday
miércoles	Wednesday
jueves	Thursday
viernes	Friday
sábado	Saturday
domingo	Sunday

Los meses del año (Months of the year)

enero	January
febrero	February
marzo	March
abril	April
mayo	May
junio	June
julio	July
agosto	August
septiembre	September
octubre	October
noviembre	November
diciembre	December

Para hablar de la fecha (To talk about the date)

¿Cuál es la fecha de hoy (mañana)?
What is today's (tomorrow's) date?
Es el primero de octubre. *It is October first.*

September 2, 1786	2 de septiembre de 1786	(el dos de septiembre de mil setecientos ochenta y seis)
November 3, 1801	3 de noviembre de 1801	(el tres de noviembre de mil ochocientos uno)
December 8, 1997	8 de diciembre de 1997	(el ocho de diciembre de mil novecientos noventa y siete)
January 10, 2001	10 de enero de 2001	(el diez de enero de dos mil uno)

UNIDAD 1

COSTA RICA

EL JARDÍN DE LA PAZ

En la unidad 1:

Capítulo 1   **Un viaje en avión**

Capítulo 2   **Excursiones y aventuras**

Adelante   **Para leer:** La diversidad de Costa Rica

              Proyecto: Árboles de orquídeas

              Otras fronteras: Ecología, arqueología, política y biología

El Volcán Arenal, uno de los volcanes activos de Costa Rica.

asten your seat belts! We're off to Costa Rica, a nation famous for the diversity of its plant and animal life. It is a nation committed to the preservation of its environment. About one-fifth of Costa Rica's land is devoted to national parks and wildlife preserves. It's also a great place for camping, river rafting, and hiking.

Costa Rica is a country of great ethnic diversity. People of European, Middle Eastern, African, and Asian descent, as well as the descendants of the early native populations, make Costa Rica their home. It is one of the few countries in the world without an army. No wonder this country is known as "El jardín de la paz," the garden of peace.

In this unit, you'll learn about Costa Rica's ecological diversity, visit a butterfly farm, and grow orchids. You'll even visit one of Costa Rica's many active volcanos. We're about to land. Get ready for a great adventure. *¡Bienvenidos a Costa Rica!*

Un viaje en avión

Aeropuerto Juan Santamaría,
en Costa Rica.

Objetivos

COMUNICACIÓN
To talk about:
- preparing for a trip
- what to do at the airport
- safety procedures on an airplane

CULTURA
To learn about:
- the geographic location of Central American countries
- the mural in the Juan Santamaría airport in Costa Rica

VOCABULARIO TEMÁTICO
To know the expressions for:
- important people and locations at an airport
- items that you use on an airplane
- making travel arrangements

ESTRUCTURA
To talk about:
- items that you use and need: direct object pronouns
- travel plans and preferences: the verbs *pensar, querer,* and *preferir*

¿SABES QUE...?

To travel outside the United States, you must have a current passport. Some countries, including Nicaragua and Honduras, require a visa. If you wish to travel to Costa Rica or El Salvador, you must obtain a Tourist Card in the United States before boarding the plane. To travel to the Dominican Republic, you need to obtain a Tourist Card in the airport in Santo Domingo as soon as you land.

Keep in mind that requirements change frequently, so be sure to check with the consulate of the country of your destination when you make plans. *¡Buen viaje!*

UN VIAJE EN AVIÓN

Habla con tu compañero(a).

¿QUÉ HACES ANTES DE VIAJAR?

Compro el pasaje.

- ☐ hablar con el/la agente de viajes
- ☐ comparar precios y horarios
- ☐ sacar el pasaporte y la visa
- ☐ comprar el pasaje
- ☐ hacer las maletas

CUANDO RESERVAS EL PASAJE, ¿QUÉ DICES?

- ☐ Necesito un pasaje de ida a...
  (*I need a one-way ticket to . . .*)
- ☐ Quiero un pasaje de ida y vuelta a...
  (*I want a round-trip ticket to . . .*)
- ☐ ¿Tiene pasajes con descuento para estudiantes?
  (*Do you have discount tickets for students?*)

- ☐ Quiero un asiento de ventanilla/de pasillo.
  (*I would like a window/aisle seat.*)
- ☐ Quiero salir el... y volver el...
  (*I want to leave on . . . and come back on . . .*)
- ☐ Prefiero un vuelo sin escala.
  (*I prefer a nonstop flight.*)

ANTES DE LA SALIDA, ¿QUÉ HACES?

Facturo el equipaje.
(I check my luggage.)

facturar el equipaje

pedir la tarjeta de embarque

averiguar la hora de salida

averiguar el número de la puerta de embarque

¿QUÉ HAY EN EL AVIÓN?

Hay mantas, almohadas,...

(el) compartimiento de arriba

(la) ventanilla

(el) asiento

(la) almohada

(la) manta

(los) audífonos

(el) pasillo

A LA LLEGADA, ¿QUÉ HACES?

Paso por el control de migración.
(I go through the immigration desk.)

la terminal de equipaje *(baggage claim)*

la aduana *(customs)*

REALIDADES

MEDIDAS DE SEGURIDAD

Antes de despegar, antes de aterrizar y durante el vuelo:

• Abróchense los cinturones de seguridad.

• Pongan sus asientos en posición vertical.

• Pongan su equipaje debajo del asiento o en los compartimientos de arriba.

• No usen aparatos electrónicos.

• No fumen.

En caso de emergencia:

• Usen la máscara de oxígeno.

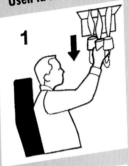 

• Usen el chaleco salvavidas.

Usen las salidas de emergencia.

A. Mira las medidas de seguridad. Haz una lista de las cosas que hay en el avión para la seguridad de los pasajeros.

Los cinturones de seguridad,...

B. ¿Qué dicen las medidas de seguridad?

- *Abróchense los cinturones.*
- *Usen el chaleco salvavidas.*

C. Ahora tú eres el/la auxiliar de vuelo. ¿Qué dices a los pasajeros antes de despegar, de aterrizar o en caso de emergencia? Practica con dos compañeros. Ellos deben hacer lo que tú les dices.

Señoras y señores, vamos a despegar. Pongan sus asientos en posición vertical.

¿QUÉ OPINAS?

Pregunta a cinco compañeros(as): ¿Cómo prefieres viajar: en coche, en tren, en avión, en moto o en bicicleta? ¿Por qué? Haz una tabla y anota los resultados de la encuesta. Usa el modelo.

	Avión	Tren	Coche	Moto	Bicicleta
es más rápido	✓✓✓				
es más cómodo	✓✓		✓✓		
es más barato					✓
es menos peligroso	✓				
quiero hacer ejercicio					✓✓✓
tiene cafetería		✓✓			
conozco mejor el país				✓	

Presenta los resultados a la clase.

Muchos chicos(as) de la clase prefieren viajar en avión porque es más rápido y más cómodo. Otros chicos prefieren viajar en bicicleta porque quieren hacer ejercicio.

PALABRAS EN ACCIÓN

EN EL AEROPUERTO INTERNACIONAL

 1 **¿Qué ves en el dibujo?**

Haz tres listas: una de los lugares que ves en el dibujo, otra de las personas y otra de las cosas.

> *Lugares: la terminal de equipaje,...*
> *Personas: el maletero,...*
> *Cosas: la tabla de surf,...*

 2 **Actividades en el aeropuerto**

Con tu compañero(a), hablen de lo que están haciendo las personas del dibujo.

> — *¿Qué está haciendo el agente de migración?*
> — *Está mirando el pasaporte del chico.*

 3 **¿Quién habla?**

Haz tres preguntas. Tu compañero(a) tiene que adivinar quién habla.

> — *¿Puedo ver su pasaporte?*
> — *¡El agente de migración!*

 4 **¿Qué tienes que hacer?**

Haz una lista de lo que tienes que hacer en el mostrador de la aerolínea.

> *Tengo que averiguar el número de la puerta de embarque,...*

48

el cartel

Llegadas

Número de vuelo | Hora de llegada
247 Miami 2:40
51 Managua 3:00
233 Guatemala 4:30

Salidas

Número de vuelo | a | Hora de Salida
45 Nueva York 2:45
357 México 4:30
679 Panamá 6:25

¿Puede abrir su maleta, por favor?

el agente de aduanas

ADUANA

ADUANA

la maleta

Terminal de equipaje
Vuelo 123

Perdón, ¿aterrizó el vuelo 247?

No, está retrasado.

el empleado de la aerolínea

el mostrador

5. Llegada y salida de vuelos

Mira el cartel de llegadas y salidas. Tú eres el/la pasajero(a) y tu compañero(a) es el/la empleado(a) de la aerolínea. Pregúntale sobre el horario de los vuelos.

— Perdón, ¿a qué hora llega el vuelo número 51 de Managua?
— A las 3:00 p.m.

6. Miniteatro

Escoge un lugar del aeropuerto y haz un diálogo con tu compañero(a). Representen el diálogo.

— Buenos días. ¿Puedo ver su pasaporte?
— Un momento, por favor. Lo tengo en la mochila. Aquí lo tiene.

7. Un viaje en avión

Tú eres un(a) pasajero(a) que quiere viajar a otro país y tu compañero(a) es el/la agente de viajes.

— Necesito un pasaje de ida y vuelta a...
— ¿Cuándo quiere salir?
— Quiero salir el... y volver el...

8. Tú eres el autor

Estás en la terminal de equipaje y tus maletas no llegan. Haz un diálogo con tu compañero(a). Incluye:

• tu nombre
• tu número de vuelo y de dónde salió
• cómo son las maletas
• qué llevas en ellas

PARA COMUNICARNOS MEJOR
Gramática en contexto

Estructura   Direct object pronouns

¿LO TIENES TÚ?

To refer to people and things, use direct object pronouns.

☐ To refer to *him, her, it, you* and *them,* use the direct object pronouns **lo, la, los** and **las**.

— *¿Tienes el pasaporte?*	Do you have the passport?
— *Sí, lo tengo.*	Yes, I have it.

☐ Direct object pronouns must be the same gender and number as the nouns they replace. They usually come before the conjugated verb.

— *¿Ves a las auxiliares de vuelo?*	Do you see the flight attendants?
— *Sí, las veo.*	Yes, I see them.

☐ Sometimes **lo** refers to a complete statement or general idea.

— *¿Para ir a Nicaragua necesitamos una visa?*	Do we need a visa to go to Nicaragua?
— *No lo sé.*	I don't know about that.

☐ To refer to *me, you,* and *us,* use the direct object pronouns **me, te,** and **nos**.

— *¿Me ayudas?*	Could you help me?
— *Claro que te ayudo.*	Of course I'll help you.

Here are all the direct object pronouns.

direct object pronouns

me *me*	**nos** *us*
te *you (informal)*	**os** *you (informal, pl., in Spain)*
lo *him, it, you (formal, masc.)*	**los** *them (masc.), you (masc., pl.)*
la *her, it, you (formal, fem.)*	**las** *them (fem.), you (fem., pl.)*

☐ When the conjugated verb is followed by an infinitive, or by a preposition and an infinitive, as in **voy a comprar**, the direct object pronoun may either come before the conjugated verb or be attached to the end of the infinitive:

— *¿Quieres hacer una reservación?*	Do you want to make a reservation?
— *Sí, la quiero hacer. (Sí, quiero hacerla.)*	Yes, I want to make it.
— *¿Vas a comprar los pasajes?*	Are you going to buy the tickets?
— *Sí, voy a comprarlos ahora. (Sí, los voy a comprar ahora.)*	Yes, I am going to buy them now.

1 De viaje

Tú y tu compañero(a) van a salir para el aeropuerto en unos minutos. Pregúntale si tiene todo lo que necesita.

1. 2.

— ¿Tienes el pasaporte?
— Sí, lo tengo aquí.
  (No, no lo tengo.)

3. 4. 5. 6.

2 Vuelos internacionales

¿Quién los ayuda? Pregunta a tu compañero(a).

— En el avión, ¿quién te ayuda a poner el bolso en el compartimiento de arriba?
— La auxiliar de vuelo me ayuda.

1. a ti
2. a mi hermano y a mí
3. a los pasajeros
4. a ustedes
5. a los estudiantes
6. y a él, ¿quién lo ayuda?

Nadie lo ayuda.

¿Quién ayuda a...?

- poner el bolso en el compartimiento de arriba
- llevar el equipaje
- facturar la maleta
- hacer una reservación en un hotel
- buscar un taxi
- averiguar la hora de salida

3 Un viaje en avión

A. En grupo, preparen una lista de lo que tienen que hacer antes, durante y después de un vuelo, y anoten quién va a hacer cada cosa.

B. Hablen sobre los resultados.

— ¿Quién va a comprar los pasajes?
— Toni y yo vamos a comprarlos.
— ¿Quién va a facturar las maletas?
— Ana y Lola las van a facturar.

¿Quién va a...?

Antes
- comprar los pasajes: Toni y yo
- facturar las maletas: Ana y Lola

Durante
- poner los bolsos en el compartimiento de arriba: Luis
- pedir las mantas: Ana

Después
- buscar un taxi: Lola y yo
- buscar las maletas: Ana

PARA COMUNICARNOS MEJOR
Gramática en contexto

Estructura Present of *pensar, querer, preferir*

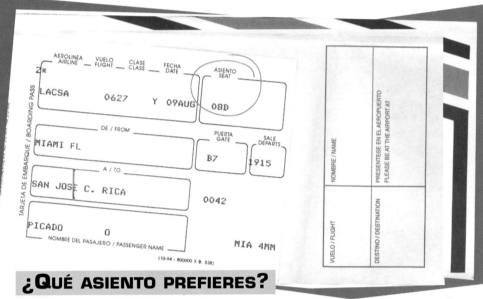

¿QUÉ ASIENTO PREFIERES?

To talk about your plans, things you want to do, and your preferences, use the verbs *pensar*, *querer*, and *preferir*.

Prefiero un asiento de ventanilla.	I prefer a window seat.
Queremos ir a Costa Rica.	We want to go to Costa Rica.
Pienso salir en mayo.	I plan to leave in May.

Pensar*, *querer*, and *preferir are stem-changing verbs. In the present tense, the **-e-** in the stem changes to **-ie-** in all forms, except ***nosotros(as)*** and ***vosotros(as)***.

	pensar (ie) (to intend, to think)	querer (ie) (to want)	preferir (ie) (to prefer)
yo	pienso	quiero	prefiero
tú	piensas	quieres	prefieres
usted	piensa	quiere	prefiere
él/ella	piensa	quiere	prefiere
nosotros(as)	pensamos	queremos	preferimos
vosotros(as)	pensáis	queréis	preferís
ustedes	piensan	quieren	prefieren
ellos/ellas	piensan	quieren	prefieren

1 Problemas en el viaje

Tu familia tiene problemas durante un viaje. ¿Con quién quiere hablar cada uno para resolver su problema?

> *Mi hermana y yo necesitamos pasajes con descuento.*
> *Queremos hablar con la empleada de la aerolínea.*

1. Mi hermana y yo necesitamos pasajes con descuento.

2. Mis primos no tienen las tarjetas de embarque.

3. Mis tíos viajan con 10 maletas y 15 bolsos de mano.

4. No puedo poner el bolso debajo del asiento.

5. Mi madre no sabe el número de la puerta de embarque.

> *¿Con quién quiere(n) hablar?*
>
> con el / la empleado(a) de la aerolínea
> con el maletero
> con el / la auxiliar de vuelo

2 De vacaciones

¿Qué piensan hacer en las próximas vacaciones? Pregunta a tu compañero(a).

> — ¿Qué piensan hacer tú y tus compañeros(as) en las vacaciones?
> — Pensamos ir a América Central.

1. tú y tus compañeros(as)
2. tus padres
3. tus amigos(as)
4. tus primos
5. tu profesora
6. tus hermanos

Planes y más planes
- ir a América Central
- visitar a mis tíos en California
- navegar en bote
- ir a esquiar
- alquilar muchos videos
- hacer una excursión en bicicleta

3 Preferencias

A. ¿Cómo prefieren viajar? ¿Por dónde? ¿Para hacer qué?

		yo	Pedro	Juana
cómo viajar	• en avión		✓	✓
	• en barco			
	• en coche	✓		
por dónde	• por Estados Unidos		✓	
	• por otro país			✓
para hacer qué	• ir a la playa			
	• ir a las montañas	✓		
	• conocer otras culturas			

B. Informen a la clase de los resultados.

> *Pedro y Juana prefieren viajar en avión. Pedro*
> *prefiere viajar por Estados Unidos. Juana prefiere*
> *ir a otro país. Yo prefiero hacer un viaje en coche*
> *a las montañas.*

SITUACIONES

¡VAMOS DE VIAJE!

MAR CARIBE

Petén · HONDURAS

GUATEMALA · Copán · Tegucigalpa

Ciudad de Guatemala · EL SALVADOR

San Salvador · Costa del sol · Granada · NICARAGUA

Portobelo

Puerto Limón

COSTA RICA

PANAMÁ · Canal de Panamá

Volcán Arenal

OCÉANO PACÍFICO

---

1 Un viaje por América Central

A. En grupo, miren el mapa y decidan a qué país quieren ir y qué lugares piensan visitar allí.

> *Queremos ir a Costa Rica. Allí pensamos visitar el volcán Arenal y puerto Limón.*

B. Expliquen por qué prefieren viajar a ese país y visitar esos lugares.

2 En el aeropuerto

Quieres viajar a uno de los países del mapa. Tu compañero(a) es el/la empleado(a) de la aerolínea y contesta tus preguntas.

- ¿Cuánto cuesta un pasaje de ida y vuelta a...?
- ¿Tiene pasajes con descuento para estudiantes?
- ¿Es un vuelo con o sin escala?
- Pienso quedarme dos semanas. ¿Puedo volver el...?
- ¿A qué hora es la salida? ¿Y la llegada?

54

¡Visítenos!

HONDURAS

Conozca las ruinas mayas de Copán. Tegucigalpa, la capital, está en un lugar increíble: entre el río Choluteca y el monte El Picacho.

NICARAGUA

El lago de Nicaragua es el único lugar del mundo donde viven tiburones de agua dulce. Cerca del lago está la bellísima ciudad colonial de Granada, fundada en 1524.

GUATEMALA

Si le gusta la aventura, visite el bosque tropical de Petén. Si prefiere algo más tranquilo, visite los museos y las iglesias de la Ciudad de Guatemala.

COSTA RICA

Este maravilloso país tiene de todo: volcanes, playas, flora y fauna tropicales, y verdes montañas. Visite las playas de puerto Limón y el volcán Arenal.

EL SALVADOR

Es el país más pequeño de América Central, pero sus playas son las mejores para hacer surf. Por todas partes hay mercados indígenas y fiestas populares.

PANAMÁ

La atracción principal es el famoso Canal, pero si le gusta la naturaleza no deje de visitar el Parque Nacional de Portobelo.

3 Minidiálogos

Con tu compañero(a), crea diálogos para las siguientes situaciones.

1. Estás en el aeropuerto antes de la salida del avión y no sabes el número de la puerta de embarque.

2. Estás en el avión y tienes sed.

3. Estás en la terminal de equipaje y tu maleta no llega.

4 Tu diario

Escribe en tu diario qué viaje te gustaría hacer.

1. ¿Adónde quieres ir? ¿Por qué prefieres ir a ese lugar?

2. ¿Qué lugares piensas visitar allí?

PARA TU REFERENCIA

el monte *hill*

no deje de *don't fail to*

los tiburones de agua dulce *fresh-water sharks*

Para resolver

En grupo, van a hacer el anuncio publicitario de una nueva aerolínea.

PASO 1 Nuestra aerolínea

Decidan:

- el nombre y el logotipo de la aerolínea
- el color que prefieren para los aviones y para el uniforme de los auxiliares de vuelo
- cuántos asientos van a tener los aviones
- adónde van a tener vuelos

PASO 2 ¡Buen viaje!

Expliquen por qué su aerolínea es mejor que otras aerolíneas. Por ejemplo:

Nuestra aerolínea es mejor que otras porque:
- *nuestros vuelos siempre salen y llegan a tiempo.*
- *usted puede hacer las reservaciones con su computadora.*
- *su equipaje siempre llega con usted.*
- *tenemos descuentos para estudiantes.*

PASO 3 ¡Bienvenidos!

Digan qué va a ofrecer su aerolínea. Por ejemplo:

Vamos a ofrecer:
- *una película.*
- *periódicos y revistas en inglés y en español.*
- *una computadora y videojuegos para cada pasajero(a).*
- *mantas, almohadas, audífonos, refrescos y dulces. ¡Todo gratis!*

PASO 4 El anuncio

Con las respuestas de los pasos anteriores, hagan la versión final de su anuncio publicitario.

AEROLÍNEAS CARIBE

Vuelos diarios a todos los países del Caribe

- Usted puede comprar pasajes por medio de su computadora
- Videojuegos en cada asiento
- Comidas vegetarianas
- Las últimas películas

Nuestros precios
y horarios son los mejores.

¿SABES QUE...?

Each of the nations of Latin America and Puerto Rico has at least one domestic airline. Some have many more. As of January 1996, there were a total of 57 domestic airlines in all of the Spanish-speaking countries of Latin America.

ENTÉRATE

EL MURAL DEL AEROPUERTO JUAN SANTAMARÍA

El turista que viaja a Costa Rica por avión puede admirar un impresionante mural en la sala de espera° del aeropuerto Juan Santamaría.

El mural tiene tres partes. Cada parte constituye una escena° distinta. La primera escena ocurre° en la ciudad. En ella, un grupo de personas lleva libros para simbolizar la importancia que tiene la educación. Otro grupo de personas lleva herramientas° para representar la importancia que tiene el trabajo.

En la segunda escena se unen° el pasado y el presente de Costa Rica. El hombre con el rifle simboliza la guerra civil° de 1948. El hombre vestido como los españoles del siglo XVI representa el pasado colonial del país.

La tercera escena ocurre en el campo. En ella hay un grupo de campesinos° trabajando la tierra.

TE TOCA A TI

Completa las oraciones.

1. El turista que viaja a Costa Rica por avión...

2. En la escena del campo hay...

3. El hombre con el rifle representa...

4. En la escena de la ciudad hay...

5. El mural está en...

el campesino *peasant*
la escena *scene*
la guerra civil *civil war*
la herramienta *tool*

la sala de espera *waiting room*
ocurre *takes place*
se unen *unite*

VOCABULARIO TEMÁTICO

Antes de viajar en avión
Before traveling by plane

comparar precios/horarios
to compare prices/schedules

comprar un pasaje de ida/de ida y vuelta *to buy a one-way/round-trip ticket*

hacer una reservación
to make a reservation

pedir un pasaje con descuento *to ask for a discount ticket*

pedir un vuelo con escala/sin escala *to ask for a stopover/nonstop flight*

reservar *reserve*

En el aeropuerto
At the airport

la aduana *customs*

el control de migración *immigration desk*

el control de seguridad *security check*

el mostrador de la aerolínea *airline ticket counter*

el/la pasajero(a) *passenger*

la puerta de embarque *boarding gate*

la terminal de equipaje *baggage claim*

En el mostrador de la aerolínea
At the airline counter

averiguar el número de la puerta de embarque *to find out the gate number*

averiguar la hora de salida/de llegada *to find out the departure/arrival time*

averiguar si el vuelo está retrasado *to find out if the flight is delayed*

facturar el equipaje *to check the luggage*

pedir la tarjeta de embarque *to ask for the boarding pass*

Los empleados del aeropuerto
Airport employees

el/la agente de aduanas *customs officer*

el/la agente de migración *immigration officer*

el/la auxiliar de vuelo *flight attendant*

el/la empleado(a) de la aerolínea *airline representative*

el maletero *baggage handler*

En el avión
On the plane

la almohada *pillow*

el asiento de pasillo *aisle seat*

el asiento de ventanilla *window seat*

los audífonos *headphones*

el compartimiento de arriba *overhead compartment*

la manta *blanket*

la salida de emergencia *emergency exit*

Las medidas de seguridad
Safety measures

Abróchense los cinturones. *Fasten your seat belts.*

En caso de emergencia
In an emergency

No usen aparatos electrónicos. *Don't use electronic equipment.*

Pongan sus asientos en posición vertical. *Put your seat in the upright position.*

Pongan su equipaje debajo del asiento. *Put your luggage under the seat.*

Usen el chaleco salvavidas. *Use the life jacket.*

Usen la máscara de oxígeno. *Use the oxygen mask.*

Usen las salidas de emergencia. *Use the emergency exits.*

Expresiones y palabras

a tiempo *on time*

¿Cuál es el motivo de su viaje? *What's the purpose of your trip?*

¿Cuánto tiempo piensa quedarse? *How long do you plan to stay?*

aterrizar *to land*

despegar *to take off*

durante *during*

pasar por *to go through*

pensar (e>ie) *to think, to intend*

preferir (e>ie) *to prefer*

quedarse *to stay*

retrasado(a) *delayed*

volver (o>ue) *to come back*

LA CONEXIÓN INGLÉS-ESPAÑOL

Can you find the common origins of Spanish and English words? Here are some examples:

avión	*aviation*
seguridad	*security*
aterrizar → **tierra** →	*territory*

Look at the vocabulary list above. What other connections can you make?

CAPÍTULO 2

EXCURSIONES Y AVENTURAS

Navegando los rápidos del río Reventazón, en Costa Rica.

Objetivos

COMUNICACIÓN

To talk about:
- what you can see and do outdoors
- items needed for outdoor activities
- how to care for the environment

CULTURA

To learn about:
- ecotourism in Costa Rica
- the geography of Costa Rica
- national parks of Costa Rica

VOCABULARIO TEMÁTICO

To know the expressions for:
- outdoor and ecological activities
- outdoor equipment and supplies
- animals and plants
- cardinal points of a compass

ESTRUCTURA

To talk about:
- what others should do: formal commands
- what you have done: the preterite of regular -ar, -er, and -ir verbs and of the irregular verbs hacer and ir

¿SABES QUE...?

Costa Ricans have set aside a quarter of their land for national parks and nature preserves. These areas are teeming with some 750 species of birds, as well as with jaguars, crocodiles, tapirs, peccaries, otters, monkeys, armadillos, and many other animals. Protected areas include steaming volcanoes, undisturbed tropical forests, lakes, islands, dry grasslands, beaches, mountains, and pre-Columbian ruins.

CONVERSEMOS

ECOLOGÍA Y ACTIVIDADES AL AIRE LIBRE

¿DÓNDE TE GUSTARÍA PASAR UNA SEMANA AL AIRE LIBRE?

Me gustaría pasar una semana en el parque nacional Yellowstone. Está al norte del parque nacional Grand Teton.

en el parque...

en la costa de...

en las playas de...

en las montañas...

cerca de un río...

cerca de un lago...

en la reserva natural...

NORTE

NOROESTE

NORESTE

OESTE

ESTE

SUROESTE

SURESTE

SUR

¿QUÉ VAS A LLEVAR?

Voy a llevar el repelente de insectos.
(I am going to take insect repellent.)

la tienda de campaña

las botas de montaña

la brújula

el saco de dormir

los binoculares

la cantimplora

¿QUÉ ACTIVIDAD AL AIRE LIBRE TE GUSTA HACER?

Me gusta...   **No me gusta...**

 observar los animales

 pescar

 montar a caballo

 mirar las flores

 hacer caminatas

 acampar

PARA EXPLICAR CÓMO LLEGAR A UN LUGAR, ¿QUÉ DICES?

Siga el sendero hasta el volcán.
(Follow the path until you reach the volcano.)

Siga la señal hacia el noreste.
(Follow the sign towards the northeast.)

PARA CONSERVAR EL MEDIO AMBIENTE, ¿QUÉ CONSEJOS DAS?
(To preserve the environment, what advice do you give?)

No moleste a los animales

RECICLE LAS LATAS

Mantenga limpio el aire

No tire basura en el océano

No les dé comida a los animales

RECICLE los periódicos y las revistas

63

REALIDADES

Descubran
Costa Rica
¡Es pura vida!

El verano pasado hice ecoturismo en Costa Rica con un grupo de amigos. Costa Rica es el país del mundo que más cuida el medio ambiente. El 28% del territorio del país son parques nacionales. Mis amigos y yo la pasamos pura vida:* visitamos las reservas naturales, observamos animales y flores, e hicimos muchas actividades al aire libre. Aquí tienen algunos de nuestros recuerdos y consejos.

* Expresión de Costa Rica. En otros países: la pasamos muy bien.

¡NAVEGUEN SUS RÍOS!
Hicimos una excursión al río Reventazón y navegamos los rápidos en balsa. ¡Fue muy divertido! Si van, usen chalecos salvavidas y cascos, y sigan las indicaciones del guía.

¡OBSERVEN LA NATURALEZA!
En la reserva natural de Monteverde vimos un quetzal, un pájaro en peligro de extinción. También vimos monos, serpientes, tucanes y muchas mariposas. Lleven sus binoculares y ¡no se olviden del repelente de insectos!

¡CONOZCAN SU MÚSICA Y SU GENTE!
En las playas al sur de puerto Limón fuimos a una fiesta caribeña. Bailamos reggae y cantamos canciones populares como La bamba. Conocimos a jóvenes de la región y todos hablamos de nuestras experiencias.

A. Haz una lista de los lugares que visitó el grupo de amigos y otra lista de las actividades que hicieron en cada lugar.

En...	Actividades
las playas al sur de puerto Limón	bailaron reggae
la reserva natural de Monteverde	vieron un quetzal

B. Tus compañeros van a viajar a Costa Rica. Diles qué cosas deben llevar.

— *Vamos a navegar los rápidos en balsa.*
— *Lleven cascos, impermeables...*

¿QUÉ OPINAS?

A. ¿Qué actividades al aire libre hiciste alguna vez?

Pesqué y saqué fotos.

B. Ahora haz una encuesta en la clase. Anota los resultados en una tabla. Usa el modelo.

Actividades	Yo	La clase
saqué fotos	I	IIIII
navegué en balsa		
monté a caballo		
pesqué		
acampé cerca del río		
hice caminatas		
observé animales		

C. Según la encuesta, ¿cuál es la actividad al aire libre más popular? ¿Y la menos popular?

¿SABES QUE...?

The majority of people of African descent live along the east coast of Costa Rica, particularly in the area south of puerto Limón. Many arrived in Costa Rica from Jamaica and other Caribbean Islands at the beginning of the nineteenth century. The sounds of reggae music that abound in this southeast region of the country are a reminder of Costa Rica's rich African heritage.

PALABRAS EN ACCIÓN

EXCURSIÓN A UNA RESERVA NATURAL

la mariposa

NO CORTE LAS FLORES

¿Cómo llegamos al volcán?

Sigan este sendero.

¿Podemos pescar aquí?

No, pesquen allí.

el sendero

¿Podemos acampar aquí?

No, acampen cerca del lago.

la orquídea

el impermeable

las botas de montaña

el pez

el casco

la brújula

el remo

NO PESQUE AQUÍ

la balsa

---

1 ¿Qué ves en el dibujo?

Haz tres listas: una de cosas, otra de animales y flores, y otra de lugares.

Cosas: la tienda de campaña...
Animales y flores: el tucán...
Lugares: la selva tropical...

2 ¿Dónde quieres acampar?

Mira el dibujo. Con tu compañero(a), haz planes para acampar.

— *¿Dónde quieres acampar?*
— *Al noroeste del río. Es un lugar hermosísimo, con muchas mariposas. ¿Y tú?*
— *Yo prefiero acampar al...*

3 ¿Qué te gustaría hacer?

Haz tres diálogos con tu compañero(a). Hablen de las actividades que les gustaría hacer en una reserva natural.

— *¿Qué te gustaría hacer?*
— *Me gustaría navegar en balsa.*

4 ¡Pesquen en el lago!

Hagan una lista de las cosas que pueden o no pueden hacer en una reserva natural.

• *Podemos mirar los quetzales, acampar...*
• *No podemos hacer fogatas, tirar basura...*

el volcán

¿Adónde van?

Vamos de excursión al río.

la tienda de campaña

Mire, un quetzal.

Sí, es increíble.

la palmera

el guía

el tucán

el saco de dormir

los binoculares

PROTEJA LAS ESPECIES EN PELIGRO DE EXTINCIÓN

la serpiente

NO HAGA FOGATAS

NO TIRE BASURA

la señal

el mono

la selva tropical

---

5 **¿Adónde fuiste? ¿Qué hiciste?**

Imagina que fuiste a una reserva natural. Dile a tu compañero(a) qué lugares visitaste y qué hiciste en cada lugar.

— ¿Adónde fuiste?
— Fui a la selva tropical, a la montaña y al volcán.
— ¿Qué hiciste en cada lugar?
— En la selva observé las plantas,…

6 **Miniteatro**

Representa una actividad al aire libre. La clase tiene que adivinar qué actividad es.

7 **Un cartel**

Con fotos de revistas, haz el cartel de una reserva natural, real o imaginaria.

8 **Tú eres el autor**

Con tu compañero(a), haz un diálogo para pedir información a un guía turístico sobre cómo llegar a un lugar.

— Queremos explorar el volcán. ¿Cómo llegamos allí?
— Sigan por ese sendero hacia el noroeste hasta el volcán.

PARA COMUNICARNOS MEJOR
Gramática en contexto

Estructura Formal commands

¡NO ACAMPEN AQUÍ!

To give directions and make suggestions, you may use the *Ud.* (usted) or the *Uds.* (ustedes) form of the command.

Acampen cerca del río.	Camp near the river.
Para llegar al lago, siga el sendero.	To get to the lake, follow the path.

To form the **usted** formal command of regular **-ar** verbs, add **-e** to the verb stem. For regular **-er** and **-ir** verbs, add **-a** to the verb stem.

To form the plural **ustedes** form, add **-n** to the **usted** formal command.

	hablar	comer	compartir
stem	habl-	com-	compart-
Ud.	hable	coma	comparta
Uds.	hablen	coman	compartan

☐ Most verbs that are irregular in the **yo** form of the present tense show the same irregularity in the formal commands.

	pensar (ie)	tener	volver (ue)	seguir (i)
yo	pienso	tengo	vuelvo	sigo
Ud.	piense	tenga	vuelva	siga
Uds.	piensen	tengan	vuelvan	sigan

☐ A few verbs have irregular **Ud.** and **Uds.** command forms. For example:

ir *vaya / vayan*   **dar** *dé / den*

☐ Verbs ending in **-car (pescar)**, **-gar (navegar)**, **-zar (empezar)**, and **-ger (proteger)** have a spelling change in the **Ud.** and **Uds.** forms of the command.

No pesque en el lago.	*Empiecen a caminar ahora.*
Naveguen los rápidos.	*Proteja el medio ambiente.*

☐ Direct and indirect object pronouns are attached to the end of the affirmative formal command. With negative formal commands, they are placed between the **no** and the verb.

Denle la brújula al guía.   *No les den comida a los animales.*

Los consejos de un(a) amigo(a)

Tus amigos van a pasar el fin de semana al aire libre.
¿Qué consejos les das?

Saquen muchas fotos.

Vamos de campamento

El/la profesor(a) de español va de campamento por
primera vez. ¿Qué consejos le das?

Lleve una brújula.

Consejos:
* *sacar muchas fotos*
* *proteger el medio ambiente*
* *acampar cerca del lago*
* *llevar sacos de dormir*
* *no navegar los rápidos sin el casco*
* *no ir de noche al río*

✔ llevar una brújula

✔ no pescar especies en peligro de extinción

✔ llenar de agua la cantimplora

✔ no tirar basura

✔ seguir las indicaciones del guía

✔ no hacer fogatas

¿Por dónde voy?

Estás caminando por el bosque y una persona
que no conoces te pregunta qué tiene que hacer
para volver a la ciudad. Practica con tu compañero(a).

— *¿Por dónde voy?*
— *Siga el sendero de la derecha.*

¡Por allí!
* *seguir el sendero de la derecha*
* *volver al río y caminar hacia el noroeste*
* *ir al lago y doblar a la izquierda*
* *seguir la señal*

Estructura The preterite

¿QUÉ HICISTE EN EL VERANO?

To say what you or someone else did, you can use the preterite tense.

— *Pasé un mes en Costa Rica.*   I spent a month in Costa Rica.
— *¿Y qué hiciste allí?*   And, what did you do there?
— *Aprendí a navegar en balsa.*   I learned to go rafting.

Here are the forms of regular *-ar*, *-er*, and *-ir* verbs in the preterite, along with the forms of the irregular verbs **hacer**, **ir**, and **ser**.

	visitar	aprender	vivir	hacer	ir/ser
yo	visité	aprendí	viví	hice	fui
tú	visitaste	aprendiste	viviste	hiciste	fuiste
usted	visitó	aprendió	vivió	hizo	fue
él/ella	visitó	aprendió	vivió	hizo	fue
nosotros(as)	visitamos	aprendimos	vivimos	hicimos	fuimos
vosotros(as)	visitasteis	aprendisteis	vivisteis	hicisteis	fuisteis
ustedes	visitaron	aprendieron	vivieron	hicieron	fueron
ellos/ellas	visitaron	aprendieron	vivieron	hicieron	fueron

☐ Regular verbs ending in *-gar (navegar)*, *-car (pescar)*, and *-zar (empezar)* have a spelling change in the *yo* form of the preterite:

navegar > nave**gu**é   pescar > pes**qu**é   empezar > empe**c**é

1 Una excursión

Tu compañero(a) hizo una excursión a una reserva natural.
Pregúntale qué hizo allí.

— ¿Montaste a caballo?
— Sí, monté a caballo y saqué muchísimas fotos.
  Fue maravilloso.

2 El fin de semana pasado...

A. En grupo, hablen de qué hizo cada uno(a) durante
el fin de semana pasado. Anoten las respuestas en una tabla.

— Yo visité una reserva natural y vi muchas especies de
  mariposas. Y tú, Mark, ¿qué hiciste?
— Yo jugué al béisbol.

De excursión

* *montar a caballo*
* *sacar fotos*
* *navegar en balsa*
* *observar los animales*
* *acampar cerca del río*
* *aprender a remar*

	yo	Lila	Mark	Pedro
pescar en el lago		✓		
jugar al béisbol			✓	✓
visitar una reserva natural	✓			
ir a un concierto				
hacer una caminata				
escribir cartas				

B. Informen a la clase de los resultados.

Lila pescó en el lago. Mark y Pedro jugaron un
partido de béisbol.

3 Un viaje maravilloso

Tu compañero(a) y tú vuelven de Costa Rica. Un grupo
de amigos les preguntan sobre el viaje.

— ¿Nadaron en el océano Pacífico?
— ¡Claro! Nadamos en el océano Pacífico y en el mar
  Caribe también.

Al aire libre

* *nadar en el océano Pacífico*
* *ir a la costa atlántica*
* *visitar el Parque Nacional*
  Braulio Carrillo

* *cantar La bamba*
* *bailar reggae en la playa*
* *hacer tabla a vela*
* *navegar los rápidos en balsa*

71

SITUACIONES

UNA EXCURSIÓN DE UN DÍA

Excursiones de un día a Tortuguero

Visite sus famosas playas, llenas de tortugas marinas y sus bosques de orquídeas y pájaros tropicales. Navegue por sus canales y vea una de las regiones más espectaculares del mundo.

$75 por persona
Salidas diarias a las ocho de la mañana

Programa:
- Visita al Parque Nacional Braulio Carrillo
- Desayuno y almuerzo incluidos
- Paseo por los canales

Recomendaciones

Lleve:
- Impermeable y ropa cómoda
- Botas de montaña o tenis
- Repelente de insectos
- Protector solar
- Binoculares y cámara fotográfica

1 Un día en Tortuguero

A. Lee el anuncio y contesta las preguntas.

- ¿Qué hay en Tortuguero?
- ¿A qué hora sale la excursión?
- ¿Cuánto cuesta?

B. Tu compañero(a) fue de excursión a Tortuguero. Pregúntale qué hizo allí.

— *¿Qué hiciste en Tortuguero?*
— *Navegué por los canales...*

C. Tus amigos(as) van a ir de excursión a Tortuguero. Haz una lista de recomendaciones para ellos/as.

Lleven ropa cómoda...

PARA TU REFERENCIA

incluidos *included*
canales *channels*
llenas de *full of*

Una excursión

Pregúntale a tu compañero(a) si alguna vez fue de excursión.

— *¿Fuiste alguna vez de excursión?*
— *Sí, fui a una reserva natural.*
— *¿Y qué hiciste allí?*
— *Exploré volcanes.*
— *¿Qué animales viste?*
— *Vi mariposas...*

 Consejos para conservar el medio ambiente

¿Qué consejos le das a una persona que va de excursión a un parque?

No tire basura.
No corte las flores.

 Entrevista

Entrevista a un(a) compañero(a). Pregúntale qué hace para ayudar a conservar el medio ambiente. Informa a la clase.

Azucena Vidal hace mucho para conservar el medio ambiente.
En su casa, ella recicla periódicos, revistas, latas y botellas. En la
calle no tira basura. En la escuela... En el parque...

Tu diario

Escribe un párrafo en tu diario sobre una excursión a un parque.
¿Cuándo y con quién fuiste? ¿Qué viste? ¿Qué hiciste?

PARA RESOLVER

¡VISÍTENOS!

En grupo van a hacer un mapa de su estado o país.

PASO 1 La geografía

Decidan si prefieren hacer un mapa de su estado o de su país. Describan su situación geográfica con respecto a otros lugares y digan qué accidentes geográficos hay.

Vamos a hacer un mapa de nuestro país: Costa Rica.

Al norte está Nicaragua, al sur el océano Pacífico y al sureste Panamá y el mar Caribe. En el norte, centro y sur, hay volcanes y montañas. En la costa hay playas y selvas tropicales.

PASO 2 Animales y plantas

Hagan una lista de animales y otra de plantas.

Animales: murciélagos, pelícanos, flamencos...

Plantas: orquídeas, palmeras...

PASO 3 Las actividades

Hagan una lista de las actividades que pueden hacer.

Podemos observar las tortugas, pescar, hacer caminatas...

PASO 4 Recomendaciones

Hagan una lista de recomendaciones para las personas que quieran visitar su estado o país.

- *No pesquen en el río.*
- *Protejan los animales en peligro de extinción.*
- *No hagan fogatas.*
- *Sigan las indicaciones de las señales.*

PASO 5 El mapa

Hagan un mapa. Escriban en el mapa el nombre de los estados, océanos o países que rodean su estado o país. Dibujen los animales y las plantas que hay. Representen con símbolos qué actividades pueden hacer. Presenten el mapa a la clase.

el murciélago

el flamenco

el pelicano

los peces

N

E

O

S

OCÉANO
PACÍFICO

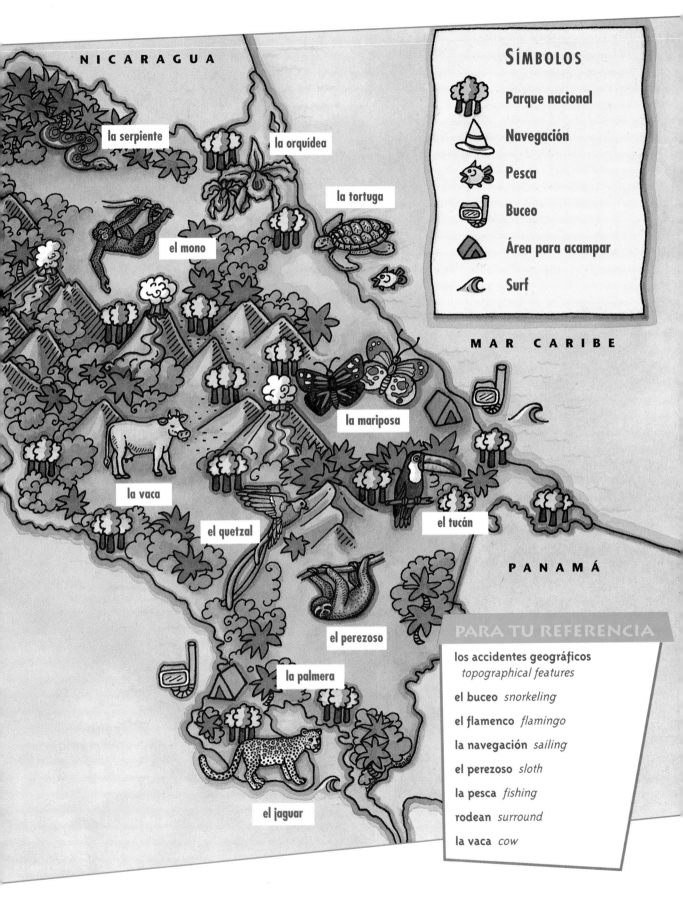

NICARAGUA

la serpiente

la orquídea

la tortuga

el mono

la mariposa

la vaca

el quetzal

el tucán

el perezoso

la palmera

el jaguar

SÍMBOLOS

Parque nacional

Navegación

Pesca

Buceo

Área para acampar

Surf

MAR CARIBE

PANAMÁ

PARA TU REFERENCIA

los accidentes geográficos
  topographical features

el buceo *snorkeling*

el flamenco *flamingo*

la navegación *sailing*

el perezoso *sloth*

la pesca *fishing*

rodean *surround*

la vaca *cow*

ENTÉRATE

PARQUES NACIONALES DE COSTA RICA

¿Sabías que en Costa Rica hay más diversidad biológica° que en Estados Unidos y Canadá juntos, más especies de animales que en Europa y más especies de mariposas que en África?

Costa Rica es el único país de América Latina que tiene un Sistema Nacional de Áreas de Conservación para proteger y estudiar el medio ambiente. Este movimiento ecologista se inició° en los años cincuenta.

Hoy día Costa Rica tiene más de 30 parques y reservas naturales. Dos de sus parques más famosos son el Parque Nacional Corcovado y el Parque Nacional Santa Rosa.

¿SABES QUE...?

Pura vida is the expression most used by Costa Ricans to describe their country. They say that their air is the cleanest and their forests the greenest of all the Central American countries. **Pura vida** is such a positive expression that Costa Ricans use it to greet each other and to describe all good things.

la diversidad biológica
biological diversity
se inició *began*

TE TOCA A TI

Di qué oraciones son ciertas y cuáles son falsas. Corrige las falsas.

1. En África hay más especies de mariposas que en Costa Rica.
2. El Sistema Nacional de Áreas de Conservación protege el medio ambiente.
3. Hay 30 especies de animales en Costa Rica.
4. El Sistema Nacional de Áreas de Conservación se inició en los años noventa.

VOCABULARIO TEMÁTICO

Actividades al aire libre
Outdoor activities
acampar *to camp out*
explorar volcanes
to explore volcanos
hacer caminatas *to hike*
ir de campamento
to go camping
montar a caballo
to horseback ride
observar los animales
to watch animals
pescar *to fish*
**visitar las reservas
naturales/los parques
nacionales** *to visit natural
reserves/national parks*

Equipo para acampar
los binoculares *binoculars*
las botas de montaña
hiking boots
la brújula *compass*
la cantimplora *canteen*
el repelente de insectos
insect repelent
el saco de dormir *sleeping bag*
la tienda de campaña *tent*

**Para navegar (los
rápidos) en balsa**
To go (white water) rafting
la balsa *raft*
el casco *helmet*

Animales y plantas
el flamenco *flamingo*
la mariposa *butterfly*
el mono *monkey*
el murciélago *bat*
la palmera *palm tree*
el pelícano *pelican*
el perezoso *sloth*
la orquídea *orchid*
el quetzal *quetzal*
la serpiente *snake*
el tucán *toucan*
la vaca *cow*

**Consejos para
conservar el medio
ambiente**
To preserve the atmosphere
Mantenga limpio el aire.
Keep the air clean.
No corte las flores.
Don't cut the flowers.
No haga fogatas.
Don't make bonfires.
**No dé comida a los
animales.**
Don't feed the animals.
No moleste a los animales.
Don't bother the animals.
No tire basura. *Don't litter.*
**Proteja las especies en peligro
de extinción/la selva tropical.**
*Protect endangered species/the
rain forest.*

**Recicle los periódicos/las
revistas/las latas/las botellas.**
*Recycle newspapers/
magazines/cans/bottles.*
Siga las indicaciones/las señales.
*Follow the instructions/
the signs.*
Siga el sendero. *Follow the path.*

**Expresiones y
palabras**
Al noreste (de)...
To the northeast (of) . . .
Al noroeste (de)...
To the northwest (of) . . .
Al sureste (de)...
To the southeast (of) . . .
Al suroeste (de)...
To the southwest (of) . . .
En el centro... *In the center . . .*
Ir de excursión.
To go on an outing.
hacia *towards*
hasta *to, as far as (destination)*
proteger *to protect*
seguir (e>i) *to follow*
la señal *sign*

Expresión de Costa Rica
¡Pura vida! *Cool!/Great!*

LA CONEXIÓN INGLÉS-ESPAÑOL

Look for infinitives in the *Vocabulario temático* that have English cognates. Do they mean the same thing? Examples: *acampar, explorar.*

ADELANTE

Costa Rica limita° al norte con Nicaragua y al sureste con Panamá y es uno de los países más pequeños de América Latina. Tiene una gran diversidad étnica,° biológica y geográfica.

Mira las fotos de las páginas 78–81. ¿Cuál es el tema principal?

    a. La diversidad de América Central.

    b. La diversidad de Costa Rica.

    c. Los volcanes de Costa Rica.

la diversidad étnica *ethnic diversity*   limita *borders on*

◄ Costa Rica tiene miles de especies de orquídeas. La *guaria morada* es la flor nacional.

◄ En la cordillera Central hay volcanes activos.°

◄ Una de las riquezas° de Costa Rica es su diversidad étnica y cultural.

activos *active*   las riquezas *riches*

79

LA DIVERSIDAD DE
Costa Rica

▲ El volcán Arenal es uno de los volcanes más activos del mundo.

Costa Rica está entre el océano Pacífico y el mar Caribe, y es el puente° natural entre América del Norte y América del Sur. Su paisaje, su flora y su fauna son muy diversos.

El paisaje

La cordillera Central está situada entre las tierras bajas° del Caribe y las playas del Pacífico. Esta cadena° de montañas tiene volcanes activos, como el volcán Irazú, el volcán Poás y el volcán Arenal. Allí también hay grandes valles donde se cultiva° café. En estos valles vive la mayor parte de la población. En el valle Central está San José, la capital de Costa Rica.

La flora

Costa Rica es un país relativamente pequeño, pero tiene varios climas y ecosistemas. Tiene bosques tropicales secos° y lluviosos. En estos bosques hay más de 13.000 especies de plantas. Esta diversidad de hábitats permite° una gran diversidad de fauna.

▲ La piña es una de las frutas que puedes encontrar en los bosques tropicales.

▲ San José está en el valle Central.

la cadena *chain*
permite *allows*
el puente *bridge*
secos *dry*
se cultiva *is grown*
las tierras bajas *lowlands*

80

▲El quetzal.

El tigrillo ▼

La fauna

En Costa Rica hay muchísimas especies de insectos, reptiles, mamíferos y aves.

¿Sabes que allí hay más especies de mariposas que en África? El tipo de mariposa más conocido es la mariposa celeste común, que vive en la costa atlántica.

En las montañas puedes ver el quetzal. Su nombre viene de una palabra azteca que significa "hermoso" o "precioso". Este pájaro tiene plumas° de colores vivos y una larga cola que puede medir hasta 1 metro.

Uno de los reptiles más conocidos es la iguana verde. También hay mamíferos como el puma, el tigrillo, el ocelote, el mono ardilla° y el mono congo.°

Una de las atracciones más grandes de Costa Rica es su variedad de tortugas marinas. Miles de tortugas anidan en las playas del Atlántico y del Pacífico.

La gente

La población de Costa Rica es muy diversa. Gran parte de la población de Costa Rica es de origen español y mestiza°. Un pequeño porcentaje de la población costarricense es de origen africano, asiático o del medio oriente. En las regiones norte y sur del país hay indígenas que aún hablan dialectos nativos.

En las calles de San José. ▼

mestiza *of Spanish and indigenous descent*
el mono ardilla *squirrel monkey*

el mono congo *black monkey*
las plumas *feathers*

81

❶ La diversidad de Costa Rica

Escribe una oración usando cada categoría para explicar por qué decimos que en Costa Rica hay mucha diversidad.

❷ Doce preguntas

Formen dos grupos. Cada grupo escribe seis preguntas sobre Costa Rica y le hace las preguntas al otro grupo. Anoten las respuestas. Los grupos ganan un punto por cada respuesta correcta. Si un grupo no sabe la respuesta, pierde su turno.

❸ Clasifica los animales

Mira las páginas anteriores. Haz una lista de los animales que puedes encontrar en Costa Rica y clasifícalos.

❹ ¿Cierto o falso?

Di si las oraciones son ciertas o falsas. Corrige las oraciones falsas.

1. Costa Rica es un país muy grande.
2. Costa Rica tiene gran diversidad de flora, fauna, paisajes y población.
3. La cordillera Central tiene volcanes activos.
4. En Costa Rica no hay bosques tropicales.
5. El nombre *quetzal* viene de una palabra azteca que significa hermoso o precioso.

TALLER DE ESCRITORES

1. ESCRIBE DESDE SAN JOSÉ

San José, la capital de Costa Rica, tiene un sistema de direcciones muy original: muchas veces no aparece el nombre de la calle o el número de la casa. Simplemente indica a cuántos metros está (al este, oeste, norte o sur) de otro lugar.

Mira los anuncios:

¿Cuáles son las direcciones?

> MUSEO LA SELVA TROPICAL
>
> Visite nuestra famosa colección de mariposas y otros artrópodos de todo el mundo.
>
> 300 metros al oeste del puente sobre el río Virilla.
>
> Abierto todos los días de 9 a.m. a 6 p.m.

> ¡Hola! Sandra
> Te escribo desde San José.
> Me estoy divirtiendo muchísimo.
> Besos.
>
> Teo
>
> Sandra Pórtoles
> 25 metros al norte de
> la Avenida Central.
> Número 324 San José.
> Costa Rica

> Alquiler de motos
> **Oasis, S.A.**
> *¡Disfruta de Costa Rica en moto!*
> 25 metros al este de
> Autos la Castellana
> Avenida 10,
> Número 272,
> San José
> Teléfono: (506)23-2736

Imagínate que estás de viaje en Costa Rica. Escríbeles una postal a tus padres o a tus amigos(as) contándoles todo lo que hiciste y viste. Pero, ¡atención! Vas a escribir su dirección como se hace en Costa Rica.

> ¡OJO!
>
> 1 METRO = ALGO MÁS DE 3 PIES,
>
> **39,37 pulgadas°**

2. ¿ADÓNDE QUIERES IR?

Escoge un país de América Latina que te gustaría visitar. Escribe cuatro oraciones explicando por qué quieres viajar allí.

Quiero ir a Costa Rica para observar los animales y navegar los rápidos del río Reventazón.

3. UN CARTEL DEL MEDIO AMBIENTE

Haz un cartel para poner en tu escuela o en tu comunidad. Escribe cinco consejos para conservar el medio ambiente.

una pulgada *inch*

83

ÁRBOLES DE ORQUÍDEAS

La orquídea es una planta con flores muy delicadas que crece° en lugares húmedos. En los bosques tropicales lluviosos, las orquídeas trepan° por los árboles y cubren sus troncos° con flores. A estos árboles se les llama *árboles de orquídeas.* En los bosques tropicales de América Central y del Sur crece gran parte de las orquídeas de todo el mundo.

TE TOCA A TI

Escoge una o varias orquídeas pequeñas para hacer tu árbol de orquídeas. Puedes usar un bulbo o una flor en una maceta°.

Materiales

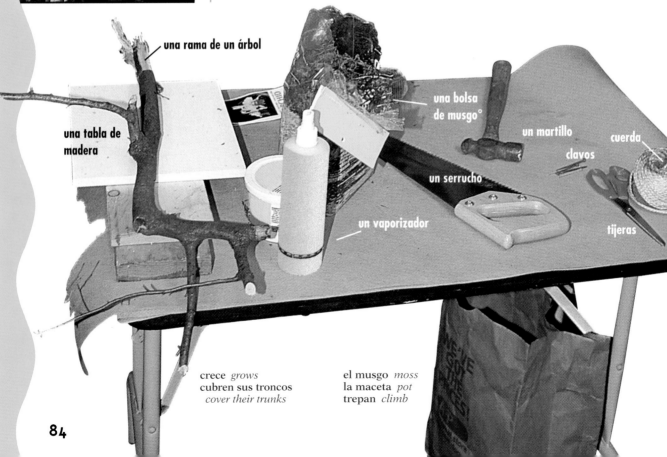

una rama de un árbol

una tabla de madera

una bolsa de musgo°

un martillo

cuerda

clavos

un serrucho

un vaporizador

tijeras

crece *grows*
cubren sus troncos *cover their trunks*

el musgo *moss*
la maceta *pot*
trepan *climb*

84

1 Con el martillo y los clavos clava la rama a la tabla de madera.

2 Si tu orquídea está en una maceta, sácala° con cuidado. Quítale la tierra° y corta las raíces.° Tienen que medir una o dos pulgadas.

3 Envuelve° las raíces con musgo húmedo. Después pon la orquídea sobre la rama del árbol. Con la cuerda, ata° la orquídea al árbol. Decora el árbol y la base con más musgo.

Pon tu árbol de orquídeas al lado de una ventana que dé° al sur. No lo pongas muy cerca de la calefacción.° La temperatura no debe bajar° de los 55 °F. Con el vaporizador, moja° tu árbol de orquídeas dos o tres veces al día.

ata *tie*
bajar *to drop*
la calefacción *heater*
envuelve *wrap*
moja *wet*

que dé *that faces*
quítale la tierra *clean off the compost*
las raíces *roots*
sácala *take it out of*

OTRAS FRONTERAS

ECOLOGÍA

El jardín Gaia

El jardín Gaia es un centro dedicado a la conservación de animales y plantas en peligro de extinción. Tiene dos proyectos principales: uno para la fauna y otro para la flora. En el primero, los científicos° ayudan a los animales enfermos del bosque tropical. En el proyecto dedicado a la flora, los científicos cultivan orquídeas y otras especies de plantas. El jardín Gaia también le enseña a la población a conservar el medio ambiente.

- ¿Qué es el jardín Gaia?
- ¿Qué hacen los científicos en el proyecto para la fauna?
- ¿Qué hacen en el proyecto para la flora?

ARQUEOLOGÍA

El enigma de las esferas°

Hace más de mil años, los indígenas de Costa Rica hicieron varias esferas de piedra° en Palmar Sur, cerca de la frontera con Panamá. Estas esferas son un enigma. ¿Cómo hicieron los indígenas esferas tan grandes y tan precisas? Nadie lo sabe. Algunos creen que no las hicieron los indígenas, sino extraterrestres; otros, que los indígenas las hicieron por medios mágicos.° Hoy día, los científicos todavía investigan este misterio.

- ¿Por qué son un enigma estas esferas?
- ¿Conoces otros misterios de la historia?

los científicos *scientists*   la piedra *stone*
las esferas *spheres*   por medios mágicos *with magic*

Costa Rica, TIERRA DE PAZ

Costa Rica es el único país de América que no tiene ejército.° En 1948, después de una sangrienta° revolución, este país abolió° el ejército. En 1987 Oscar Arias, presidente de Costa Rica, y los presidentes de otros cuatro países centroamericanos firmaron° un acuerdo° de paz para América Central. Ese mismo año, Arias recibió el premio Nobel de la Paz. Con el dinero del premio creó la Fundación Arias para fomentar° la paz y el desarrollo° de América Central.

- ¿Por qué decimos que Costa Rica es la tierra de la paz?

- ¿Qué recibió Oscar Arias?

Una granja DE MARIPOSAS

Cerca de San José, Costa Rica, hay una granja de mariposas. Allí puedes ver más de 1.000 mariposas de 36 especies diferentes. En esta granja también puedes observar la metamorfosis de las mariposas. Te enseñan sus hábitos de alimentación° y reproducción. Costa Rica tiene un clima tropical perfecto para el desarrollo de las mariposas.

- ¿Cuántas especies de mariposas hay en la granja?

- ¿Qué puedes observar en la granja?

abolió *abolished*	el desarrollo	firmaron *signed*
el acuerdo *treaty*	*development*	fomentar *to promote*
la alimentación *feeding*	el ejército *army*	sangrienta *bloody*

UNIDAD 2

MÉXICO

AYER Y HOY

En la unidad 2:

Capítulo 3   ¿Oíste las noticias?

Capítulo 4   La tecnología de hoy

Adelante   **Para leer:** Las pirámides del antiguo México

Proyecto: Tu árbol de la vida

Otras fronteras: Literatura, baile, deporte y ecología

Centro arqueológico maya de Uxmal, en Yucatán. Catedral y torre en Monterrey.

Modern Mexico is as vital and current as today's headlines. As our nearest neighbor to the south, news about Mexico is reported in our newspapers and nightly news programs. You probably already know about some of the people and events that are part of Mexico's recent history.

In this unit, you will also learn about Mexico's aspirations as you unite its past, present, and future to form a picture of today's Mexico! Your picture will include the influence of technology on Mexico's present and future. It will also include many great treasures of Mexico's past.

That past will be found at the centuries-old pyramids of Chichén Itzá and Teotihuacán, the Zapotec pyramids at Monte Albán, the massive Olmec sculptures, and the Mayan ruins of Bonampak. You will take part in an ancient Mexican tradition by making a clay sculpture of a tree of life. These activities will give you a new appreciation of the rich culture of the Mexican people as they look toward the twenty-first century. Join them.

¡Únete a ellos!

CAPÍTULO 3

¿OÍSTE LAS NOTICIAS?

Campeonato Mundial de fútbol,
Ciudad de México.

Objetivos

COMUNICACIÓN

To talk about:
- people and events that made the news
- reactions to news events
- responses to emergency situations

CULTURA

To learn about:
- recent events in Mexico
- the history of a famous landmark in Mexico City
- the victory of the Mexican runner, Germán Silva

VOCABULARIO TEMÁTICO

To know the expressions for:
- typical news events
- reactions to events
- people who respond to emergencies or news events

ESTRUCTURA

To talk about:
- past events: the preterite of *decir, haber,* and verbs with spelling changes
- actions: indefinite and negative expressions

¿SABES QUE...?

Mexico, our neighbor to the south, is never far from the eyes and ears of Americans eager for some extraordinary news. The event could be an Olympic competition or a World Cup soccer match. It could be a discovery by archaeologists about the mysterious civilization of the ancient Mayas, or hurricanes that meteorologists are tracking via satellite.

CONVERSEMOS

LAS NOTICIAS

Habla con tu compañero(a).

¿CÓMO TE ENTERASTE DE LA NOTICIA?

Me enteré de la noticia por la radio.
(I learned about the news on the radio.)

la radio	la televisión
las revistas	los periódicos

¿QUÉ OÍSTE EN EL NOTICIERO? ¿CÓMO REACCIONASTE?

Oí que hubo un accidente de trenes. Me asusté mucho.
(I heard there was a train accident. I got scared.)

 (el) terremoto

asustarse
(to get scared)

 (el) accidente

preocuparse
(to worry)

 (el) incendio

emocionarse
(to be thrilled)

 (la) inundación

sorprenderse
(to be surprised)

 (el) tornado

alegrarse
(to be happy)

 (el) campeonato   (el) acuerdo de paz
(peace agreement)

¿DE QUIÉN HABLARON EN EL NOTICIERO? ¿QUÉ DIJERON?

Hablaron de una senadora. Dijeron que ganó las elecciones.
(They talked about a senator. They said that she won the elections.)

¿De quién?

(el/la) deportista *(athlete)*

(el/la) médico(a) *(doctor)*

(el/la) presidente(a) *(president)*

(el/la) senador(a) *(senator)*

¿Qué dijeron?

dio un discurso
(gave a speech)

ganó las elecciones
(won the elections)

recibió un premio
(received an award)

¿A QUIÉN VES DURANTE UN RESCATE?

Veo al bombero...

 (el/la) bombero(a)

 (el/la) policía

 (el/la) fotógrafo(a)

 (la) víctima

 (el/la) voluntario(a)
de la Cruz Roja

 (el/la) reportero(a)

CUANDO TE ENTERAS DE UNA NOTICIA, ¿QUÉ DICES?

Bueno, no me extraña.
(Well, it doesn't surprise me.)

¿En serio? *(Really?)*

¡No me digas! *(You don't say!)*

¡No puede ser!
(It can't be!)

¿Qué pasó? *(What happened?)*

¡Qué horror! *(How awful!)*

REALIDADES

México

LOS ÚLTIMOS TREINTA AÑOS

1965   **1975**   **1985**   **1995**

1994 Zedillo, nuevo presidente de México. Ernesto Zedillo ganó las elecciones.

1968 Juegos Olímpicos. Por primera vez en la historia, un país latinoamericano organizó los Juegos Olímpicos. La capital mexicana fue la anfitriona.

1978 Encuentran las ruinas de un templo azteca. Unos trabajadores del metro de México, D.F. encontraron las ruinas de un templo azteca del año 1428.

1985 Un terremoto destruye muchos edificios. Un terremoto destruyó más de 1.100 edificios en México, D.F.

1970 Petróleo mexicano. Encuentran grandes reservas de petróleo. El país es ahora uno de los mayores exportadores del mundo.

1986 Mundial de Fútbol. México organizó el Mundial de Fútbol. Argentina ganó el campeonato.

A. Con tu compañero(a), habla de cada una de las noticias.

> — ¿Qué pasó en 1970?
> — Encontraron petróleo en México.

B. Con tu compañero(a) corrige las oraciones según la revista.

1. Unos bomberos descubrieron las ruinas de un templo azteca.
2. Un tornado destruyó muchos edificios en México, D.F.
3. México organizó el Mundial de Fútbol de 1968.
4. En 1990 encontraron petróleo en México, D.F.
5. Argentina ganó los Juegos Olímpicos en 1968.

¿QUÉ PASÓ?

En grupo, escojan una de las noticias de la página anterior. Busquen más información sobre la noticia y hagan una tabla con la información obtenida.

¿Qué pasó?	¿Quiénes?	¿Cuándo?	¿Dónde?
Hubo un Mundial de Fútbol	Equipos de muchos países	En 1986	En México

Luego, informen a la clase.

¿SABES QUE...?

Like the United States, Mexico is a federation formed by many states. In fact, the correct name of the country is **Estados Unidos Mexicanos** (United Mexican States). Like Washington, D.C., the Mexican capital (Mexico City) has a special status and is not part of any state. It is a district in itself and is called **México, Distrito Federal**, which usually is abbreviated as **México, D.F.**

PALABRAS EN ACCIÓN

EL MARATÓN

el carro de bomberos

la bombera

el policía

el periodista

la reportera

el fotógrafo

META

1 ¿Qué ves en el dibujo?

Haz una lista de las cosas que ves en el dibujo.

La ambulancia...

2 En el maratón

Haz una lista de las personas que ves en el maratón.

El médico, el fotógrafo...

3 ¿Qué hace...?

Habla con tu compañero(a) sobre cuatro personas del dibujo. ¿Qué hace cada persona?

— *¿Qué hace el fotógrafo?*
— *Está sacando fotos.*

4 ¿Qué oíste en el noticiero?

Haz un diálogo con tu compañero(a) sobre las noticias de la última semana.

— *¿Qué oíste en el noticiero?*
— *Oí que Brasil ganó el campeonato de fútbol.*
— *¿En serio? ¡Qué bien!*

5 ¿Cómo reaccionaste cuando...?

Habla con tu compañero(a) sobre una noticia que oíste y di cómo reaccionaste.

— ¿Cómo reaccionaste cuando el presidente ganó las elecciones?
— Me sorprendí mucho.

6 Miniteatro

Eres un(a) reportero(a). Tu compañero(a) es una víctima, un(a) bombero(a), o un(a) voluntario(a) de la Cruz Roja. Pregúntale cómo reaccionó y qué hizo.

— ¿Cómo reaccionaste cuando empezó el terremoto?
— Me asusté mucho.
— ¿Y qué hiciste?
— Salí de mi cuarto.

7 Cartel

Diseña un cartel sobre las noticias más importantes de esta semana. Usa dibujos o fotos de revistas y periódicos. Escribe un pie de foto para cada ilustración. Presenta el cartel a la clase.

8 Tú eres el autor

Escribe un párrafo sobre una noticia importante ocurrida esta semana donde vives. Luego lee el párrafo a la clase.

Un terremoto destruyó un edificio de la avenida Colón. Hubo tres víctimas. La ambulancia llevó a las víctimas al hospital.

PARA COMUNICARNOS MEJOR
Gramática en contexto

Estructura Preterite of spelling-changing verbs; *decir*

¿OYERON LAS NOTICIAS?

To talk about news events, you can use the preterite tense.

Dijeron que el terremoto destruyó un edificio.

They said that the earthquake destroyed a building.

¡OJO!

The preterite of *hay* (*there is / there are*) is *hubo* (*there was / there were*). **Hubo una inundación.**

☐ Some verbs such as *destruir*, *leer*, *oír* and *caerse* have a spelling change in the preterite. This change takes place in the *usted/él/ella* and *ustedes/ellos/ellas* forms.

	destruir (to destroy)	leer (to read)	oír (to hear)	caerse (to fall)
yo	destruí	leí	oí	me caí
tú	destruiste	leíste	oíste	te caíste
usted	**destruyó**	**leyó**	**oyó**	**se cayó**
él/ella	**destruyó**	**leyó**	**oyó**	**se cayó**
nosotros(as)	destruimos	leímos	oímos	nos caímos
vosotros(as)	destruisteis	leísteis	oísteis	os caísteis
ustedes	**destruyeron**	**leyeron**	**oyeron**	**se cayeron**
ellos/ellas	**destruyeron**	**leyeron**	**oyeron**	**se cayeron**

☐ Another verb that follows the pattern of *destruir* is *construir* (*to build*). *Creer* (*to believe*) follows the pattern of *leer*.

☐ To talk about what you or somebody else said, use the preterite of *decir*. Note that the stem of *decir* in the preterite is *dij-*.

Dijeron que hubo un incendio.   They said there was a fire.

decir (to say)			
yo	**dij**e	nosotros(as)	**dij**imos
tú	**dij**iste	vosotros(as)	**dij**isteis
usted	**dij**o	ustedes	**dij**eron
él/ella	**dij**o	ellos/ellas	**dij**eron

¿Dónde lo leíste?

Tu compañero(a) te habla de las siguientes noticias. Pregúntale dónde oyó, vio o leyó cada una.

> — *El senador José Caminos dijo unas palabras sobre el medio ambiente.*
> — *¿En serio? ¿Dónde lo leíste?*
> — *No lo leí. Lo oí por la radio.*

1. El senador José Caminos dijo unas palabras sobre el medio ambiente.
2. Hubo un incendio y los bomberos lo apagaron.
3. La periodista Lola Figueroa hizo un documental sobre los tornados.
4. Un policía recibió el premio Nobel de la Paz.
5. El periodista Zenón Zarabia ganó el premio Pulitzer.
6. Se cayó un edificio y hubo dos víctimas.

 ¿Qué pasó ayer?

Con tu compañero(a), forma oraciones.

> — *¿Qué pasó ayer?*
> — *Un terremoto destruyó el antiguo cine Variedades.*

Un terremoto

AYUDARON A LAS VÍCTIMAS.

En un incendio, el periodista Juan Salado

APAGARON EL INCENDIO.

LOS BOMBEROS

RECIBIÓ UN PREMIO.

LOS MÉDICOS

se cayó de una escalera.

Una periodista

destruyó el antiguo cine Variedades.

 Las noticias de ayer

Habla con tu compañero(a) sobre las noticias de ayer. Pregúntale cómo reaccionó.

> — *Ayer leí en el periódico que hubo un acuerdo de paz en...*
> — *¡No me digas! ¿Y cómo reaccionaste?*
> — *Me emocioné mucho.*

PARA COMUNICARNOS MEJOR
Gramática en contexto

Estructura Indefinite and negative expressions

¿PASÓ ALGO?

To answer a question or to state something in the negative, you can use a number of different negative expressions.

No pasó nada.	Nothing happened.
No se cayó ningún edificio.	None of the buildings collapsed.
No hubo víctimas tampoco.	There were no victims either.

Note that in the examples, **no** comes before the verb and **nada, ningún/ninguna,** and **tampoco** follow it.

¡OJO!

The negative words **ningún** and **ninguna** have only singular forms and are always used with singular nouns.

Hoy no leí ninguna revista.

☐ Sometimes you can put the negative word before the verb and leave out the word **no**.

Ningún edificio se cayó.	None of the buildings collapsed.
Tampoco hubo víctimas.	There were no victims either.

☐ Note that negative words have contrasting indefinite expressions.

indefinite and negative words

indefinite word	no + verb + negative word	negative word + verb
¿Pasó **algo**?	**No** pasó **nada**.	**Nada** pasó.
¿**Alguien** visitó a las víctimas?	**No** las visitó **nadie**.	**Nadie** las visitó.
¿Se cayó **alguna** casa?	**No** se cayó **ninguna** casa.	**Ninguna** casa se cayó.
Yo **siempre** leo el periódico.	Yo **no** lo leo **nunca**.	Yo **nunca** lo leo.
Yo lo leo **también**.	Yo **no** lo leo **tampoco**.	Yo **tampoco** lo leo.
¿Juan **y** tú lo leyeron?	**No** lo leímos **ni** Juan **ni** yo.	**Ni** Juan **ni** yo lo leímos.
¿Lo dijo la radio **o** la televisión?	**No** lo dijo **ni** la radio **ni** la televisión.	**Ni** la radio **ni** la televisión lo dijo.

☐ Use the shortened forms of **alguno** and **ninguno (algún** and **ningún)** before a masculine singular noun.

¿Hiciste algún cambio?	Did you make any changes?

Los terremotos de Ciruelos

Los terremotos de Ciruelos nunca son graves. Pregunta a tu compañero(a) qué pasó en el último terremoto.

— *¿Qué pasó en el último terremoto?*
— *No pasó nada. Todo está bien.*

1. ¿Qué pasó en el último terremoto?
2. ¿Destruyó algún edificio?
3. ¿Hubo alguna víctima?
4. ¿Fue algún periodista?
5. ¿Fueron los bomberos o la policía?

 ## ¿Qué pasó?

Tu compañero(a) nunca lee las noticias. Pregúntale qué pasó y vas a ver qué dice.

— *¿Te enteraste del campeonato de ajedrez?*
— *¿Qué campeonato? ¿Hubo algún campeonato?*

1. el campeonato de ajedrez
2. el terremoto
3. el accidente
4. el acuerdo de paz
5. las inundaciones
6. la entrevista con el presidente

 ## Un periódico muy bueno

La voz de Ciruelos es un periódico muy bueno, pero a veces no da muchos detalles.

— *¿Leíste* La voz de Ciruelos *hoy?*
— *Sí, lo leí.*
— *¿Dice algo del incendio del cine Variedades?*
— *No, no dice nada.*

1. ¿Dice algo del incendio del cine Variedades?

2. ¿Hay alguna entrevista con alguien interesante?

3. ¿Qué te gusta más, la sección de noticias locales o la sección de deportes?

4. ¿Tú lo lees siempre?

5. ¿También ves las noticias por televisión?

EL RESTAURANTE LA CASA DE LOS AZULEJOS

reabre hoy sus puertas para dar la bienvenida a todos los mexicanos.

La Casa de los Azulejos fue construida en el siglo XVI. En el siglo XVIII decoraron la fachada con azulejos blancos de dibujos azules y amarillos. Hacia 1870 la familia Iturbe compró el edificio y vivió allí hasta 1891. En el siglo XX, el artista José Orozco decoró las paredes de la Casa con un mural. En 1919, la cadena de restaurantes Sanborns compró la Casa. El 25 de agosto de 1994, un accidente con el gas causó un incendio. El fuego no destruyó todo el edificio gracias a los bomberos y a los voluntarios que ayudaron a apagar el incendio. No hubo ninguna víctima. Después del incendio, se hicieron cambios para restaurar la apariencia original del edificio.

PARA TU REFERENCIA

la apariencia original *original loc...*

la cadena *chain*

causó *(it) caused*

dar la bienvenida *to welcome*

la fachada *facade*

fue construida *(it) was built*

reabre *(it) reopens*

se hicieron *were made*

restaurar *to restore*

1 La Casa de los Azulejos

Lee el anuncio del periódico y contesta las preguntas:

1. ¿En qué siglo construyeron la Casa de los Azulejos? *Siglo dieciseis* *en el siglo dieciseis*
2. ¿Cuándo decoraron la fachada con azulejos?
3. ¿Hasta qué año vivió allí la familia Iturbe?
4. ¿Cuándo compró Sanborns la Casa? *mil y ochor cientos noventa y uno*
5. ¿Qué pasó el 25 de agosto de 1994? *en el año mil neue cintos* *ovecinuenta*
6. ¿Quiénes ayudaron a apagar el incendio? *volunteeros*
7. ¿Hubo alguna víctima? *no, no hubo ninguna víctima*

2 Si hay una emergencia

Escoge una situación de emergencia (un terremoto, una inundación, un incendio...). Con tu compañero(a) haz una lista de cosas que tienes que hacer y otra lista de cosas que no debes hacer.

> — *Tengo que llamar por teléfono a la policía o a los bomberos, usar la escalera de incendios...*
> — *No debo asustarme, ni usar el ascensor del edificio...*

3 Entrevista

Eres un(a) periodista y tu compañero(a) es un(a) jugador(a) del equipo de fútbol que ganó el Campeonato Mundial. Hazle una entrevista.

> — *¿Cómo reaccionó cuando su equipo ganó el campeonato?*
> — *Me alegré muchísimo.*

Luego, informa a la clase.

> *Juan García se alegró muchísimo cuando su equipo ganó el campeonato.*

4 Tu diario

Escribe un párrafo en tu diario sobre una noticia que viste en la televisión. ¿Qué pasó? ¿Cómo reaccionaste?

PARA RESOLVER

LAS NOTICIAS DE LA ACTUALIDAD

En grupo, van a escribir la primera plana de un periódico.

PASO 1 ¿Qué noticias hay?

Hagan una lista de las noticias (verdaderas o inventadas) que quieren poner en su periódico. Escojan el tema más importante para ponerlo como noticia del día. Luego, escojan tres noticias más para la primera plana.

Noticias: *las elecciones para senador, el accidente en la autopista central, Silva ganó el maratón de Nueva York...*

La noticia del día va a ser que Silva ganó el maratón.

Las tres noticias van a ser: las elecciones para senador...

PASO 2 La noticia del día

Escriban el titular y el texto de la noticia del día. Luego, busquen una fotografía y escriban el pie de foto.

Titular: *Silva ganó el maratón*

Texto: *Éste es el segundo año que el mexicano Germán Silva...*

Pie de foto: *Germán Silva llega a la meta.*

PASO 3 Otras noticias

Escriban un titular y un pequeño párrafo para las otras noticias de su lista.

Titular: *García, senadora*

Texto: *Ana García ganó las elecciones para senadora. La nueva senadora se emocionó profundamente...*

PASO 4 Resumen

Hagan una lista de las secciones que va a tener su periódico. Luego, escriban un resumen.

PASO 5 Nuestro periódico

Presenten la portada de su periódico a la clase.

PARA TU REFERENCIA

chocó con *crashed into*

la meta *finish line*

la noticia del día *cover story*

otros(as) *others*

la primera plana *front page*

el resumen *news summary*

el titular *headline*

LA ACTUALIDAD

SILVA GANÓ EL MARATÓN

GARCÍA, SENADORA

Ana García ganó las elecciones para senadora. La nueva senadora se emocionó profundamente al enterarse de la noticia. Después leyó un discurso. (Pasa a la página 5.)

ACCIDENTE EN LA AUTOPISTA CENTRAL

Ayer sábado hubo un accidente en la autopista central. Un carro de bomberos chocó con un camión. Hubo tres víctimas. Los voluntarios de la Cruz Roja llevaron a las víctimas al hospital de Guadalupe. (Pasa a la página 9.)

EL PREMIO LIBRO DE ORO PARA ROJAS

El escritor Alberto Rojas ganó el premio Libro de Oro. Rojas se sorprendió mucho cuando se enteró de la noticia y dijo: "Estoy muy contento porque…" (Pasa a la página 7.)

RESUMEN

Política	pág. 5	Arte	pág. 17
Cultura	pág. 7	Espectáculos	pág. 19
Deportes	pág. 14		

Germán Silva llega a la meta.

Éste es el segundo año que el mexicano Germán Silva gana el maratón de Nueva York. El año pasado hizo un calor increíble y este año un frío impresionante. Pero Silva no se asustó ni del frío ni del calor. (Pasa a la página 14.)

Hace más de 1.800 años vivía un rey olmeca en la costa del Golfo de México. Después de su muerte° la historia del rey se olvidó° por completo. En 1986, los arqueólogos descubrieron una estela° que tenía esculpida una gran figura y jeroglíficos. Los arqueólogos ignoraban lo que decían los jeroglíficos y no fue hasta 1993 que los descifraron.°

La estela cuenta la historia de ese rey olmeca. Los olmecas vivieron en la zona de Veracruz, en el Golfo de México.

En el arte olmeca podemos ver muchos símbolos y temas que reaparecen° en civilizaciones más recientes. Por ejemplo,° el calendario y la figura del jaguar, que son muy importantes en el arte olmeca, también aparecen entre° los aztecas. Los olmecas son especialmente conocidos por sus misteriosas esculturas de cabezas° colosales con labios gruesos° y expresiones solemnes. Con la información de los jeroglíficos va a ser posible conocer mejor esta antigua civilización.

TE TOCA A TI

1. ¿Qué pasó con la historia del rey olmeca?
2. ¿Cuándo descubrieron la estela?
3. ¿Por qué es importante esta estela?
4. ¿Cuándo descifraron los jeroglíficos?
5. ¿Por qué son conocidos los olmecas?

las cabezas *heads*
descifrar *to decipher*
entre *among*
la estela *stele (stone monument)*
los jeroglíficos *hieroglyphics*

los labios gruesos *full lips*
la muerte *death*
por ejemplo *for example*
reaparecen *(they) reappear*
se olvidó *(it) was forgotten*

VOCABULARIO TEMÁTICO

Las noticias
The news

el accidente *accident*
el acuerdo de paz *peace agreement*
el campeonato *championship*
las elecciones *elections*
el incendio *fire*
la inundación *flood*
el maratón *marathon*
el rescate *rescue*
el terremoto *earthquake*
el tornado *tornado*

En el noticiero
In the news report

el/la bombero(a) *firefighter*
el/la deportista *athlete*
el/la fotógrafo(a) *photographer*
el/la médico(a) *doctor*
el/la periodista *journalist*
el/la policía *police officer*
el/la presidente(a) *president*
el/la reportero(a) *reporter*
el/la senador(a) *senator*
la víctima *victim*
el/la voluntario(a) de la Cruz Roja *Red Cross volunteer*

Reacciones
Reactions

alegrarse *to be happy*
asustarse *to get scared*
emocionarse *to be thrilled*
preocuparse *to worry*
reaccionar *to react*
sorprenderse *to be surprised*

¿Qué oyes en el noticiero?
What do you hear in the news report?

apagar un incendio *to put out a fire*
caerse *to fall, to collapse*
construir *to build*
dar un discurso *to give a speech*
destruir *to destroy*
encontrar (o>ue) *to find*
recibir *to receive*

Cuando te enteras de una noticia, ¿qué dices?
When you find out about a news event, what do you say?

Bueno, no me extraña. *Well, it doesn't surprise me.*
¿En serio? *Really?*
¡No me digas! *You don't say!*
¡No puede ser! *It can't be!*
¡Qué horror! *How awful!*
¿Qué pasó? *What happened?*

Expresiones y palabras

algo *something*
alguien *someone*
alguno(a)/algún *some*
la ambulancia *ambulance*
el carro de bomberos *firetruck*
el ascensor *elevator*
enterarse *to learn about*
el hospital *hospital*
hubo *there was/there were*
la meta *finish line (in a race)*
oír *to hear, to listen*
el premio *award, prize*
la reacción *reaction*
nadie *no one*
ni... ni... *neither . . . nor . . .*
ninguno(a)/ningún *none*
el pie de foto *caption*

LA CONEXIÓN INGLÉS-ESPAÑOL

In this chapter, you have learned several words that are spelled the same way in English and Spanish and have the same meaning: *hospital, tornado, horror*. The only difference is in the pronunciation of the words in the two languages.

What do these English words mean?

incendiary— inundate—encounter

Find your clues from the meaning of Spanish words in the *Vocabulario temático*.

CAPÍTULO 4

LA TECNOLOGÍA DE HOY

Dos jóvenes mexicanos diseñando una computadora.

Objetivos

COMUNICACIÓN

To talk about:

- advantages and disadvantages of city life
- comparisons between the past and present
- modern technology

CULTURA

To learn about:

- the present and past of Monterrey, Mexico
- using the Internet to find out more information about Mexican writers
- sunken treasures in the Gulf of Mexico

VOCABULARIO TEMÁTICO

To know the expressions for:

- modern technological innovations
- yesterday's technology
- features of today's cities

ESTRUCTURA

To talk about:

- how life used to be: the imperfect tense
- comparisons between people and comparisons between things: *más/menos... que, tan... como, tanto(a/os/as)... como*

¿SABES QUE...?

Using computer technology in the classroom has become increasingly popular in Mexico, as it has in the United States. Even small cities have received grants to purchase computers for classroom use. Recently, in Tlaxcala, the capital city of the state of the same name (located just east of Mexico City), about 45,000 students in 74 secondary schools benefited from the installation of 1,700 computers.

EL PASADO Y EL PRESENTE

Habla con tu compañero(a).

DONDE TÚ VIVES, ¿CÓMO ERAN LAS COSAS ANTES?

Antes había menos contaminación que ahora.
(In the past, there was less pollution than now.)

Antes había más parques que ahora.
(In the past, there were more parks than now.)

 (el) parque

 (el) tráfico

menos... que

más... que

> **En mi pueblo nada ha cambiado mucho.**
> *(In my town, nothing has changed much.)*

 (la) fábrica

 (el) edificio de oficinas

 (el) ruido   (el) rascacielos

¿CUÁLES SON LAS VENTAJAS DE VIVIR EN UNA CIUDAD?
(What are the advantages of living in a city?)

Hay muchos cines y transporte público.

(los) cines   (las) tiendas

(el) transporte público *(public transportation)*

(los) eventos deportivos *(sports events)*

> **¿Y las desventajas?**
> *(And the disadvantages?)*

¿QUÉ USABA LA GENTE ANTES? ¿QUÉ USA AHORA?

(What did people use before? What do they use now?)

Antes la gente usaba máquinas de escribir.

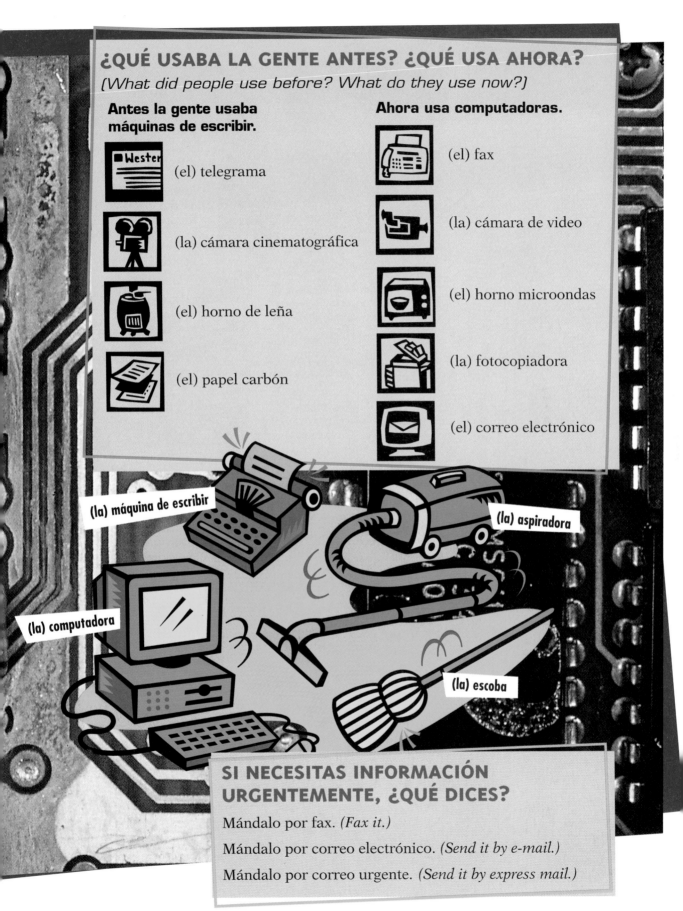

(el) telegrama

(la) cámara cinematográfica

(el) horno de leña

(el) papel carbón

Ahora usa computadoras.

(el) fax

(la) cámara de video

(el) horno microondas

(la) fotocopiadora

(el) correo electrónico

(la) máquina de escribir

(la) aspiradora

(la) computadora

(la) escoba

SI NECESITAS INFORMACIÓN URGENTEMENTE, ¿QUÉ DICES?

Mándalo por fax. *(Fax it.)*

Mándalo por correo electrónico. *(Send it by e-mail.)*

Mándalo por correo urgente. *(Send it by express mail.)*

REALIDADES

Un ejemplo del encuentro del presente y el pasado de Monterrey es la Gran Plaza, que está en el centro de la ciudad. En esta plaza hay una catedral colonial y, al lado, una escultura modernísima de Rufino Tamayo, uno de los artistas más famosos de México.

¡VISITA MONTERREY, LA TERCERA CIUDAD MÁS GRANDE DE MÉXICO!

EL PRESENTE Y EL PASADO SE ENCUENTRAN EN

Monterrey

El Instituto Tecnológico y de Estudios Superiores de Monterrey se creó siguiendo el modelo del *Massachusetts Institute of Technology* (MIT) de Cambridge. El Instituto forma parte del Sistema de Educación Interactiva por Satélite (SEIS). Desde allí, puedes tomar clases de otras universidades, vía satélite.

Monterrey produce el 25% de los productos industriales de México y el 50% de los productos de exportación. Monterrey es famosa por sus fundiciones de acero. Hay más de 500 fábricas en Monterrey que producen ropa, cemento, jabón y plásticos.

El Obispado es uno de los mejores ejemplos de arquitectura colonial de Monterrey. A principios del siglo XVIII era la residencia del obispo. Hoy es un museo. Está situado en un cerro, con vistas panorámicas de la ciudad.

HABLA DEL FOLLETO

Mira el folleto sobre Monterrey.

A. Haz una lista con ejemplos del pasado y otra con ejemplos del presente de Monterrey.

pasado	*presente*
la catedral	*la escultura de Tamayo*

B. Habla con tu compañero(a) del folleto.

— *¿De qué siglo es el Obispado?*
— *Es del siglo XVIII. ¿De quién es la escultura de la Gran Plaza?*

¿QUÉ OPINAS?

1. En grupo, hablen de cómo ha cambiado su comunidad en los últimos 50 años. Hagan una lista de cinco o seis cambios.

2. ¿Qué cambios creen que fueron buenos y cuáles no? Hagan una encuesta en el grupo. Usen el modelo.

	buenos	*malos*
más coches		*IIII*
teléfonos celulares	*III*	
correo electrónico	*IIII*	
fotocopiadoras	*IIII*	
fax	*IIII*	
más tráfico		
más transporte público		

Comparen los resultados con otros grupos.

¿SABES QUE...?

Monterrey is the third largest city in Mexico, with approximately 2.5 million inhabitants. Monterrey's strong industrial base has made it an important commercial city in Mexico. It is located about 450 miles from Mexico City and only 150 miles from Laredo, Texas. Although known for its industry and commerce, Monterrey is an old city. It was founded by the Spaniard Diego de Montemayor in 1560 and incorporated as a city in 1596.

PALABRAS EN ACCIÓN

LA GRAN CIUDAD

la fábrica

Por favor, mándalo por fax.

2A

el fax

2B

la fotocopiadora

el edificio de oficinas

Dame el número.

1A

la oficinista

1B

1C

el aire acondicionado

Mándalo por correo urgente.

Hay mucho tráfico.

la autopista

la cámara de video

el teléfono celular

Ese coche es tan bonito como el coche de papá.

---

1 **¿Qué ves en el dibujo?**

Haz una lista de las cosas que ves en la ciudad.

La fábrica, la autopista...

2 **¿Qué hacen?**

Habla con tu compañero(a) sobre tres personas del dibujo.

— *¿Qué hace el hombre del apartamento D?*
— *Está hablando por teléfono.*

3 **¿Qué dicen?**

Haz tres diálogos entre las personas del dibujo.

— *¿Tienes el número de fax del Sr. García?*
— *Sí, es el 555-2211.*

4 **La tecnología**

Habla con tu compañero(a) sobre las cosas que la gente usaba antes y las cosas que usa ahora.

— *Antes la gente usaba ventiladores. Ahora usa aire acondicionado.*
— *Antes la gente usaba escobas. Ahora usa aspiradoras.*

5 Hace muchos años

¿Cómo eran las cosas antes en tu vecindario? Habla con tu compañero(a).

— ¿Cómo eran las cosas antes en tu vecindario?
— Antes había menos ruido y más parques que ahora.

6 Miniteatro

Llama por teléfono para pedir información sobre productos electrónicos. Haz un diálogo.

— Buenos días. ¿Me puede mandar por fax información sobre una fotocopiadora?
— Sí. Deme su número de fax, por favor.

7 Cartel

Diseña un cartel con anuncios sobre la tecnología de hoy. Usa dibujos y fotos de revistas y periódicos. Escribe un pie de foto para cada ilustración. Presenta el cartel a la clase.

8 Tú eres el autor

Escribe un artículo sobre las ventajas y las desventajas de vivir en tu ciudad o en tu pueblo.

Ventajas: En mi ciudad hay muchas tiendas y muchos restaurantes. El transporte público es moderno y rápido.
Desventajas: Hay mucho ruido.

PARA COMUNICARNOS MEJOR
Gramática en contexto

Estructura The imperfect

¿QUÉ USABAN ANTES?

To talk about how things used to be and what people used to do, use the imperfect tense.

Cuando tu abuelo y yo éramos jóvenes, no había computadoras. Mandábamos telegramas o escribíamos cartas.

When your grandfather and I were young, there weren't any computers. We sent telegrams or wrote letters.

To form the imperfect tense of *-ar* verbs and *-er* and *-ir* verbs, add the appropriate endings to the stem of the verb.

imperfect tense	usar	leer	escribir
yo	us**aba**	le**ía**	escrib**ía**
tú	us**abas**	le**ías**	escrib**ías**
usted	us**aba**	le**ía**	escrib**ía**
él/ella	us**aba**	le**ía**	escrib**ía**
nosotros(as)	us**ábamos**	le**íamos**	escrib**íamos**
vosotros(as)	us**abais**	le**íais**	escrib**íais**
ustedes	us**aban**	le**ían**	escrib**ían**
ellos/ellas	us**aban**	le**ían**	escrib**ían**

¡OJO!

The imperfect form of *hay* is *había* (there was, there were.)

Antes no había hornos microondas.

There are only three irregular verbs in the imperfect: *ver, ser* and *ir*.

imperfect tense	ver	ser	ir
yo	**ve**ía	**er**a	**ib**a
tú	**ve**ías	**er**as	**ib**as
usted	**ve**ía	**er**a	**ib**a
él/ella	**ve**ía	**er**a	**ib**a
nosotros(as)	**ve**íamos	**ér**amos	**íb**amos
vosotros(as)	**ve**íais	**er**ais	**ib**ais
ustedes	**ve**ían	**er**an	**ib**an
ellos/ellas	**ve**ían	**er**an	**ib**an

1 En el pasado

Pregunta a tu compañero(a) qué hacían sus abuelos.

— ¿Qué hacían tus abuelos cuando todavía no había computadoras?
— Usaban una máquina de escribir.

1.

2.

3.

4.

5.

6.

2 ¿Cómo era antes? ¿Cómo es ahora?

Habla con tu compañero(a) sobre cómo era la vida antes y cómo es ahora.

— Antes la gente iba a la oficina a pie.
— Ahora va en coche, en autobús o en metro.

	Antes	Ahora
ir a la oficina	a pie	en coche, en autobús o en metro
mandar	cartas	fax y correo electrónico
escuchar	discos	discos compactos
cocinar	en hornos de leña	en hornos microondas
usar	papel carbón	la fotocopiadora

3 Cuando eras pequeño(a), ¿qué hacías?

Pregunta a tus compañeros qué hacían cuando eran pequeños. Anota las respuestas en una tabla.

	Esteban	Raúl	Laura
¿Adónde ibas de vacaciones?	a la playa	a la playa	a la montaña
¿A qué jugabas?			
¿Qué leías?			

Presenta los resultados a la clase.

Esteban y Raúl iban de vacaciones a la playa.
Laura iba a la montaña.

PARA COMUNICARNOS MEJOR
Gramática en contexto

Estructura Comparisons

¿QUÉ ES MÁS RÁPIDO?

To compare people or things using adjectives, use *más* or *menos* followed by an adjective and *que*.

El correo electrónico es más rápido que el fax.	E-mail is faster than a fax.

To show equality, use *tan* followed by an adjective and *como*.

Este teléfono es tan antiguo como esa máquina de escribir.	This telephone is as old as that typewriter.

To compare people or things using nouns, use *tanto(a/os/as)* followed by a noun, and then *como* followed by the second term of the comparison.

Yo tengo tantos discos compactos como cintas.	I have as many CDs as cassettes.
Mi hermano compra tantos discos compactos como yo.	My brother buys as many CDs as I do.

To compare people or things using verbs, use *más/menos que* or *tanto como* followed by the second term of the comparison.

Los coches contaminan el aire más que las fábricas.	Cars pollute the air more than factories do.
Esa computadora cuesta tanto como esta cámara de video.	That computer costs as much as this videocamera.

¡OJO!

Tanto, tanta, tantos, tantas are adjectives and must have the same number and gender as the nouns they modify.

Antes, esta calle no tenía tantos cines ni tantas tiendas.

118

Antes, ahora

Con tu compañero(a), compara cómo eran las cosas antes y cómo son ahora.

Antes el transporte público no era tan rápido como ahora.

¿Cómo era(n)...?	
el transporte público	contaminado(a)
las ciudades	grande
los aparatos electrónicos	rápido(a)
los edificios	moderno(a)
el aire	alto(a)
	cómodo(a)

 ¿Había más o menos?

Con tu compañero(a), compara cómo era tu pueblo o ciudad antes y cómo es ahora. ¿Qué cosas no han cambiado?

Antes había menos rascacielos que ahora.

Había...
tráfico
ruido
aparatos electrónicos
escobas
hornos de leña

 ¿Cómo cambió tu vida?

Con tu compañero(a), comparen las cosas que hacían cuando eran pequeños(as) con las cosas que hacen ahora.

Antes yo jugaba con videojuegos más que ahora. ¿Y tú?

1. jugar con videojuegos
2. hablar por teléfono
3. jugar en el parque
4. ir al centro comercial
5. escribir en la computadora

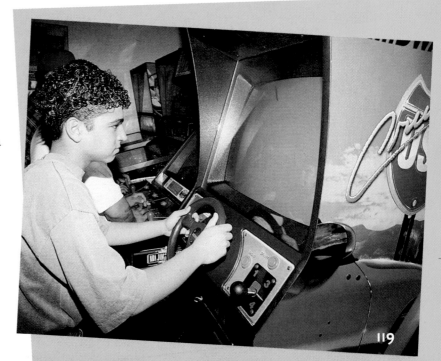

HISPANOAMÉRICA

Obras   Autores   Historia   Países   Ayuda

LITERATURA México

OCTAVIO PAZ (Ciudad de México, 1914) poeta y ensayista. Obras: *Máscaras mexicanas, Libertad bajo palabra, Puertas al campo, Vueltas, El laberinto de la soledad...*

Biografía   Texto 1   Texto 2

ELENA PONIATOWSKA (Paris, Francia, 1933) Narradora y periodista. Obras: *La noche de Tlatelolco, Fuerte es el silencio, De noche vienes, Querido Diego, te abraza Quiela...*

Biografía   Texto 1   Texto 2

SOR JUANA INÉS DE LA CRUZ (San Miguel de Neplanta, 1651 - Ciudad de México, 1695) Poeta. Obras: *Inundación Castálida, Primero sueño, El divino Narciso, Respuesta, Carta atenagórica...*

Biografía   Texto 1   Texto 2

1 Un paseo por la *Enciclopedia electrónica*

Tú y tu compañero(a) van a usar la *Enciclopedia electrónica* por primera vez. Digan qué pasos tienen que seguir para hacer una investigación sobre la literatura hispanoamericana.

> *Primero tenemos que escoger un tema del menú principal. Luego tenemos que seleccionar un autor...*

 ## 2 ¿Qué ventajas tiene?

Con tu compañero(a), habla de las ventajas que tiene una enciclopedia electrónica y de cómo buscaban datos antes.

> *— Yo antes buscaba datos en las enciclopedias. ¿Y tú?*
> *— Yo también, pero una enciclopedia electrónica es más rápida.*

 ## 3 ¿Qué usaba antes?

Eres el/la vendedor(a) de una tienda de aparatos electrónicos y tu compañero(a) viene a comprar algo. Hagan un diálogo.

> *— Buenos días. Quiero comprar el último modelo de computadoras.*
> *— ¿Qué usaba usted antes?*
> *— Antes usaba una máquina de escribir.*

 ## 4 Entrevista

Entrevista a un familiar. Pregúntale cómo eran las cosas cuando él/ella tenía tu edad. Informa a la clase.

> *— ¿Cómo era antes la vida en el pueblo?*
> *— Antes había menos tráfico que ahora.*

 ## 5 Tu diario

Por primera vez vas a escribir a un amigo una carta usando el correo electrónico. Explícale qué te parece este sistema de comunicación y cómo te comunicabas antes.

> *www.mark.mcs.@hrc.sp.*
> *Querido Andrés:*
>
> *Es la primera vez que mando una carta por correo electrónico. Antes mandaba cartas por correo urgente o llamaba por teléfono. Pero el teléfono es más caro que el correo electrónico y el correo urgente es más lento. Contesta pronto.*
>
> *Tu amiga,*
> *cristina.es@nca.stl*

PARA TU REFERENCIA

la ayuda *help*
la edad *age*
el/la ensayista *essayist*
el modelo *model*
qué te parece *what you think about*
el rincón *corner*

PARA RESOLVER

UNA CASA MÁS CÓMODA

En grupo, van a diseñar la casa del futuro.

PASO 1 En la casa del futuro

Hagan una lista de las cosas de la página 123 que les gustaría tener en la casa del futuro. Luego, pongan en la lista sus propios inventos y escojan dos cosas para hablar sobre ellas.

> *Una tarjeta de identificación para abrir la puerta, ropa de cama resistente al fuego...*

> *Vamos a hablar sobre una computadora que... y sobre...*

PASO 2 Ventajas

Digan cuáles son las ventajas de las dos cosas que escogieron.

> *Una computadora que llama a los bomberos sirve cuando hay un incendio y no hay nadie en casa...*

PASO 3 Desventajas

Ahora, digan cuáles son las desventajas.

> *Si no hay nadie en casa y la computadora no funciona, nadie va a llamar a los bomberos...*

PASO 4 El mejor invento

Decidan cuál es el mejor invento. Después hagan un cartel con un dibujo y las ventajas y desventajas del invento que seleccionaron.

Presenten el cartel a la clase. Escojan el mejor invento de la clase.

PARA TU REFERENCIA

cerrar (e>ie) *to close*

conectadas *connected*

empañar(se) *to fog up*

entrar *to enter*

el invento *invention*

la película especial *a special coating*

las tarjetas de identificación *identification cards*

el tejado *roof*

EN LA CASA DEL FUTURO

Éstos son algunos inventos que ya existen y que van a cambiar nuestras casas.

La casa del futuro va a ser de plástico, porque el plástico es más barato que los materiales tradicionales.

Para entrar a la casa, no vamos a necesitar llaves. Vamos a usar tarjetas de identificación conectadas a una computadora. En caso de incendio, la computadora cierra automáticamente el gas y llama a los bomberos. Las computadoras también nos van a poder leer los periódicos.

Otros inventos son la ropa de cama resistente al fuego y unos espejos para el baño con una película especial para que no se empañen. También vamos a poder abrir y cerrar el techo de nuestras casas con un control remoto.

Todos estos inventos van a hacer de nuestras casas lugares más cómodos.

ENTÉRATE
TESOROS° EN EL GOLFO DE MÉXICO

En el Golfo de México hay muchos galeones hundidos° con tesoros de la época colonial (del siglo XVI al XVIII). Estos galeones llevaban oro, plata y joyas de Perú y México a España. Pero por alguna razón° no llegaron nunca a su destino.

Los barcos generalmente viajaban juntos para protegerse° de los piratas ingleses, franceses y holandeses°. Algunos de estos galeones se hundieron° a causa de° los ataques de los piratas, pero la mayoría se hundió a causa de los huracanes y tormentas tropicales, que son muy comunes en el Golfo.

Hoy día, hay robots con cámaras de video, rayos láser y otros instrumentos para detectar dónde están los galeones hundidos. También, las expediciones marinas usan ascensores acuáticos para ayudar a los buzos° a bajar y a subir.

En 1985 se encontró un galeón llamado *Nuestra Señora de Atocha*. Este galeón se hundió° a causa de un huracán muy cerca de Cayo Hueso, en 1622. Llevaba el tesoro más grande que se ha encontrado° hasta hoy, estimado entre 200 y 400 millones de dólares.

a causa de *because of*
los buzos *divers*
Cayo Hueso *Key West*
el destino *destination*
holandeses *Dutch*
hundidos *sunken*

protegerse *to protect themselves*
la razón *reason*
se ha encontrado *has been found*
se hundió/se hundieron *sank*
los tesoros *treasures*

TE TOCA A TI

Completa las oraciones.

1. Los galeones de la época colonial llevaban...
2. Los barcos viajaban juntos para...
3. Algunos galeones se hundieron a causa de...
4. La tecnología moderna usa...
5. El *Nuestra Señora de Atocha* llevaba...

VOCABULARIO TEMÁTICO

Antes

la cámara cinematográfica
  movie camera
la escoba broom
el horno de leña
  wood burning stove
la máquina de escribir
  typewriter
el papel carbón carbon paper
el telegrama telegram
el ventilador electric fan

Ahora

el aire acondicionado
  air conditioner
la aspiradora vacuum cleaner
la cámara de video
  video camera
el correo electrónico e-mail
el correo urgente express mail
el fax fax

la fotocopiadora
  photocopying machine
el horno microondas
  microwave oven
el teléfono celular
  cellular phone
el transporte público
  public transportation

En las grandes ciudades

la autopista expressway
la contaminación pollution
el edificio de oficinas
  office building
el evento deportivo
  sports event
la fábrica factory
el rascacielos skyscraper
el ruido noise
el tráfico traffic

Expresiones y palabras

Mándalo por... Send it by . . .
Mándalo por fax. Fax it.
cómodo(a) comfortable
la desventaja disadvantage
la exportación export trade
limpio(a) clean
mandar to send
el/la oficinista office worker
producir to make, to produce
tan... como as . . . as
tanto(a)... como
  as much . . . as
tantos(as). . . como
  as many . . . as
la tecnología technology
urgentemente urgently
la ventaja advantage

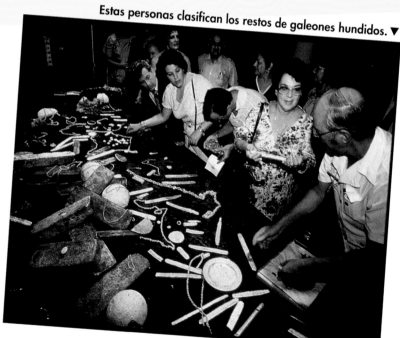

Estas personas clasifican los restos de galeones hundidos. ▼

LA CONEXIÓN INGLÉS-ESPAÑOL

In the preceding chapter we learned that an English cognate can be discovered by dropping the final vowel (or diphthong) of a Spanish word and adding a silent *e* when appropriate. How many words can you find in the *Vocabulario temático* that follow this rule?

Sometimes the final diphthong *-ia* can be replaced by a **y** (instead of a silent *e*) in order to discover the English cognate:
memoria → *memor* → **memory**

Find another word in the *Vocabulario temático* that conforms to this rule.

ADELANTE

Desde el 1200 a.C.,° grandes civilizaciones surgieron° en lo que es hoy México. La primera° fue la olmeca. Después vinieron la zapoteca, la teotihuacana, la maya, la tolteca, y otras. La última gran civilización del antiguo México fue la azteca. Los aztecas fundaron el imperio más poderoso° de la época. En 1525, los españoles conquistaron este imperio.

En grupos, miren las fotos de las páginas 126–129 y hagan una lista de las obras de arte y construcciones que dejaron estas civilizaciones.

Los teotihuacanos construyeron la gran Pirámide del Sol hacia° el año 200 a.C.

a.C. (antes de Cristo) *BC (before Christ)*   hacia *around*   la primera *the first one*
poderoso *powerful*   surgieron *arose*

◄ Nadie sabe cómo los olmecas hicieron estas cabezas° colosales. Cada una mide tres metros y pesa miles de kilos.

◄ Los mayas decoraron con pinturas las paredes interiores de muchos edificios. Este mural está en el templo de Bonampak.

◄ Los teotihuacanos hicieron hermosas máscaras de distintos materiales. Muchas de ellas están adornadas con gemas.°

las cabezas *heads*　　las gemas *gems*

127

Las pirámides

del antiguo México

Desde hace más de tres mil años, varias civilizaciones habitaron el valle de México. Allí dejaron testimonios° de su presencia: esculturas, palacios, estadios para el juego de pelota y, especialmente, pirámides.

Las civilizaciones del antiguo México construyeron pirámides muy peculiares. Eran escalonadas° y terminaban en una plataforma donde había un templo. Algunos templos eran de madera y otros de piedra.

La pirámide de Monte Albán está en una gran plaza y es más ancha° que alta. ▼

Los zapotecas

Los zapotecas construyeron la ciudad de Monte Albán hacia el año 500 a.C. En el año 600 d.C.,° Monte Albán era el centro de un gran imperio. Está entre tres valles y es la ciudad más impresionante del antiguo México.

▲ La pirámide de Chichén Itzá es un ejemplo típico de la arquitectura maya.

Los mayas

Los mayas eran muy buenos astrónomos y arquitectos. Hicieron ciudades enteras sin conocer la rueda° y sin la ayuda de animales o herramientas de metal. Las pirámides mayas son más altas y empinadas° que las de otras civilizaciones.

Los teotihuacanos

Hacia el siglo I d.C., Teotihuacán era la ciudad más importante del continente. Tenía entre 125.000 y 200.000 habitantes. Los teotihuacanos la abandonaron entre los años 650 d.C. y 700 d.C., después de un incendio. Ochocientos años después, cuando los aztecas la encontraron, se quedaron maravillados° y la llamaron *la ciudad donde nacen° los dioses.°*

Teotihuacán es famosa por sus pirámides. Las más conocidas son la pirámide

ancha *wide*
d.C. (después de Cristo) *A.D. (after Christ)*
los dioses *gods*
empinadas *steep*
escalonadas *with steps*

las herramientas *tools*
nacen *are born*
la rueda *wheel*
se quedaron maravillados *they were astonished*
los testimonios *evidence*

◄**Hoy puedes visitar las ruinas de Tula en la región de Hidalgo, al norte de la Ciudad de México.**

Los aztecas

Los aztecas construyeron Tenochtitlán, la capital de su imperio, en el año 1325 d.C. Doscientos años más tarde el imperio azteca llegaba° hasta Yucatán y América Central.

En el centro de Tenochtitlán había un templo y una gran pirámide de más de cien metros de altura. En la cima° de esta pirámide estaba la piedra del sol, que era un calendario. Hernán Cortés destruyó Tenochtitlán y muchos de los edificios aztecas. Con sus piedras construyó los primeros edificios coloniales de la Ciudad de México.

del Sol y la pirámide de la Luna.

Los toltecas

Los toltecas fueron grandes arquitectos y construyeron la ciudad de Tula. La pirámide de Tula está rodeada° de columnas. Sobre la plataforma de esta pirámide hay esculturas muy grandes.

CIVILIZACIÓN	ZAPOTECA	TEOTIHUACANA	MAYA	TOLTECA	AZTECA
CIUDADES	Monte Albán	Teotihuacán	Chichén Itzá, Tulum, Uxmal y otras	Tula	Tenochtitlán
ANIMALES SAGRADOS	jaguar	serpiente con plumas°	jaguar y serpiente	serpiente con plumas	águila° y serpiente
GOBIERNO	rey	rey	rey°	rey y sacerdote°	emperador
PIRÁMIDES	las que tenían las bases más grandes	la más grande es la del Sol	las más altas y empinadas	con esculturas muy grandes	la gran pirámide de Tenochtitlán (la destruyó Cortés)

águila *eagle*   llegaba *reached*   el rey *king*   el sacerdote *priest*
la cima *the top*   las plumas *feathers*   rodeada *surrounded*

❶ Historia del antiguo México

Aquí tienes varios datos sobre la historia de las civilizaciones del antiguo México. Haz una tabla y ponlos en orden cronológico.

1200 a.C.	la civilización olmeca
500 a.C.	la civilización zapoteca

200 a.C.	la civilización teotihuacana
600 d.C.	edad de oro° de la civilización zapoteca
1520 d.C.	Conquista de Tenochtitlán por Hernán Cortés. fin de la civilización azteca
950 d.C.	fin de la civilización maya
1	comienzo de la era cristiana
1200 a.C.	la civilización olmeca
500 a.C.	la civilización zapoteca
400 a.C.	fin de la civilización olmeca
1300 d.C.	la civilización azteca fin de la civilización tolteca
900 d.C.	la civilización tolteca fin de la civilización zapoteca
1492 d.C.	Llegada de los españoles a América.
700 d.C.	fin° de la civilización teotihuacana
200 d.C.	edad de oro de la civilización teotihuacana, la civilización maya

❷ Contesta las preguntas

Contesta las siguientes preguntas.

- ¿Cuál es la civilización más antigua?
- ¿Qué civilización duró° más? ¿Qué civilización duró menos?
- ¿Cuándo fue la edad de oro de la civilización zapoteca?
- ¿En qué año llegaron los españoles a América?

❸ Compruébalo

Une elementos de las dos columnas para hacer oraciones.

1. El águila y la serpiente
2. Las pirámides mayas
3. Los toltecas
4. Los teotihuacanos
5. La civilización azteca

   a. construyeron la ciudad de Tula.
   b. son los animales sagrados de los aztecas.
   c. construyeron la pirámide del Sol.
   d. fue la civilización más corta.
   e. son altas y empinadas.

duró *lasted*
la edad de oro *golden age*
el fin *end*

TALLER DE ESCRITORES

1. TU ABUELO Y TÚ

Toma notas sobre la vida de tu abuelo o abuela, cuando era adolescente. Después, escribe ocho oraciones comparando su vida° con tu vida.

Mi abuelo
1. Mi abuelo usaba una máquina de escribir.
2.
3.

Yo
Yo escribo en la computadora.

2. ENTREVISTA

Usa una enciclopedia y busca datos sobre la civilización azteca. Ahora, prepara cinco preguntas para entrevistar al emperador Moctezuma.

3. EL MEJOR INVENTO°

¿Qué invento es tan importante en tu vida que no podrías° vivir sin él? En grupos, decidan cuál es el mejor invento del siglo.° Después escriban cinco oraciones explicando por qué escogieron este invento y por qué es tan importante. Presenten los resultados a la clase.

UN SISTEMA DE LA COMPUTADORA INDICA QUIÉN VA A CLASE Y QUIÉN NO VA.

Marcelo Santos, un estudiante de 17 años, sorprendió a profesores y estudiantes de su escuela con su original invento, que presentó al público ayer. Marcelo hizo un sistema para la computadora para controlar quién va a clase y quién no va. Los estudiantes se preocuparon un poco al enterarse de la noticia. Los profesores se alegraron mucho.

POR EJEMPLO

la radio	el correo electrónico
la calculadora	el aire acondicionado
la computadora	la televisión
el avión	el horno microondas

4. ESCRIBE PARA EL PERIÓDICO

Escribe algo sobre tu escuela para un periódico. Puede ser un pequeño artículo con una noticia, una entrevista o una carta al director del periódico con una sugerencia.°

el invento *invention*
no podrías *you couldn't*
el siglo *century*

la sugerencia *suggestion*
la vida *life*

131

TU ÁRBOL DE LA VIDA

El árbol de la vida es una antigua tradición mexicana. Es una escultura de barro° en forma de árbol que representa la vida. En muchos pueblos mexicanos todavía usan el árbol de la vida en ceremonias y celebraciones. Los mexicanos también lo usan para decorar sus casas.

Hay muchos tipos de árboles de la vida. Generalmente tienen adornos de colores en forma de hojas,° frutas, flores, personas, pájaros y otras cosas.

TE TOCA A TI

Ahora tú vas a hacer tu árbol de la vida. Piensa en algo que para ti representa la vida y que quieres incluir en tu árbol. El árbol de la vida que vamos a hacer es de barro y va a servir de° candelero.°

Materiales

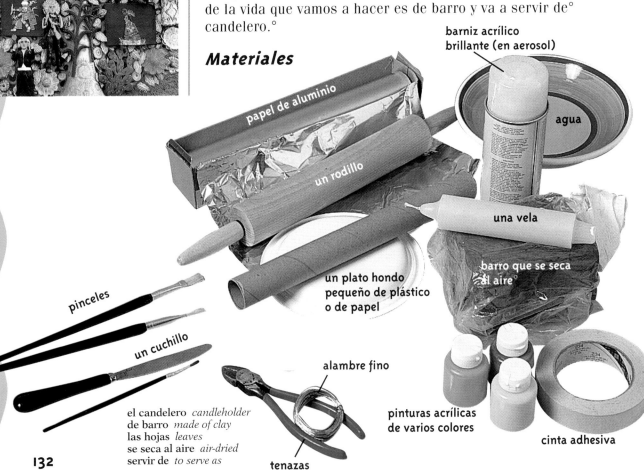

barniz acrílico brillante (en aerosol)

agua

papel de aluminio

un rodillo

una vela

barro que se seca al aire°

un plato hondo pequeño de plástico o de papel

pinceles

un cuchillo

alambre fino

pinturas acrílicas de varios colores

cinta adhesiva

tenazas

el candelero *candleholder*
de barro *made of clay*
las hojas *leaves*
se seca al aire *air-dried*
servir de *to serve as*

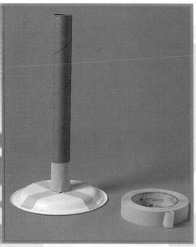

1 Pon el plato boca abajo.° Haz un agujero° en el centro del plato. Pon el tubo en el agujero. Pégalo con cinta adhesiva.

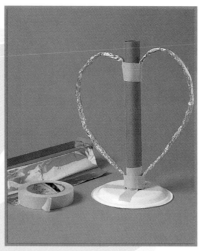

2 Con el papel de aluminio, haz dos rollos.° Con la cinta adhesiva, pega los rollos al tubo en forma de círculo o de corazón.°

3 Cubre° todo con una capa° de barro de 1/4". Humedécete° los dedos° en agua para moldear el barro más fácilmente. Déjalo secar° durante 24 horas.

4 Con el rodillo, haz una capa de barro de 1/4". Ahora usa el cuchillo para cortar° el barro y formar hojas y flores. También puedes hacer figuras humanas, pájaros, frutas y otras cosas.

5 Con el alambre fino, haz agujeros pequeños en el árbol y en las figuras. Pinta el árbol y las figuras de colores. Con el pegamento o los alambres, pega las figuras al árbol.

6 Deja secar la pintura y aplica barniz. Pon la vela en su lugar y... ¡ya tienes tu árbol de la vida!

el agujero *hole*	**el corazón** *heart*	**los dedos** *fingers*	**humedécete** *dampen*
boca abajo *upside down*	**cortar** *to cut*	**deja secar...** *let ... dry*	**los rollos** *rolls*
la capa *layer*	**cubre** *cover*		

LITERATURA

UN GRAN POETA MEXICANO

El gran poeta y escritor Octavio Paz nació en México en 1914. A los diecisiete años empezó a escribir poesía.° Años después, Paz fue diplomático, traductor° y profesor. En 1990 recibió el premio Nobel de literatura. En sus poemas, Octavio Paz habla del amor,° de la vida, de la soledad° y de la muerte.° Pero sobre todo, habla del mundo mexicano. Su obra en prosa° más conocida es *El laberinto de la soledad.*

- ¿Cuándo empezó Octavio Paz a escribir poesía?
- ¿Qué premio importante recibió el escritor?

BAILE

EL BALLET FOLKLÓRICO DE MÉXICO

Para conocer bien México tienes que oír su música y ver sus bailes. La mexicana Amalia Hernández fundó° el Ballet Folklórico de México en 1952. En 1961, este ballet ganó el primer premio del Festival de las Naciones, en París. Desde entonces, el Ballet Folklórico lleva las canciones y los bailes mexicanos por todo el mundo. El colorido° de los trajes, la música y el ritmo de sus espectáculos fascina a todos.

- ¿Cuándo se hizo famoso el Ballet Folklórico de México?
- ¿Por qué a todo el mundo le gustan los espectáculos de este ballet?

el amor *love*	**la muerte** *death*	**la soledad** *solitude*
el colorido *colors*	**la poesía** *poetry*	**el traductor** *translator*
fundó *founded*	**la prosa** *prose*	

 DEPORTE

Los antiguos futbolistas°

El pok-ta-pok era una mezcla de deporte y ceremonia religiosa muy popular entre los antiguos mexicanos. Dos equipos de siete jugadores cada uno jugaban con una pelota de caucho.° La pelota sólo se podía tocar con los codos°, las caderas°, la cabeza y los pies, y había que meterla° en un aro° de piedra. Los historiadores creen que el pok-ta-pok puede ser el origen del fútbol y de otros juegos de pelota.

- ¿Qué era el pok-ta-pok?
- ¿Con qué podían tocar la pelota los jugadores?

ECOLOGÍA

El santuario de las ballenas° grises

El desierto Vizcaíno está en la península mexicana de Baja California. En este desierto hay dos lagunas saladas° —conectadas al Océano Pacífico—que se llaman Ojo de Liebre y San Ignacio. Cada año, las ballenas grises llegan a estas lagunas desde el océano. Las ballenas se quedan en las lagunas varios meses. Allí se reproducen y cuidan° a sus crías.° Allí también pasan el invierno otros animales marinos, como la ballena azul, el elefante marino,° la foca° leopardo y el león marino de California. En febrero, todos estos animales vuelven al norte.

- ¿Qué hacen las ballenas grises en las lagunas saladas de Baja California?
- ¿Qué otros animales marinos van también allí?

el aro *ring*	**cuidan** *care for*	**las crías** *offspring*	**los futbolistas** *football players*
las ballenas *whales*	**el caucho** *rubber*	**el elefante marino** *elephant seal*	**meter** *to put*
las caderas *hips*	**los codos** *elbows*	**la foca** *seal*	**salada** *salt*

NUEVA YORK

Y LA REPÚBLICA DOMINICANA

UN PUENTE CULTURAL

En la unidad 3:

| Capítulo 5 | ¡Pasándola bien en la ciudad! |

| Capítulo 6 | Recuerdos de la isla |

Adelante	**Para leer:** El béisbol dominicano de ayer y de hoy
	Proyecto: Al ritmo de maracas
	Otras fronteras: Arte, mineralogía, biología y economía

Mural de homenaje a la música latina.

You do not need to travel outside the United States to use your Spanish. Many parts of this country have thriving communities where Spanish is spoken.

In this unit, you will visit Spanish-speaking communities in New York City and take part in activities with young people who live in the city's diverse neighborhoods. You will go to a Latino concert, learn about a museum that celebrates Hispanic culture, and plan your own excursion.

After you visit New York City, you will explore the Dominican Republic. There you will visit a small village and share memories of its past. You'll even get to play a typical island game and learn about the Dominican celebration of *¡Carnaval!*

Finally, you will learn about the national Dominican sport — *béisbol*. You will find it very familiar! You may even recognize some of the players. There are over 100 Dominicans in the major leagues today.

Then you will learn how to make maracas, a musical instrument used in the dance of the Dominican Republic — *el merengue.* *¡Bailemos!*

CAPÍTULO 5

¡Pasándola bien en la ciudad!

Un vecindario español en Nueva York.

Objetivos

COMUNICACIÓN

To talk about:
- what you and your friends like to do
- favorite entertainers
- entertainment events
- meeting other teens

CULTURA

To learn about:
- El Museo del Barrio in New York City
- typical activities for Hispanic teens in New York City
- the merengue and other Latin rhythms

VOCABULARIO TEMÁTICO

To know the expressions for:
- typical teen activities and favorite places
- types of entertainers
- making introductions

ESTRUCTURA

To talk about:
- past activities: preterite of *-ir* verbs, such as *divertirse*
- to or for whom something is done: indirect object pronouns
- generalizations without naming a subject: *se busca, se necesitan*

¿SABES QUE...?

New York is a city of many distinct neighborhoods and communities. For the cost of a subway or bus token, you can visit neighborhoods where Dominican stores and restaurants are the hub of daily life. In other Hispanic neighborhoods of the city, you can shop, eat, go to concerts and coffee houses, and have a great time while you hear the special accents of many Spanish-speaking countries and Puerto Rico. Wherever you are in New York City, you can read, speak, and hear Spanish.

CONVERSEMOS

TUS AMIGOS Y TÚ

Habla con tu compañero(a).

¿ADÓNDE FUERON TUS AMIGOS Y TÚ EL FIN DE SEMANA?

Fuimos a un concierto y a una lectura de poesía.

(la) lectura de poesía
(poetry reading)

(el) desfile *(parade)*

(la) bolera *(bowling alley)*

(el) teatro

(el) centro cultural

(el) zoológico *(zoo)*

(la) conferencia *(lecture)*

¿QUÉ HICIERON?

Conocimos gente nueva y vimos un espectáculo.

conocer gente	ver un espectáculo
bailar	comer
comprar ropa	pasear
escuchar música	jugar al boliche *(to go bowling)*

SI QUIERES PRESENTAR A ALGUIEN, ¿QUÉ DICES?

Te presento a mi amigo(a)...
[Let me introduce you to my friend . . .]

Quiero presentarte a mi amigo(a). Es muy simpático(a).
(I want to introduce you to my friend. He/She is very nice.)

¿QUÉ VIERON?

Vimos a un músico que tocó el saxofón.

Vimos a una poeta que leyó unos poemas muy buenos.

ver...

 (el) conjunto musical

 (el/la) poeta

 (el/la) cómico(a)

 (el) actor / (la) actriz

 (el/la) músico(a)

 (el/la) cantante

tocar...

 el bajo

 la guitarra eléctrica

 la batería

 el saxofón

que...

actuar en una obra *(to act in a play)*

contar chistes *(to tell jokes)*

cantar sus canciones más conocidas
(to sing his/her/their most popular songs)

leer unos poemas muy buenos
(to read some very good poems)

¿CÓMO LA PASARON?

Nos divertimos mucho en la lectura de poesía.

Nos aburrimos mucho en el concierto.

aburrirse *(to get bored)*

quedarse hasta tarde *(to stay late)*

divertirse *(to have fun)*

reírse *(to laugh)*

SI QUIERES CONOCER A UN(A) CHICO(A), ¿QUÉ DICES?

¿Es tu amigo(a)?

¿Me puedes presentar a ese(a) chico(a)?

¿Quién es ese(a) chico(a) tan guapo(a)? ¿Tiene novio(a)?

REALIDADES

El Museo del Barrio

El Museo del Barrio

El Museo del Barrio en Nueva York tiene una colección permanente de casi 8.000 objetos: cuadros, esculturas, dibujos y fotografías. Incluye obras precolombinas y contemporáneas, caribeñas y latinoamericanas, tradicionales y de vanguardia. Hay exposiciones, conferencias y presentaciones de música, teatro y danza.

¡En las fiestas latinas!

El Museo del Barrio también participa en algunas celebraciones tradicionales latinas, muy populares en la ciudad:

- el desfile del Día de los Reyes Magos
- el desfile del Día de Puerto Rico
- el Día de los Muertos

**El Museo del Barrio • 1230 Fifth Avenue
New York, N.Y. 10029
tel. (212) 831-7272**

¡Se necesitan socios!

El Museo del Barrio necesita dinero para seguir su trabajo de difusión de la cultura latina. Su contribución nos ayuda. Por favor, hágase socio del museo. ¡Le vamos a dar un título muy especial!

Título	Contribución
Vecino(a)	$20
Amigo(a)	$30
Familiar	$50
Padrino/Madrina	$100
Ángel	$500
Benefactor(a)	$1.000
Corporación	$5.000

HABLA DEL FOLLETO

A. Di tres cosas importantes sobre El Museo del Barrio.

El Museo del Barrio participa en celebraciones latinas.

B. Di qué títulos da el museo a las personas que dan dinero.

Una contribución de 30 dólares les da el título de "Amigo(a)".

¿QUÉ OPINAS?

¿En qué actividad de El Museo del Barrio te gustaría participar? Pregunta a tres compañeros(as). Anota los resultados en la tabla. Usa el modelo.

▲ Este cuadro de Eric Guttelewitz está en El Museo del Barrio.

	yo	Elvira	Natacha	Agustín
una exposición de fotografía	✓	✓	✓	✓
el desfile del Día de Puerto Rico			✓	✓
una exposición de arte latino de vanguardia				
el Día de los Muertos				
una exposición de arte precolombino				
el desfile del Día de los Reyes Magos				

Compara tu tabla con la de tus compañeros(as).

¿SABES QUE...?

- El Museo del Barrio is one of many New York City institutions that shares Latin American culture with the community.

- The Ballet Hispánico of New York performs dances based on Spanish and Latin American traditions.

- The Hispanic Society of America is a museum and reference library of art and history.

- El Repertorio Español is a theater that presents performances of plays by Spanish and Latin American playwrights.

El Museo del Barrio, esculturas.

¿Qué ves en el dibujo?

Haz una lista de las cosas que ves en el dibujo.

La batería, el escenario...

El tour de Los Rápidos

Habla con tu compañero(a) sobre el cartel que anuncia el tour de Los Rápidos.

— *¿Cómo se llama el último álbum de Los Rápidos?*
— *Se llama Magia.*
— *¿A qué hora empieza el concierto en Nueva York?*

¿Qué hicieron?

Escoge tres personas del dibujo. Pregunta a tu compañero(a) qué hicieron durante el concierto.

— *¿Qué hizo Marta?*
— *Se aburrió.*

El fin de semana

Habla con tu compañero(a) sobre lo que hicieron tus amigos y tú el fin de semana pasado.

— *¿Qué hicieron el fin de semana pasado tus amigos y tú?*
— *Fuimos a un concierto de rock. Nos divertimos mucho. ¿Y ustedes?*

  ¿Qué vieron?

Habla con tu compañero(a) sobre el espectáculo que vieron tus amigos y tú.

— *¿Qué espectáculo vieron la semana pasada?*
— *Vimos a una cómica. Contó chistes y nos reímos mucho. ¿Y ustedes?*

  Miniteatro

Habla con tu compañero(a) sobre una persona que quieres conocer.

— *¿Esa chica tan guapa es tu amiga?*
— *Sí, es mi mejor amiga.*
— *¿Tiene novio?*
— *No. ¿Te gustaría conocerla?*
— *Sí, me encantaría.*

  Cartel

Diseña un cartel para un conjunto musical (real o imaginario) que va a presentar su nuevo álbum. Di qué instrumentos tocan los músicos, el título del álbum, dónde va a ser el concierto y cuánto cuesta el disco y la entrada. Usa dibujos y fotos de revistas y periódicos.

  Tú eres el autor

Invita a un(a) amigo(a) a ir a un espectáculo. Usa el correo electrónico.

elisa@usol.com
El conjunto Marcha va a dar un concierto en el Estadio Municipal el 20 de noviembre. ¿Quieres venir? Te voy a presentar a mi amigo Pablo. Escríbeme pronto.

anaida@colo.com

Estructura   Preterite of stem-changing verbs

¿SE DIVIRTIERON ANOCHE?

To talk about actions in the past, use the preterite. Verbs that end in *-ir* and have a stem change in the present also have a stem change in the preterite.

— *Sí, nos divertimos mucho.*	Yes, we had a lot of fun.
— *¿A qué hora se durmieron?*	What time did you fall asleep?
— *Yo me dormí a las doce. Eleanor se durmió antes.*	I fell asleep at 12:00. Eleanor fell asleep before.

☐ ***Pedir*** has a stem change from *-e-* to *-i-* in the ***usted/él/ella*** and ***ustedes/ellos/ellas*** forms of the preterite. ***Dormirse*** has a stem change from *-o-* to *-u-*.

preterite tense	pedir (to ask for)	dormirse (to fall asleep)
yo	pedí	me dormí
tú	pediste	te dormiste
usted	**pidió**	**se durmió**
él/ella	**pidió**	**se durmió**
nosotros(as)	pedimos	nos dormimos
vosotros(as)	pedisteis	os dormisteis
ustedes	**pidieron**	**se durmieron**
ellos/ellas	**pidieron**	**se durmieron**

☐ Some other verbs that have the same stem change as ***pedir*** in the preterite are ***servir*** *(to serve)*, ***divertirse*** *(to have fun)*, ***reírse*** *(to laugh)*, and ***sonreír*** *(to smile)*.

1 El sábado por la noche

¿Adónde fueron estas personas el sábado?
¿Se divirtieron? Pregunta a tu
compañero(a).

¿Adónde fueron el sábado?
¿A qué hora se durmieron?
¿Dónde comieron? ¿Qué pidieron?
¿Se divirtieron? ¿Se rieron mucho?

— ¿Adónde fueron tus padres
  el sábado por la noche?
— Fueron a un concierto y se divirtieron mucho.

1. tus padres
2. tus mejores amigos(as)
3. tú y tus amigos
4. ¿Y tú? ¿Adónde fuiste?

2 Cafetería En la luna

En la cafetería En la luna siempre hay
problemas entre los meseros y los
clientes. Pregunta a tu compañero(a) qué
pasó en cada mesa.

— ¿Qué pasó en la mesa uno?
— El hombre pidió un flan y el mesero
  le sirvió un pastel de manzana.

Mesa 1. el hombre **Mesa 3.** los chicos
Mesa 2. la mujer   **Mesa 4.** tú y tu amiga

COMIDAS

Hamburguesa	$2.50
Sándwich de jamón y queso	$2.50
Huevos con jamón	$1.99
Papas fritas	$1.50

POSTRES

Helados de piña, chocolate y vainilla	$1.99
Pasteles de manzana, queso y chocolate	$2.99
Flan	$1.50

BEBIDAS

Refrescos de papaya y de naranja	$0.75
Agua mineral	$1.00
Limonada natural	$1.25
Jugo de naranja	$1.50
Batidos de chocolate, vainilla y frutas	$2.00

3 El viernes pasado

A. En grupo, hagan una tabla de las cosas
que hicieron el viernes pasado.

	yo	Alma	Sandra	Ezequiel
¿Adónde fueron?	a una discoteca	a una lectura de poesía	a una lectura de poesía	a un partido de baloncesto
¿Se divirtieron?	sí, mucho	sí, mucho	sí, mucho	no, me aburrí muchísimo
¿A qué hora llegaron a su casa?				

B. Informa a la clase de los resultados.

*El viernes pasado yo fui a una discoteca y me divertí mucho.
Alma y Sandra fueron a una lectura de poesía y se divirtieron
mucho. Ezequiel fue a un partido de baloncesto, pero se aburrió.*

Estructura   Indirect object pronouns

¿QUÉ LES SERVISTE?

To tell to or for whom something is done, use indirect object pronouns.

— ¿Qué les serviste a tus amigos?	What did you serve your friends?
— Les serví arroz y frijoles.	I served them rice and beans.

☐ Note that when you use an indirect object formed by *a* plus a noun (*a mis amigos*) or *a* plus a name (*a Juan*), you must also include the indirect object pronoun before the verb.

Le compré un boleto a Juan.	I bought a ticket for Juan.

Here are the indirect object pronouns.

indirect object pronouns

singular	plural
me to/for me	**nos** to/for us
te to/for you (informal)	**os** to/for you (informal)
le to/for him, her, it, you (formal)	**les** to/for them, you (formal)

To make generalizations or to talk about actions without naming a specific subject, use *se* followed by the third-person singular or plural of the verb.

Se busca actor.	Actor wanted.
Se necesitan cómicos.	Comedians needed.

☐ Note that the verb agrees in number with the noun that follows it. If there is no noun following the verb, use the singular form.

Aquí se habla español.	Spanish is spoken here.
En ese restaurante se come muy bien.	In that restaurant, you can eat very well.

1 Entradas y más entradas

Pregunta a tu compañero(a).

— *¿Quién le regala entradas a tu amigo?*
— *Su abuela le regala entradas.*

1. a tu amigo
2. a tus compañeros
3. a tu hermano y a ti
4. a tus amigas
5. a tu papá
6. ¿y a mí?

2 Intercambios

Pregunta a tu compañero(a).

— *¿Quién te presta discos compactos?*
— *Mi amigo me presta discos compactos.*
— *Y tú, ¿a quién le prestas discos compactos?*
— *Yo le presto discos compactos a mi hermano.*

1. prestar discos compactos
2. regalar entradas para conciertos
3. presentar a sus amigos
4. prestar la bicicleta
5. comprar refrescos en el cine
6. contar chistes
7. mandar cartas

3 El centro cultural

La clase está organizando un centro cultural para la escuela. Se necesitan muchas cosas y muchos voluntarios. En grupo, hagan carteles sobre lo que se necesita.

Se buscan actrices.

Se necesita(n)...

1. parlantes
2. equipo de sonido
3. micrófonos
4. conjunto musical

Se busca(n)...

5. actrices
6. cómicos
7. cantante
8. poetas

Excursión sólo para jóvenes

Un día latino en Nueva York

- De 9:00 a 12:00 del mediodía
  Paseo por Manhattan en un autobús de dos pisos
- De 12:30 a 2:00 de la tarde
  Picnic en Central Park
- De 2:30 a 4:30 de la tarde
  Visita a El Museo del Barrio

- De 5:00 a 7:30 de la tarde
  Patinaje en Skate Key (se alquilan patines)
- De 8:00 a 9:30 de la noche
  Cena y lectura de poesía en el Nuyorican Poet's Café
- De 10:00 a 12:00 de la noche
  Concierto del conjunto de merengue Eco Cumbé

1 ¿Hacemos la excursión?

Tu compañero(a) y tú van a hacer la excursión por Nueva York.
Hagan un diálogo.

— *¿Tienes los boletos para la excursión por Nueva York?*
— *Sí, los compré ayer.*
— *¿Para quién compraste boletos?*
— *Compré uno para mí y también le compré un boleto
  a mi amigo Juan.*

2 ¿Qué se necesita para la excursión?

Haz una lista de las cosas que se necesitan para la excursión.
Luego, haz un diálogo con tu compañero(a).

— *¿Se necesitan patines?*
— *No. En Skate Key se alquilan patines.*
— *¿Qué se necesita para el picnic en Central Park?*

3 Presenta a tus amigos

Es viernes por la noche y estás en un restaurante con un grupo de
amigos. Ves a una amiga en otro grupo. Haz las presentaciones con tu
compañero(a).

— *Quiero presentarte a una amiga. Nacho, te presento a Matilda.*
— *Encantado.*

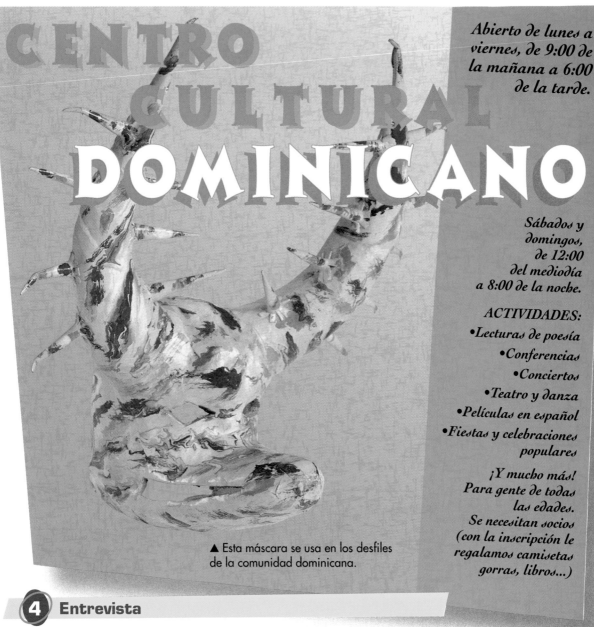

CENTRO CULTURAL DOMINICANO

Abierto de lunes a viernes, de 9:00 de la mañana a 6:00 de la tarde.

Sábados y domingos, de 12:00 del mediodía a 8:00 de la noche.

ACTIVIDADES:
- Lecturas de poesía
- Conferencias
- Conciertos
- Teatro y danza
- Películas en español
- Fiestas y celebraciones populares

¡Y mucho más! Para gente de todas las edades. Se necesitan socios (con la inscripción le regalamos camisetas gorras, libros...)

▲ Esta máscara se usa en los desfiles de la comunidad dominicana.

4 Entrevista

Tu compañero(a) es el/la director(a) de un centro cultural. Hazle una entrevista sobre las actividades del centro. Informa a la clase.

— ¿Qué actividades hay en el centro cultural?
— Hay conferencias, lecturas de poesía...
— ¿Qué les regalan a los socios con la inscripción?

5 Tu diario

Escribe un párrafo sobre las actividades que hiciste este fin de semana y di cómo la pasaste.

El sábado por la mañana fui al zoológico con mi primo. Me aburrí mucho. Por la tarde, salí con mis amigos. Vimos una obra de teatro. Fue muy divertida y nos reímos mucho. El domingo...

PARA TU REFERENCIA

la inscripción *membership*
el patinaje *skating*
los patines *skates*
los socios *members*

UNA FIESTA LATINA

La clase va a preparar una fiesta latina.

PASO 1 Actividades

En grupos, hagan una lista de actividades para la fiesta.

Tocar música, contar chistes, leer poemas, cocinar...

PASO 2 Los preparativos

Presenten su lista a la clase y escojan las actividades que van a incluir en el programa de la fiesta.

Vamos a tener música latina, una obra de teatro en español y chistes en español y en inglés.

Después decidan qué va a hacer cada grupo.

El grupo 1 va a contar chistes. El grupo 2 va a pedir las cosas que se necesitan para la obra de teatro.

PASO 3 Se necesita...

Ahora trabajen en grupos.

Grupo 1: Decidan si van a pedir chistes o van a escribirlos ustedes. Si van a pedirlos, hagan un anuncio.

Se necesitan chistes. Si sabes un chiste divertido, mándalo por correo electrónico a...

Grupo 2: Hagan una lista de las cosas que se necesitan y otra de las personas a quienes tienen que pedir lo que necesitan.

Se necesita un lugar con escenario para la fiesta...
Se necesitan sillas para los invitados, micrófonos...
Le tenemos que pedir la sala a... las sillas a...

PASO 4 El programa

Hagan el programa.
Incluyan fotos o dibujos.

PASO 5 ¡Los invitamos!

Escriban la invitación.

Invitación
LA CLASE DE ESPAÑOL 2
LOS INVITA A UNA ESPECTACULAR

Fiesta Latina

el sábado 16 de diciembre a las 7:00 de la tarde
en el gimnasio
¡Vengan todos!
¡La vamos a pasar muy bien!

Programa

7:00
La poeta
Mary Braun va a leer
sus poemas más conocidos.

7:30
El divertido cómico John Aristeo va a
contar sus mejores chistes.

8:00
El famoso conjunto Eco Cumbé va a
tocar música caribeña.

153

EL MERENGUE Y OTROS RITMOS LATINOS

La música latina, especialmente la caribeña, tiene mucho ritmo y es ideal para bailar. La salsa, el merengue, la cumbia, la bachata y también el reggae (en la zona atlántica de América Central) son los ritmos favoritos de jóvenes y viejos.

El merengue y la bachata son los dos bailes típicos dominicanos. El merengue es también muy conocido en toda América Latina. Tiene raíces° africanas y españolas.

Generalmente, un conjunto de merengue toca tres instrumentos: la tambora (un tambor pequeño), el melodeón (parecido° a un acordeón) y el güiro (un instrumento de percusión).

El ritmo del merengue es rápido y la letra° de las canciones es graciosa° y satírica. El merengue se baila moviendo las caderas° de lado a lado,° a la vez que° los pies. Muchas veces se baila en parejas, pero también puedes bailar merengue solo o sola.

Wilfrido Vargas es uno de los cantantes más famosos de este estilo. Juan Luis Guerra es el representante más conocido de la nueva generación de merengue.

TE TOCA A TI

Completa las oraciones según el artículo.

1. El merengue se baila...

2. Los cantantes de merengue más conocidos son...

3. El merengue tiene raíces...

4. Los instrumentos de un conjunto de merengue son...

5. La música latina es...

a la vez que *at the same time as*	la letra *lyrics*	parecido *similar*
de lado a lado *from side to side*	moviendo las caderas	las raíces *roots*
graciosa *funny*	*moving the hips*	

VOCABULARIO TEMÁTICO

Lugares y actividades
la bolera *bowling alley*
el centro cultural *cultural center*
la conferencia *lecture*
el desfile *parade*
la lectura de poesía
  poetry reading
el zoológico *zoo*

Personas
el actor/la actriz *actor/actress*
el/la cantante *singer*
el/la cómico(a) *comedian*
el conjunto musical *musical group*
el/la músico(a) *musician*
el/la poeta *poet*

¿Qué hicieron?
actuar en una obra *to act in a play*
contar chistes *to tell jokes*
jugar al boliche *to go bowling*
tocar el bajo *to play the bass guitar*
    la batería *the drums*
    la guitarra eléctrica
       the electric guitar
    el saxofón *the saxophone*
    la trompeta *the trumpet*

¿Cómo la pasaron?
How was it?
aburrirse *to get bored*
divertirse (e>ie) *to have fun*
quedarse hasta tarde *to stay late*
reírse (e>i) *to laugh*

En el concierto
el equipo de sonido
  sound equipment
el escenario *stage*
el micrófono *microphone*
los parlantes *speakers*

Expresiones y palabras
hacer cola *to stand in line*
¿Me puedes presentar a ese(a)
chico(a)? *Can you introduce me
  to that boy/girl?*
pasarla bien/mal *to have a
  good/bad time*
Quiero presentarte a...
  I want to introduce you to . . .
Te presento a...
  Let me introduce you to . . .
  la canción *song*
  el chiste *joke*
  dormirse (o>ue) *to fall asleep*
  presentar a *to introduce*
  prestar *to lend*
  servir (e>i) *to serve*

LA CONEXIÓN INGLÉS-ESPAÑOL

For English words that contain the letter *ph* and
are pronounced like the *f* in *fox,* cognates in
Spanish are always written with an *f*.

teléfono → telephone
telegráfico → telegraphic

Find more examples in the *Vocabulario temático*.

¿SABES QUE...?

Because New York is fairly close to the
Caribbean, it has long been a center for
Caribbean music. Besides the merengue,
Caribbean music styles that have been
popular in New York include the
mambo and rumba from Cuba, and the
salsa, a blend of many lively styles of
Afro-Cuban and Puerto Rican origin,
influenced by jazz and rock. Caribbean
musicians such as Tito Puente and Celia
Cruz have a large following in New York.

CAPÍTULO 6

¡RECUERDOS DE LA ISLA!

Bayahibe, un pueblo pesquero en la República Dominicana.

Objetivos

COMUNICACIÓN
To talk about:
- childhood memories and recent times
- relationships among people

CULTURA
To learn about:
- everyday life in the Dominican Republic
- *el matao*, a typical game of the Dominican Republic
- *Carnaval* in the Dominican Republic

VOCABULARIO TEMÁTICO
To know the expressions for:
- childhood games
- collections and toys
- relationships

ESTRUCTURA
To talk about:
- how people interact: reciprocal verbs
- how something is done: adverbs
- events in the past: the preterite or the imperfect tense

¿SABES QUE...?

The Dominican Republic covers two-thirds of the island of Hispaniola, which it shares with Haiti. One of the world's most geographically diverse nations, it consists of more than 20 different geographic regions. Tropical forests, deserts, fertile agricultural land, and bustling towns are all found in the Dominican Republic. Along the coastline, you will find dozens of private resorts, public beaches, and quiet fishing villages such as the one pictured here.

CONVERSEMOS

MIS RECUERDOS

Habla con tu compañero(a).

¿DÓNDE NACISTE?

Nací en la República Dominicana.
(I was born in the Dominican Republic.)

¿DÓNDE CRECISTE?

Crecí en una ciudad, en Santo Domingo.
(I grew up in a city, in Santo Domingo.)

una ciudad

el campo

una granja

un pueblo pesquero

un pueblo costero

un pueblo en las montañas

¿CUÁLES SON LOS MEJORES RECUERDOS DE TU NIÑEZ?

Cuando mi abuelo me contaba cuentos de miedo.
(When my grandfather used to tell me scary stories.)

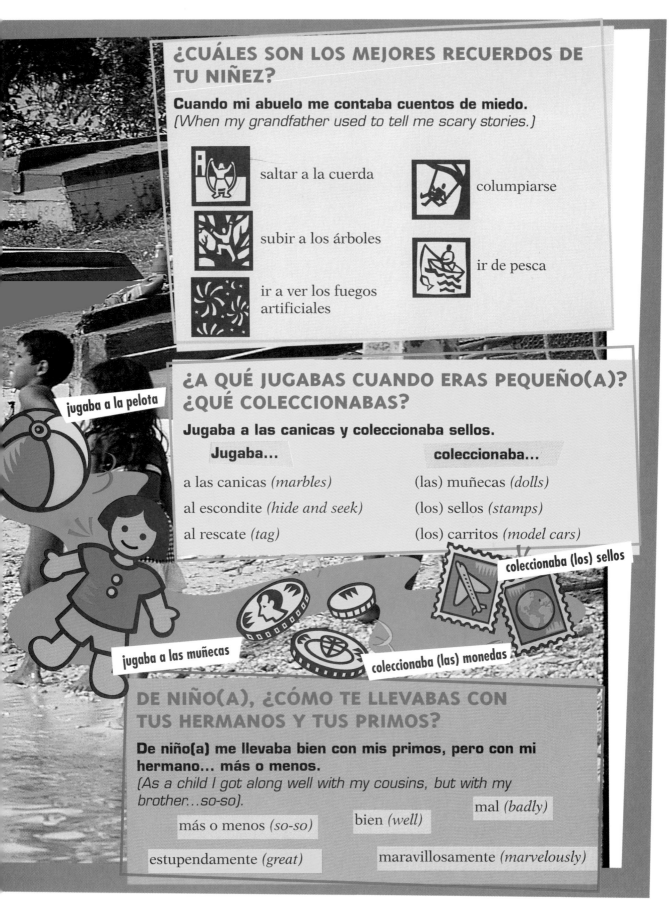

saltar a la cuerda

columpiarse

subir a los árboles

ir de pesca

ir a ver los fuegos artificiales

¿A QUÉ JUGABAS CUANDO ERAS PEQUEÑO(A)? ¿QUÉ COLECCIONABAS?

Jugaba a las canicas y coleccionaba sellos.

Jugaba...	coleccionaba...
a las canicas *(marbles)*	(las) muñecas *(dolls)*
al escondite *(hide and seek)*	(los) sellos *(stamps)*
al rescate *(tag)*	(los) carritos *(model cars)*

jugaba a la pelota

coleccionaba (los) sellos

jugaba a las muñecas

coleccionaba (las) monedas

DE NIÑO(A), ¿CÓMO TE LLEVABAS CON TUS HERMANOS Y TUS PRIMOS?

De niño(a) me llevaba bien con mis primos, pero con mi hermano... más o menos.
(As a child I got along well with my cousins, but with my brother...so-so).

mal *(badly)*

más o menos *(so-so)*

bien *(well)*

estupendamente *(great)*

maravillosamente *(marvelously)*

159

REALIDADES

El álbum de fotos de mi familia

Mi abuelo José Luis en su barco pesquero El pescador. Se enojaba cuando hacía mal tiempo y no podía ir de pesca.

Mi padre, el día que cumplió quince años, con sus hermanos. Se peleaban con frecuencia pero se querían mucho. Mi padre nació en esta casa.

Mis padres se conocían desde niños. Ésta es la escuela donde estudiaban.

Todo el pueblo celebraba el aniversario de la fundación de Santo Domingo con un festival de merengue. Éstos son mis padres el día de su primera cita. Se enamoraron en seguida y poco después se casaron.

A. Di qué hace la gente en cada foto.

El abuelo José Luis está preparándose para salir de pesca.

B. Haz un diálogo con tu compañero(a) sobre el álbum de fotos.

— *¿Qué hacía el abuelo José Luis?*
— *Iba de pesca en su barco El pescador.*
— *¿Y cómo era la casa de... ?*

¿QUÉ OPINAS?

¿Cómo te llevas con tus amigos? Pregunta a tres compañeros(as) y anota los resultados en una tabla. Usa el modelo.

Me llevo...	yo	Jorge	Martín	Nieves
estupendamente				
bien		✔	✔	
más o menos				✔
nos queremos mucho pero a veces nos peleamos	✔			

Compara tu tabla con la de otros(as) compañeros(as).

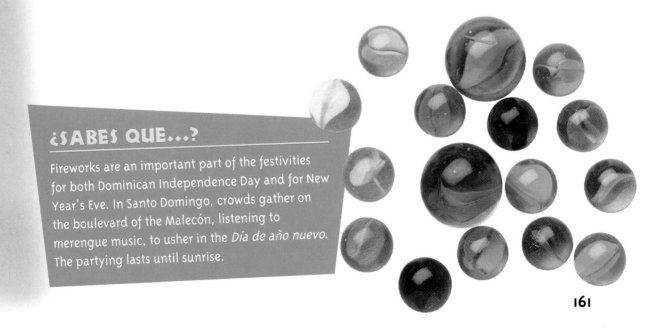

¿SABES QUE...?

Fireworks are an important part of the festivities for both Dominican Independence Day and for New Year's Eve. In Santo Domingo, crowds gather on the boulevard of the Malecón, listening to merengue music, to usher in the *Día de año nuevo*. The partying lasts until sunrise.

PALABRAS EN ACCIÓN

¡VAMOS AL PUEBLO!

Vamos a jugar al rescate.

Me gusta mucho saltar a la cuerda

las canicas

la cuerda

el columpio

la muñeca   el muelle

el carrito

el muñequito

el pescador

la caña de pescar

De niño yo iba de pesca.

Yo navegaba con mi abuelo.

 ¿Qué ves en el dibujo?

Haz una lista de las cosas que ves en el dibujo.

La caña de pescar, la piña...

 ¿Qué hacen?

Escoge tres personas o grupos de personas del dibujo. Pregunta a tu compañero(a) qué están haciendo.

— *¿Qué está haciendo el pescador de la camiseta roja?*
— *Está limpiando el barco.*
— *¿Qué están haciendo las niñas en el parque?*
— *Están saltando a la cuerda.*

 La familia de Rafael

Habla con tu compañero(a) sobre lo que hacían de niños tres personas del dibujo.

— *¿Qué hacía el primo de Rafael?*
— *Escuchaba los cuentos de miedo que le contaba su abuela.*

 ¿De dónde eres?

Pregunta a tres compañeros dónde nacieron y dónde crecieron.

— *¿Dónde naciste?*
— *En Argentina.*
— *¿Dónde creciste?*
— *En el campo, cerca de Buenos Aires.*

5 Juegos y colecciones

Habla con tu compañero(a) y pregúntale a qué jugaba y qué coleccionaba cuando era pequeño(a).

— *¿A qué jugabas cuando eras pequeño?*
— *Jugaba a las canicas.*
— *¿Qué coleccionabas?*
— *Coleccionaba sellos.*

6 Miniteatro

Imagina que tu compañero(a) es un(a) pescador(a). Hazle una entrevista.

— *¿Es peligroso el trabajo de pescador?*
— *No, si prestas atención al pronóstico del tiempo.*

7 Cartel

De niño, ¿cuál era tu juego favorito? Haz un cartel. Incluye: cómo se llama, cómo se juega, qué se necesita para jugarlo y cuántas personas pueden jugar. Usa fotos o dibujos de revistas o periódicos.

8 Tú eres el autor

Escribe un párrafo en tu diario sobre tus mejores recuerdos.

Querido diario:
Cuando tenía ocho años fui a Puerto Rico a visitar a la familia de mi mamá. Cuando llegué a la casa de mis abuelos, todos nos abrazamos y nos besamos. Me llevé maravillosamente con el tío Juan.

PARA COMUNICARNOS MEJOR
Gramática en contexto

Estructura   Reciprocal verbs; adverbs

¿DÓNDE SE CONOCIERON?

To say that two or more people do something that affects each other, use the reciprocal pronouns *nos* and *se*.

The reciprocal pronoun *os* is used only in Spain.

Y vosotros, ¿dónde os conocisteis?

Se conocieron en un concierto. Se vieron y en seguida se enamoraron.

They met at a concert. They saw each other and immediately fell in love.

Mi hermana y yo nos llevamos muy bien.

My sister and I get along very well.

Some verbs often used as reciprocals are:

reciprocal verbs	
abrazarse to hug each other	**enojarse** to get angry with each other
besarse to kiss each other	**llevarse (bien, mal) con...** to get along (well, badly) with . . .
contarse (cuentos) to tell each other (stories)	**pelearse** to fight with each other
enamorarse to fall in love with each other	**quererse** to love each other

☐ Many verbs that you have already learned can be used as reciprocals: *conocerse* (to know each other, to meet each other), *ayudarse* (to help each other), *escribirse cartas* (to write each other letters), *llamarse por teléfono* (to call each other on the phone), *verse* (to see each other) and *visitarse* (to visit each other).

To say how or in what manner something is or was done, you may use adverbs.

Se llevan maravillosamente.   They get along marvelously.

☐ You have already used some adverbs, such as **mucho** and **bien**. To form adverbs from adjectives, add **-mente** to the feminine form of the adjective. If the adjective ends in **-e** or in a consonant, just add **-mente**:

continua	**continuamente**	general	**generalmente**
enorme	**enormemente**	lenta	**lentamente**
estupenda	**estupendamente**	rápida	**rápidamente**

164

1 Recuerdos de familia

Pregunta a tu compañero(a).

> — ¿Dónde se conocieron tu mamá y tu papá?
> — Se conocieron en la piscina. A los dos les gustaba nadar.

1. tu mamá y tu papá
2. tus abuelos
3. tú y tu mejor amigo(a)
4. tu hermana(o) y su novio(a)
5. tu mamá y su mejor amigo(a)
6. tus dos mejores amigos(as)

2 Amigos(as) de muchos años

Pregunta a tu compañero(a) sobre su relación con su mejor amigo(a).

> — ¿Cuándo se conocieron tú y tu mejor amigo(a)?
> — Nos conocimos en 1992, en una fiesta en casa de mis primos.

1. ¿Cuándo se conocieron?
2. ¿Con qué frecuencia se ven?
3. ¿Se visitan siempre?
4. ¿Se escriben por correo electrónico o se hablan por teléfono?
5. ¿Se ayudan?
6. ¿Se cuentan todos sus secretos?

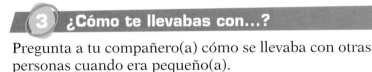

3 ¿Cómo te llevabas con...?

Pregunta a tu compañero(a) cómo se llevaba con otras personas cuando era pequeño(a).

> — ¿Cómo te llevabas con tu hermano(a)?
> — Muy mal. Nos peleábamos continuamente.

1. con tu hermano(a)
2. con tus padres
3. con tus compañeros(as) de clase
4. con tus primos(as)
5. con tus tíos(as)
6. con tu abuelo(a)

Maravillosamente
Estupendamente
Mal
Muy mal
Muy bien
Más o menos

Estructura   Uses of the preterite and the imperfect

¿QUÉ HACÍAN CUANDO LLEGASTE?

The preterite and the imperfect are both past tenses. However, each one is used differently.

Use the preterite to talk about:

Completed actions in the past, especially if the beginning or the end of the activity is given.	**Anoche comimos a las 8:00.** *Last night we ate at 8:00.*
An action that changed or interrupted a situation.	**En 1993 mi familia se mudó a California.** *In 1993 my family moved to California.*
Actions in the past, when accompanied by some expressions such as *ayer, anoche, el lunes pasado, el año pasado, nunca, todo el día, una vez, dos veces.*	**Ayer pasé el día con mis abuelos.** *Yesterday, I spent the day with my grandparents.* **Hoy estudié todo el día.** *Today I studied all day long.*

Use the imperfect to talk about:

Actions in the past, which were ongoing when another action occurred.	**Nosotros estábamos allí cuando él llegó.** *We were there when he arrived.*
Physical or emotional descriptions and references to time and age.	**Era la primavera de 1957. Mi mamá tenía dos años. Era muy feliz.** *It was spring 1957. My mother was two years old. She was very happy.*
Actions in the past, when accompanied by some expressions such as *todos los días, todos los lunes, siempre, con frecuencia, de niño(a).*	**Cuando era joven, mi abuelo iba de pesca todos los domingos.** *When he was young my grandfather went fishing every Sunday.* **De niño, mi padre vivía en una casa en las montañas.** *As a child, my father lived in a house in the mountains.*

Nada especial

Pregunta a tu compañero(a) qué hizo ayer.

— *Dime todo lo que hiciste ayer.*
— *Me levanté a las ocho de la mañana, me duché y desayuné. Después fui a... ¿Y tú?*

Costumbres de familia

Pregunta a tu compañero(a) qué costumbres tenía su familia cuando él/ella era pequeño(a).

— *¿Qué costumbres tenía tu familia cuando tú eras pequeño(a)?*
— *Los domingos por la mañana mi familia y yo íbamos a visitar a mis abuelos. Luego íbamos a comer a un restaurante, y después, mi papá, mi hermano y yo nos quedábamos en el parque y jugábamos a la pelota.*

3 Cuando tú naciste

Haz preguntas a tu compañero(a) sobre su familia.

— *¿Dónde vivía tu familia cuando tú naciste?*
— *Cuando yo nací, mi familia vivía en Washington Heights, un vecindario de Nueva York donde hay una comunidad dominicana muy grande.*

1. ¿Dónde vivía tu familia cuando tú naciste?
2. ¿Cómo era el vecindario/el pueblo/la ciudad?
3. ¿Había en la familia otros chicos de tu edad? ¿Quiénes eran? ¿Cómo eran?
4. El año en que tú naciste, ¿qué otras cosas importantes pasaron?

SITUACIONES

LOS JUEGOS DE TU NIÑEZ

¿A qué jugabas cuando eras pequeño(a)? Aquí tienes las reglas de uno de los juegos más conocidos entre los niños de la República Dominicana.

El "matao"

Número de jugadores: cuatro o más   **Qué se necesita:** una pelota   **Dónde se juega:** al aire libre

1. Se dibuja una línea en medio de la zona donde se va a jugar. Se forman dos equipos y cada uno juega a un lado de la línea.

2. Alguien de un equipo tiene que tirar la pelota y tocar con ella a otro del equipo contrario.

3. Si la pelota toca a alguien y cae al suelo, esa persona no puede jugar más. Si el/la jugador(a) ataja la pelota antes de que ésta toque el suelo, ese(a) jugador(a) trata de tocar con la pelota a alguien del otro equipo.

4. Gana el equipo que elimina a todos los jugadores del equipo contrario.

1 **¿A qué jugaban?**

Con tu compañero(a), habla del juego *el matao*.

— ¿Cuántos jugadores se necesitan?
— Cuatro o más.

PARA TU REFERENCIA

ataja *catches*
esconderse *to hide*
el suelo *ground*
tirar *to throw*
tocar *to touch*

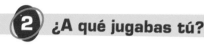
2 ¿A qué jugabas tú?

Con tu compañero(a), di a qué jugabas cuando eras pequeño(a) y cuáles eran las reglas del juego.

— *Cuando yo era pequeño jugaba al escondite.*
— *¿Cómo jugabas al escondite?*
— *Un niño o una niña se cubría los ojos y contaba hasta 20. Los otros niños se escondían. Luego, la persona que contaba tenía que ir a buscarlos. Y tú, ¿a qué jugabas?*

3 Tus fotos

Escoge dos fotos de cuando eras pequeño(a): una sobre algo especial que pasó o que hiciste; la otra, sobre algo que hacías todos los días. Explica las fotos a tu compañero(a).

Esta foto es de un viaje a Disneylandia. Mi padre nos llevó el día que cumplí diez años. Mi hermano y yo nos divertimos mucho.

En esta foto estoy en la clase de baile. Iba a tomar clases tres veces a la semana. Mi profesora se llamaba Antonia. Me llevaba estupendamente con ella.

4 Entrevista

Tu compañero(a) es un(a) famoso(a) escritor(a) dominicano(a) que ahora vive en Estados Unidos. Hazle una entrevista.

— *¿Cuáles son los mejores recuerdos de su niñez?*
— *Vivía en un pueblo pesquero de la República Dominicana. Me gustaba ir a la playa todos los días. Mi abuelo me regaló una caña de pescar el día que cumplí siete años y todos los sábados iba de pesca con él.*

5 Tu diario

Escribe un párrafo sobre los recuerdos de tu niñez y di cómo te llevabas con los otros niños de tu familia.

Me llevaba estupendamente con mis primos, pero mi hermano se llevaba muy mal con ellos. Los fines de semana íbamos de excursión juntos y saltábamos a la cuerda. Mi hermano nunca quería jugar con nosotros y a veces nos peleábamos.

PARA RESOLVER

UNA HISTORIETA

U n a

En grupo, van a escribir y dibujar una historieta. Si prefieren, pueden representar una obra de teatro o hacer un video.

PASO 1 Preparativos para la historieta

Decidan qué tipo de historieta va a ser (de amor, de miedo, de viajes, de aventuras...), cuándo y dónde va a pasar.

> *Va a ser una historieta de amor muy romántica. Va a pasar en el muelle de un pueblo pesquero, durante el verano.*

PASO 2 Los personajes

Decidan cuántos personajes va a tener su historieta, cómo se van a llamar y cómo van a ser.

> *Nuestra historieta tiene dos personajes. Se llaman Alina y Ramiro. Alina tiene 16 años y Ramiro, 15. Alina tiene el pelo negro, corto y rizado. Ramiro tiene el pelo...*

PASO 3 El argumento

Piensen en los detalles de la historieta. ¿Por qué están en ese lugar los personajes? ¿Cuál va a ser el argumento y cómo termina?

> *Alina va de vacaciones a un pueblo pesquero. Allí vive Ramiro. Ellos se conocen en el muelle y se enamoran en seguida. El día de su cumpleaños, Ramiro le regala a Alina un sombrero que tiene una pluma de tucán. Pero Ramiro no sabe que Alina es ecologista...*

PASO 4 Nuestra historieta

Dibujen la historieta, escriban los diálogos y el texto, y escojan un título. Luego, preséntenla a la clase.

PARA TU REFERENCIA

el argumento *plot*

los detalles *details*

empezó a llorar *started to cry*

la historieta *comics*

los personajes *characters*

la pluma *feather*

Ramiro y Alina se conocieron en un muelle un pueblo pesquero. Era verano.

Pero en la fiesta de cumpleaños de Alina, e empezó a llorar porque Ramiro le regaló u sombrero que tenía una pluma de tucán

historia de amor

Y en seguida se enamoraron.

Alina y Ramiro se llevaban estupendamente y nunca se peleaban.

Ramiro cambió el regalo.

Alina y Ramiro se besaron y se abrazaron.

ENTÉRATE

EL CARNAVAL DOMINICANO

En la República Dominicana el carnaval se celebra en febrero. El carnaval es la fiesta más concurrida° del año y se celebra con desfiles y ferias callejeras°. Cada pueblo o ciudad participa en las festividades con máscaras típicas. En Santiago, por ejemplo, se usan las máscaras de lechones° y en Monte Cristi se usan las máscaras de toros°.

Hay muchas fiestas y desfiles; pero la fiesta más importante es la del Día de la independencia, que se celebra el 27 de febrero. Ese día hay un gran desfile por el malecón° de Santo Domingo, en el que participan más de 30.000 personas disfrazadas con trajes° vistosos° y divertidos.

TE TOCA A TI

Contesta las preguntas:

1. ¿Cuándo se celebra el carnaval en la República Dominicana?
2. ¿Por qué el 27 de febrero es el día más importante?
3. ¿Qué hay en el Malecón ese día?
4. ¿Cómo se viste la gente?
5. ¿Cómo son las máscaras de carnaval?

concurrida(o) *well attended*
ferias callejeras *street fairs*
los lechones *suckling pigs*
el malecón *boardwalk*

los toros *bulls*
el traje *costume*
vistosos(as) *colorful*

VOCABULARIO TEMÁTICO

Lugares
el muelle *dock*
el pueblo costero *beach village*
el pueblo en el campo
country village
el pueblo pesquero
fishing village
el puerto *seaport*

Juegos y actividades
Games and activities
coleccionar *to collect*
columpiarse *to swing*
contar cuentos de miedo
to tell scary stories
ir de pesca *to go fishing*
jugar a las canicas
to play marbles
jugar al escondite
to play hide and seek
jugar a las muñecas
to play with dolls
jugar al rescate *to play tag*
saltar a la cuerda *to jump rope*
ver los fuegos artificiales
to watch fireworks

Colecciones
Collections
los carritos *toy cars, model cars*
las monedas *coins*
los muñequitos *action figures*
los sellos *stamps*

Relaciones
Relationships
Llevarse... *To get along...*
  bien *well*
  estupendamente
    wonderfully, great
  mal *badly*
  maravillosamente
    marvelously
  más o menos *so-so*

Entre amigos
abrazarse *to hug each other*
besarse *to kiss each other*
contarse (o>ue) cuentos
  to tell each other stories
enamorarse *to fall in love*
enojarse
  to get angry with each other
pelearse *to fight with each other*
quererse (e>ie) *to love each other*

Expresiones y palabras
Cuando era pequeño(a)...
When I was little . . .
De niño(a)... *As a child . . .*
¿Dónde creciste?
Where did you grow up?
¿Dónde naciste?
 Where were you born?
Me llevaba... *I got along . . .*
la caña de pescar *fishing pole*
con frecuencia *frequently*
el columpio *swing*
continuamente *continually*
la costumbre *habit*
crecer *to grow up*
cumplir ... años
  to turn... years old
enormemente *enormously*
en seguida
  immediately, at once
el juego *game*
lentamente *slowly*
nacer *to be born*
la niñez *childhood*
pasar *to happen*
el/la pescador(a)
  fisherman,
  fisherwoman
el recuerdo
  memory

LA CONEXIÓN INGLÉS-ESPAÑOL

Spanish words ending in **-mente** typically correspond to English words ending in *-ly*:

rápidamente → *rapidly*

Many adverbs that end in *-ly* in English can be formed in Spanish by adding **-mente** to the feminine form of the adjective:

ruidosa → **ruidosamente**

Find the words in the *Vocabulario temático* that follow to this rule.

173

ADELANTE

ANTES DE LEER

Si le preguntas a un dominicano qué es lo mejor de su país, es muy posible que te dé° una lista de jugadores° de pelota. La pelota, o béisbol, es el deporte nacional de la República Dominicana y muchos de sus jugadores están entre los mejores del mundo.

Mira las páginas 174–177. Piensa en las palabras en inglés que relacionas con° el béisbol: los nombres de los jugadores, las posiciones, las jugadas...° Lee el artículo y busca los equivalentes de estas palabras en español. Haz una lista de palabras que tienen relación con los deportes en general y otra lista de palabras que son específicamente del béisbol.

las jugadas *plays*
los jugadores *players*
relacionas con *(you) relate to*
te dé *he/she will give you*

◄Un bateador° se prepara para batear la pelota. Es un momento decisivo del partido: hay un jugador en la segunda° base y otro en la tercera°.

◄Jugadores del equipo miran el partido desde el banquillo.°

◄Para muchos jóvenes, el béisbol es mucho más que un juego. Ser una estrella° del béisbol es un sueño° que comparten muchos niños de la República Dominicana.

el banquillo *dugout*
el bateador *batter*
la estrella *star*
la segunda/tercera base *second/third base*
el sueño *dream*

EL BÉISBOL
dominicano
DE AYER Y DE HOY

▲ **Aunque° la República Dominicana es relativamente pequeña, tiene muchos jugadores de béisbol. En las grandes ligas norteamericanas la mayoría de los jugadores extranjeros son dominicanos.**

San Pedro de Macorís es un pueblecito ubicado en el sureste de la República Dominicana. De San Pedro de Macorís han salido muchas de las grandes estrellas del béisbol.

Así° empezó...

Los norteamericanos introdujeron° el béisbol en Cuba en 1860. En 1891 los hermanos Aloma, dos cortadores de caña° cubanos, llevaron el béisbol a la República Dominicana.

El béisbol dominicano empezó en los campos de caña de azúcar. Cuando terminaba la temporada° de la corta de la caña, se jugaba al béisbol. En 1907 se formó° el primer equipo profesional dominicano, el Licey.

La "invasión" dominicana

En 1956 los Gigantes de San Francisco contrataron° a Osvaldo Virgil, el primer jugador de béisbol dominicano en formar parte de las grandes ligas norteamericanas. En 1980, cuarenta y nueve

dominicanos jugaban en Estados Unidos. Entre 1980 y 1990, los clubes norteamericanos contrataron a más de cien jugadores dominicanos, entre ellos a Gerónimo Peña, Tony Peña, José Luis Vizcaíno, Félix José Fermín y Julio César Franco.

Un personaje de ayer: Juan Marichal

Juan Marichal empezó a jugar en las grandes ligas en 1960. Los periodistas lo llamaban el Caballo de

así *this way*
aunque *although*
contrataron *signed up*

los cortadores de caña *sugar cane cutters*
introdujeron *introduced*
nace *is born*

la temporada *season*
se formó *was formed*

hierro.° Marichal jugó durante catorce temporadas con los Gigantes de San Francisco y estableció° grandes records, que todavía nadie ha podido batir.° Su nombre está en la lista de los mejores jugadores de la historia.

Un jugador del futuro

El bateador dominicano Miguel Rodríguez nació en Seibo en 1974. Actualmente juega en las grandes ligas de Estados Unidos con los Cerveceros de Milwaukee. En invierno, Rodríguez juega en su país con el equipo de los Azucareros de la Romana.

▲Muchas grandes estrellas de las ligas de Estados Unidos juegan en la liga de invierno de la República Dominicana. Miguel Rodríguez es uno de ellos.

El idioma del béisbol

Como el béisbol se originó en Estados Unidos, en español muchos de sus términos son derivaciones directas del inglés. Fíjate en la siguiente tabla y en la ilustración. ¿Qué palabras no son derivadas del inglés?

el bate	bat
el guante	glove
la pelota	ball
el jonrón	home run
el batazo	hit
la doblematanza	double play
ponchar	to strike out
el campo	baseball diamond
turnos al bate	times at bat
poner fuera	to get out

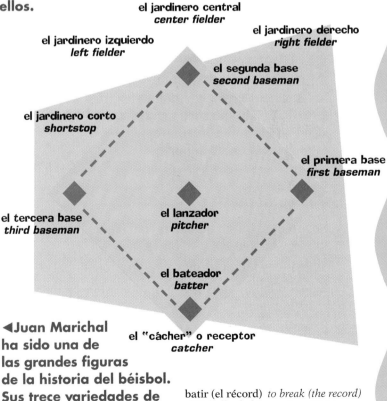

el jardinero central
center fielder

el jardinero izquierdo
left fielder

el jardinero derecho
right fielder

el segunda base
second baseman

el jardinero corto
shortstop

el primera base
first baseman

el tercera base
third baseman

el lanzador
pitcher

el bateador
batter

el "cácher" o receptor
catcher

◄Juan Marichal ha sido una de las grandes figuras de la historia del béisbol. Sus trece variedades de lanzamiento° son muy famosas.

batir (el récord) *to break (the record)*
el Caballo de hierro *Iron Horse*
estableció *established*
el lanzamiento *throw*

❶ Deportes en español

A. Completa la tabla según la información del artículo.

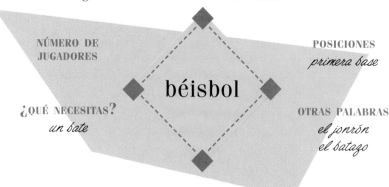

NÚMERO DE JUGADORES

POSICIONES
primera base

béisbol

¿QUÉ NECESITAS?
un bate

OTRAS PALABRAS
el jonrón
el batazo

B. Escoge un deporte que te guste. Con la ayuda de un diccionario y tu profesor(a), completa la tabla. También puedes buscar información en la enciclopedia.

BALONCESTO			
NÚMERO DE JUGADORES	POSICIONES	¿QUÉ NECESITAS?	OTRAS PALABRAS
5	*pívot, aleros*	*la canasta*	*la cancha*

❷ Tu diccionario

En español, muchas palabras relacionadas con los deportes provienen del inglés. Haz una lista de palabras usadas en los deportes. ¿Qué significan? Haz tu propio minidiccionario de deportes.

el récord
el campeón/la campeona
el balón de fútbol
la raqueta de tenis
el golf
el hockey sobre hielo

❸ Compruébalo

Según el texto, di cuáles de las siguientes oraciones son ciertas o falsas. Corrige las oraciones falsas.

1. El Licey fue el primer equipo profesional dominicano.

2. Los dominicanos jugaban al béisbol en los campos de caña de azúcar.

3. Actualmente, Juan Marichal juega con los Gigantes de San Francisco.

4. En las grandes ligas de béisbol norteamericanas la mayoría de los jugadores extranjeros son dominicanos.

5. Entre 1980 y 1990 los clubes americanos contrataron a 100 jugadores dominicanos.

1. TU JUGADOR DE BÉISBOL FAVORITO

Haz una tarjeta de béisbol en español sobre tu jugador favorito. Incluye el nombre, dónde nació, con qué equipo juega, qué récords tiene y toda la información que puedas encontrar.

2. ENTREVISTA

Entrevista a un familiar. Puede ser uno de tus padres o de tus abuelos: tiene que ser mayor que tú. Pregúntale cómo eran las cosas cuando era joven. Antes de hacer la entrevista prepara una lista de preguntas.

- ¿Dónde creció?
- ¿A qué jugaba cuando era pequeño(a)?
- ¿Le gustaba la escuela?

3. LA ANÉCDOTA MÁS DIVERTIDA

Escribe una anécdota de tu vida o de alguien que conoces, en seis oraciones (más o menos). Lee tu anécdota a la clase. La clase vota por la anécdota más divertida.

4. ESCRIBE UNA CARTA

Escribe una carta a un(a) estudiante de otro país describiéndole las actividades extraescolares o deportes que ofrece tu escuela. Cuéntale qué haces generalmente después de la escuela.

Querida Ana:

Mi escuela tiene varios equipos deportivos. Puedes jugar al fútbol americano, al béisbol, al baloncesto... Yo juego al baloncesto. Todos los sábados tenemos un partido contra equipos de otras escuelas.

AL RITMO° DE MARACAS

¿Sabías que las maracas son uno de los instrumentos más antiguos del mundo? Los arqueólogos encontraron objetos prehistóricos similares a las maracas. Muchas culturas relacionaban las maracas con los poderes° sobrenaturales. Por eso, eran un elemento muy importante en las ceremonias religiosas. Hoy las maracas son sólo un instrumento de percusión que da ritmo y alegría° a la música que acompañan.°

TE TOCA A TI

Las maracas se usan° en casi todos los ritmos latinos: en la salsa, el mambo, la cumbia, la guaracha, el merengue, el chachachá, el jazz afrocubano y muchos más. Vamos a hacer unas maracas. ¡Pon tu cinta de música latina favorita!

Materiales

- dos cajitas de cereales vacías° (también puedes usar dos botellas pequeñas de plástico)
- dos palos de madera
- frijoles
- una sierra°
- pegamento o cinta adhesiva
- tijeras
- papel de colores o pinturas
- una regla y un lápiz

acompañan *they accompany*
la alegría *joy*
los poderes *powers*
el ritmo *rhythm*

se usan *are used*
la sierra *saw*
vacías *empty*

1 Abre las cajas y vacíalas.° (Guarda los cereales.) Pégalas° con la cinta adhesiva.

2 Haz un agujero° en cada caja.

3 Mete° los frijoles dentro de las cajas. Después ciérralas. Pégalas con la cinta adhesiva.

4 Con la sierra corta los palos. Deben medir unas nueve pulgadas. Mete un palo por el agujero de cada caja y sujétalo con cinta adhesiva.

5 Envuelve° las cajas con papel de colores.

6 Decora las maracas a tu gusto. ¡Y ya puedes tocarlas!

el agujero *hole*	**pégalas** *seal them*
envuelve *wrap*	**vacíalas** *empty them*
mete *place*	

OTRAS FRONTERAS

ARTE

EL ARTE NAÏF DE LA REPÚBLICA DOMINICANA

En la República Dominicana al igual que en Haití, el arte naïf o primitivista tiene gran aceptación. Por lo general los artistas naïf no tienen educación formal y han aprendido a pintar solos°. Muchos son campesinos° o hijos de campesinos que viven en la ciudad. Sus pinturas tienden a ser sencillas°. Algunos pintan paisajes de la costa y el campo. Otros pintan escenas de la vida cotidiana°.

- ¿Cómo es la pintura naïf?
- ¿Qué pintan los artistas naïf?

Naïf is a term used to describe a very colorful and unsophisticated artistic style, which is seemingly childlike in its simplicity.

MINERALOGÍA

EL ÁMBAR°

¿Sabías que las minas de ámbar más importantes y grandes del mundo están en el norte de la República Dominicana, en la Costa del Ámbar?

El ámbar es resina fosilizada° de árboles que vivieron hace más de cuarenta millones de años. A veces esta resina contiene plantas o insectos. Los indígenas de la República Dominicana creían° que el ámbar era la luz° del sol convertida en° piedra. Para ellos el ámbar era una piedra mágica y la usaban como amuleto.°

- ¿Dónde están las minas de ámbar más importantes del mundo?
- ¿Qué creían que era el ámbar los indígenas de la República Dominicana?

el ámbar *amber*
el amuleto *charm*
los campesinos *peasants*
convertida en *turned into*

creían *believed*
la luz *light*
la resina fosilizada *fossilized resin*

sencilla *simple*
solos *on their own*
la vida cotidiana *everyday life*

BIOLOGÍA

Paraíso° de Coral

Bajo las aguas marinas de la República Dominicana el paisaje es tan hermoso como en la superficie.° Hay corales de diferentes tipos y colores. Los más conocidos son los de color blanco, rojo y negro, que es muy escaso.° Cuando un coral muere, sus restos° forman las playas de arena blanca de la costa dominicana.

* ¿De qué color es el coral?
* ¿Qué pasa cuando un coral muere?

$ ECONOMÍA

La pesca, tradición y deporte

La pesca es una actividad tradicional en la República Dominicana. Allí hay una gran variedad de peces° y muchos mariscos. Los indígenas° fueron los primeros pescadores. Antes de la llegada de los españoles, el pescado era el alimento° principal de los indígenas.

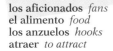

El pescador dominicano usa la red, las trampas metálicas° y la caña. También usa anzuelos° con espejos para atraer° a los peces. Los dominicanos son grandes aficionados° a la pesca de caña.° Este deporte es muy común en todo el país.

* ¿Quiénes fueron los primeros pescadores de la República Dominicana?
* ¿Para qué ponen espejos en los anzuelos los pescadores?

los aficionados *fans*	la caña *fishing rod*	los peces *fish (alive)*
el alimento *food*	escaso *scarce*	los restos *remains*
los anzuelos *hooks*	los indígenas *original inhabitants*	la superficie *surface*
atraer *to attract*	el paraíso *paradise*	las trampas metálicas *metal traps*

183

ARGENTINA

DOS ESCENAS DE LA VIDA COTIDIANA

En la unidad 4:

Capítulo 7	¡Un fin de semana en Buenos Aires!
Capítulo 8	Una semana en una estancia
Adelante	**Para leer:** Argentina, tierra de contrastes
	Proyecto: Empanadas argentinas
	Otras fronteras: Deporte, gastronomía, arte y cine

Caballos en la Patagonia, en el sur de Argentina

Welcome to Argentina, the second largest country in South America. In this land of vivid contrasts, 86% of the population lives in cosmopolitan cities that are centers of industry, trade, and culture. Other Argentines live on huge *estancias,* or ranches, either in the pampas, a large area of grassy plains, or in the southern region known as Patagonia.

In this unit, you will experience daily life in two areas of Argentina. In the capital, Buenos Aires, you will join a family to shop and prepare food for a holiday celebration. Then you will travel to the pampas and take part in life on an *estancia.*

Your stay in Argentina will also include a visit to some of its exciting landscapes: the spectacular Iguazú Falls on the border of Argentina and Brazil, the snowcapped Andes mountains separating Argentina and Chile, and the glaciers of the island of Tierra del Fuego. Finally, you will learn to make a traditional Argentinian dish— *empanadas.*
¡Buen provecho!

CAPÍTULO 7

¡UN FIN DE SEMANA EN BUENOS AIRES!

Una fiesta en Buenos Aires, Argentina.

Objetivos

COMUNICACIÓN
To talk about:
- planning and preparing for holiday celebrations
- cooking

CULTURA
To learn about:
- the agriculture of Argentina
- weekend activities in Buenos Aires
- the use of *vos* and *che* in Argentina

VOCABULARIO TEMÁTICO
To know the expressions for:
- holiday foods and meals
- cooking and recipes
- preparing a meal

ESTRUCTURA
To talk about:
- how long you have been doing something: *hace... que* and the present tense of a verb
- what you or someone did: verbs with an irregular stem in the preterite
- food descriptions: past participles with *estar*

¿SABES QUE...?

During the 1870's, many Italians emigrated from Europe and settled in Argentina. Consequently, Italian heritage is found in the language, architectural styles, and foods of Argentina. Pasta (especially spaghetti and ravioli) is served at most meals. In addition, nearly every neighborhood has outdoor cafes, in the style of Rome and other Italian cities.

CONVERSEMOS

LAS CELEBRACIONES Y TÚ

Habla con tu compañero(a)

¿CUÁNDO HICISTE LA ÚLTIMA FIESTA EN TU CASA? ¿QUÉ CELEBRASTE?

Hace un mes. Celebré Año Nuevo.
[A month ago. I celebrated New Year.]

Acción de Gracias *(Thanksgiving)*

Navidad *(Christmas)*

Reyes Magos *(Epiphany)*

Año Nuevo *(New Year)*

Pesach *(Passover)*

Hanukkah

Kwaanza

el 4 de julio

¿QUÉ COMPRASTE PARA LA FIESTA?

Compré uvas, aceitunas, almendras y galletitas.

 (las) uvas

 (las) aceitunas

 (la) torta

 (las) galletitas

 (las) almendras

 Y... ¿qué más?

¿QUÉ MÁS COMPRASTE?

Compré una botella de aceite de oliva y una lata de salsa de tomate.

una botella de...	medio kilo de...
una lata de...	*(1/2 kilogram of . . .)*
un paquete de...	un litro de...
(a package of . . .)	*(a liter of . . .)*
cien gramos de...	una caja de...
(100 grams of . . .)	*(a box of . . .)*

 (la) salsa de tomate

 (el) vinagre

 (los) fideos *(noodles)*

 (el) azúcar

(el) cordero *(lamb)*

(el) aceite de oliva *(olive oil)*

(las) pasas *(raisins)*

(la) carne picada *(ground meat)*

Hice torta de nueces.

(la) torta de nueces
(walnut cake)

(el) pollo asado
(roast chicken)

(la) carne a la parrilla
(grilled meat)

(la) tortilla
(omelette)

(el) pavo
(turkey)

(el) asado
(barbecue)

(las) verduras al vapor
(steamed vegetables)

(las) empanadas
(small vegetable or meat pies)

(los) huevos revueltos
(scrambled eggs)

 huevos duros

huevos fritos

ANTES DE COMER, ¿QUÉ HICISTE?

Barrí la cocina.
(I swept the kitchen.)

Me lavé las manos.

Calenté la comida.
(I heated the food.)

Puse la mesa.
(I set the table.)

DESPUÉS DE COMER, ¿QUÉ HICISTE?

Recogí la mesa.
(I cleared the table.)

Limpié la mesa.
(I cleaned off the table.)

Lavé los platos.
(I washed the dishes.)

Saqué la basura.
(I took out the garbage.)

190

HABLA DEL MAPA GASTRONÓMICO

A. Con tu compañero(a), habla de la comida, bebida o postre típicos de cada lugar.

— *¿Qué es típico de Buenos Aires?*
— *Los alfajores. ¿Qué es típico de Neuquén?*

B. Con tu compañero(a), habla de las comidas, bebidas y postres del mapa. Digan cuáles comieron alguna vez.

— *¿Comiste alguna vez empanadas?*
— *No, pero comí cordero asado muchas veces.*

¿QUÉ OPINAS?

¿Qué fiestas celebran en tu casa con una comida especial? Pregunta a tres compañeros(as). Anota los resultados en la tabla. Usa el modelo.

Fiesta	yo	Mario	Marga	Nerea
Acción de Gracias		pavo		torta de manzana
4 de julio	asado			
Pesach			cordero asado	
Kwaanza				
Navidad				

¿SABES QUE...?

Argentina offers a great variety of traditional dishes. The popular *yerba mate* tea is made from the leaves of a bush that grows in the northeastern provinces. Other foods typical of the north are *locro*, a soup made with corn, beef, potatoes and other vegetables; *empanadas,* fried or baked turnovers stuffed with a variety of ingredients and *chipá*, a type of cheese bread.

The abundance of cattle and sheep as well as the influence of German, British, and Welsh cuisine, have produced dishes such as *chorizos* (a kind of sausage), *asado* (grilled meats), and *cordero asado* (roasted lamb).

Throughout the country, popular desserts include: *alfajores*, a dessert made of two layers of dough with a filling; *dulce de chayote*, a sweet spread similar in color and texture to orange marmalade, made from the *chayote* fruit (which is smooth and green on the outside and white on the inside).

Palabras en Acción

¡Es hora de comer!

la salsa de tomate

los fideos

Los platos ya están lavados.

¿Ya hierve el agua?

la olla

Yo creo que ya está hirviendo.

la sartén

la botella de aceite

el ají

Las verduras no están cortadas.

el pepino

las aceitunas

la cebolla

---

 1 **¿Qué ves en la cocina?**

Haz una lista de las cosas que se necesitan para cocinar. Compara tu lista con la de tu compañero(a).

La olla, la sartén, el aceite...

 2 **¿Qué hicieron?**

Escoge cuatro personas del dibujo. Pregúntale a tu compañero(a) qué hicieron.

> — *¿Qué hizo el chico de la camiseta marrón?*
> — *Cortó las verduras para la ensalada.*

 3 **¿Qué es?**

Describe algo que ves en el dibujo. Tu compañero(a) tiene que adivinar qué es.

> — *Es rojo y está en la mesa. ¿Qué es?*
> — *¡Es un ají!*

 4 **Tu plato favorito**

Habla con tu compañero(a) y di qué ingredientes tiene tu plato o postre favorito.

> — *Mi plato favorito tiene fideos, aceite de oliva, queso y salsa de tomate.*
> — *Mi postre favorito tiene nueces, azúcar, pasas, huevos y harina.*

5 ¿Qué cocinaste?

Habla con tu compañero(a) de lo que cocinaste la última vez que invitaste a tus amigos(as).

> — *Yo cociné fideos con salsa de tomate y con verduras al vapor. ¿Y tú?*
> — *Cociné pollo asado y papas fritas.*

6 Miniteatro

Imagina que tu compañero(a) y tú prepararon una cena especial. Creen un diálogo sobre lo que hicieron antes y después de comer.

> — *Antes de comer yo barrí la cocina. Y tú, ¿qué hiciste?*
> — *Puse la mesa. ¿Qué hiciste tú después de comer?*
> — *Saqué la basura. ¿Y tú?*
> — *Lavé los platos.*

7 La cena del Club de Español

Diseña un cartel para una cena de Reyes que va a preparar el Club de Español. Incluye cuándo va a ser, el precio por persona y el menú. Usa fotos o dibujos de revistas y periódicos.

8 Tú eres el autor

Escribe un párrafo sobre lo que te gustaba comer cuando eras niño(a).

> *Cuando era niño(a), mi comida favorita eran los huevos revueltos con cebolla y ají. También me gustaban muchísimo los fideos con salsa de tomate y los huevos fritos.*

PARA COMUNICARNOS MEJOR
Gramática en contexto

Estructura *Hace...que*; irregular preterite forms

¿CUÁNTO TIEMPO HACE QUE VIVEN EN BUENOS AIRES?

To talk about actions that began in the past but are still going on, use *hace* followed by an expression of time plus *que* and the verb in the present tense.

The verbs **decir** *(to say)* and **traer** *(to bring)* are irregular in the preterite tense.

traje	trajimos
trajiste	trajisteis
trajo	trajeron

— *Hace dos meses que vivimos en Buenos Aires.*

We have been living in Buenos Aires for two months.

To tell what you or somebody else did, you may use verbs that have an irregular stem in the preterite.

— *Ayer estuve todo el día en la biblioteca.*

Yesterday I was at the library all day.

Here is the preterite of **estar** *(to be)* and other stem-changing verbs.

preterite	estar
yo	estuve
tú	estuviste
usted	estuvo
él/ella	estuvo
nosotros(as)	estuvimos
vosotros(as)	estuvisteis
ustedes	estuvieron
ellos/ellas	estuvieron

preterite of stem-changing verbs

	stem	endings
poder	pud-	-e
poner	pus-	-iste
querer	quis-	-o
saber	sup-	-imos
tener	tuv-	-isteis
venir	vin-	-ieron

Preguntas personales

¿Cuánto tiempo hace que...? Pregúntale a tu compañero(a).

— *¿Cuánto tiempo hace que vives en la misma casa?*
— *Hace cinco años que vivo en la misma casa.*

1. vives en la misma casa
2. estudias español
3. tienes correo electrónico
4. vienes a esta escuela
5. conoces a tu mejor amigo(a)
6. no tienes vacaciones

¿Qué hiciste?

Pregúntale a tu compañero(a) qué hizo durante las vacaciones.

— *¿Qué hiciste durante las vacaciones?*
— *Estuve en casa de mis primos.*

Un fin de semana especial

En grupo, hagan una encuesta entre sus compañeros para averiguar qué hicieron este fin de semana.

¿Qué más hiciste?

¿Pudiste ver a tus amigos?

¿Fuiste a algún lugar?

¿Dónde estuviste?

¿Tuviste mucho tiempo libre?

¿Te quedaste aquí?

¿Trajiste algún recuerdo?

¿Qué hiciste este fin de semana?	
Yo	fui al gimnasio
Darío	estuve en una fiesta
Susana	tuve que ir a la biblioteca
Rosalía	hice una torta de cumpleaños
Serafín	fui al cine

Presenta los resultados a la clase.

Yo fui al gimnasio. Darío estuvo en una fiesta. Rosalía hizo una torta de cumpleaños. Susana tuvo que ir a la biblioteca.

PARA COMUNICARNOS MEJOR
Gramática en contexto

Estructura Past participles

¿ESTÁ PUESTA LA MESA?

To describe a condition, you may use *estar* followed by the past participle of a verb.

— *Sí, la mesa está puesta y la cena está servida.*	Yes, the table is set and dinner is served.

☐ To form regular past participles, drop the ending of the infinitive and add **-ado** to **-ar** verbs, and **-ido** to **-er** and **-ir** verbs.

past participles

-ar verbs	asar	as**ado** *(roasted)*
-er verbs	recoger	recog**ido** *(cleared)*
-ir verbs	hervir	herv**ido** *(boiled)*

☐ Some irregular participles are:

infinitive	past participle
abrir	**abierto** *(open)*
freír	**frito** *(fried)*
hacer	**hecho** *(done)*
poner	**puesto** *(put, set, turned on)*
revolver	**revuelto** *(stirred, scrambled)*

☐ The past participle can function as an adjective. As with all adjectives, past participles have the same gender and number as the nouns they refer to.

Necesito carne picada y huevos duros.	I need ground meat and hard-boiled eggs.

Año Nuevo en Buenos Aires

Con tu compañero(a), habla de lo que hiciste para la cena de Año Nuevo.

> — ¿Cortaste los pepinos para la ensalada?
> — Sí, ya están cortados.

1. ¿Cortaste los pepinos para la ensalada?
2. ¿Abriste la botella de aceite de oliva?
3. ¿Herviste los huevos?
4. ¿Compraste las almendras?
5. ¿Pusiste la mesa?
6. ¿Pusiste el aire acondicionado?
7. ¿Sacaste la basura?

 Todo listo

Tu compañero(a) y tú van a hacer un flan. Pero tu compañero(a) ya preparó casi todo. Pregúntale qué más tienen que hacer.

> — ¿Abrimos el paquete de azúcar?
> — Ya está abierto.

1. ¿Abrimos el paquete de azúcar?
2. ¿Ponemos el azúcar?
3. ¿Hervimos la leche?
4. ¿Sacamos los huevos del refrigerador?
5. ¿Revolvemos los huevos con la leche?
6. ¿Calentamos el molde?
7. ¿Ponemos todo en el horno?

 ¿Cómo les gusta?

A. Pregúntale a un grupo de compañeros(as) qué comidas prefieren. Haz una tabla con los resultados.

B. Informa a la clase de los resultados.

> Antonia prefiere los huevos fritos. A Lupe le gustan más los huevos duros. Marta prefiere los huevos revueltos.

		Antonia	Lupe	Marta
los huevos	duros		✓	
	fritos	✓		
	revueltos			
la carne	poco hecha	✓	✓	✓
	hecha			
	bien hecha			
las papas	hervidas			✓
	fritas			
	asadas			
	al horno			

197

Este fin de semana, en
Buenos Aires...

Película: *Un lugar en el mundo*
Viernes y sábado, a las 23:00 horas
Cine Gran Rex

Conferencia:
"Argentina y los escritores"
Viernes, a las 18:00 horas
Centro Cultural La Recoleta

Música: Concierto de la Orquesta de Cámara de Buenos Aires
Sábado, a las 20:00 horas
Galerías Pacífico

Feria de libros de segunda mano
Sábado y domingo, de 12:00 a 17:00 horas
Plaza Italia

Teatro: *Escenas de la vida diaria*
Sábado, a las 20:30 horas
Domingo, a las 17:00 horas
Sala Blanca Podestá

Mercado de pulgas en San Telmo
Sábado y domingo, de 11:00 a 18:00 horas

Fútbol: Boca Juniors contra River Plate
Domingo, a las 14:00 horas
Estadio del Club Boca Juniors

Restaurante La harina y el vinagre

Especialidades: Fideos con salsa de tomate, ensalada de aceitunas y pepinos, y cordero asado. *Excelentes postres:* torta de almendras, torta de chocolate, galletitas de nueces con helado de vainilla.
Almuerzo, de 12:00 a 16:00 horas / Cena, de 20:30 a 23:00 horas
Avenida 9 de Julio N° 123. Teléfono: 555-8793

¿Dónde estuviste?

Con tu compañero(a), imaginen que pasaron un fin de semana en Buenos Aires. Hablen de dónde estuvieron.

— *El sábado por la mañana yo estuve en el mercado de pulgas. Por la noche, mis amigos y yo estuvimos en el cine Gran Rex. Y tú, ¿dónde estuviste?*
— *Yo estuve en la feria de libros. ¿Dónde estuviste el domingo?*

 ¿Qué hiciste?

Con tu compañero(a), habla de las actividades que hiciste en cada lugar.

— *¿Qué viste en el cine Gran Rex?*
— *Vi la película* Un lugar en el mundo *con unos amigos. Y tú, ¿qué hiciste en la feria de libros?*

 ¿Ya está hecho?

Tu compañero(a) y tú están preparando una cena especial de Navidad. Hagan un diálogo sobre las cosas que ya están hechas y las que tienen que hacer.

— *¿Pusiste la mesa?*
— *Sí, ya está puesta. Pero tenemos que comprar las nueces.*
— *No, ya las compré.*

 Entrevista

Tu compañero(a) es un(a) famoso(a) cocinero(a). Hazle una entrevista.

— *¿Cuánto tiempo hace que eres cocinero?*
— *Hace dos años que trabajo de cocinero, pero siempre me gustó cocinar para mis amigos.*

 Tu diario

Escribe un párrafo sobre la última fiesta que celebraste en tu casa. Di qué comida preparaste, cómo la preparaste y quién estuvo en la fiesta.

La última fiesta que celebré en mi casa fue el cumpleaños de mi hermano Marcelo. Compré una torta de chocolate y decoré toda la casa. Pero antes mi hermana y yo barrimos la casa, pusimos la mesa, trajimos un mantel con los colores favoritos de Marcelo...

¡SABES QUE...?

A cosmopolitan center, Buenos Aires is known as the "Paris of South America." Restaurants, shops, theaters and art galleries line the streets. Strolling and meeting in cafes with friends are favorite pastimes for Argentines. Restaurants open for dinner at 8:00 p.m. at the earliest, most not opening until 9 o'clock. On weekends, the streets bustle until well after midnight, sometimes until the early hours of the morning.

PARA TU REFERENCIA

el/la cocinero(a) *cook*
el mercado de pulgas *flea market*
la Orquesta de Cámara *chamber orchestra*
de segunda mano *secondhand*

PARA RESOLVER

¡A COCINAR!

La clase va a escribir un libro de recetas.

PASO 1 ¿Plato principal o postre?

En grupo, hagan una lista de diferentes platos según dos categorías: plato principal o postre. Decidan para qué categoría quieren escribir la receta.

> *Platos principales: arroz con pollo, fideos con salsa de tomate...*
> *Postres: arroz con leche, torta de nueces y pasas, flan al caramelo...*
> *Vamos a escribir la receta de un postre: flan al caramelo.*

PASO 2 Flan al caramelo

Decidan para cuántas personas va a ser la receta. Hagan una lista de los ingredientes y de las cantidades que necesitan.

> *La receta va a ser para cuatro personas. Ingredientes y cantidades: 150 gramos de azúcar, medio litro de leche y cuatro huevos.*

PASO 3 Vamos a cocinar

Escriban los pasos que tienen que seguir para cocinar su receta.

> *1. Hervir la leche en una olla.*
> *2. En un plato, batir los huevos...*
> *3. Calentar el azúcar en un molde para flan... ¡Cuidado! El caramelo está muy caliente.*
> *4. Poner la mezcla en el molde y...*

PASO 4 Nuestra receta

Saquen una foto de su plato y preséntenla a la clase.

PARA TU REFERENCIA

añadir *add*

el baño María *double boiler*

batir *to beat*

las cantidades *amounts*

cremoso(a) *creamy*

cubrir *to cover*

el fondo *bottom*

el horno *oven*

la mezcla *mixture*

la pared *side*

el plato principal *main course*

poco a poco *little by little*

Hoy: Flan al Caramelo

Para 4 personas

- 150 gramos de azúcar para el caramelo
- medio litro de leche
- 4 huevos
- 5 cucharadas de azúcar

- Calentar el azúcar en un molde para flan, hasta formar un caramelo cremoso. Cubrir bien el fondo y las paredes del molde con este caramelo. Dejarlo enfriar.

- Hervir la leche en una olla. Añadir el azúcar a la leche.

- En un plato, batir los huevos. Después añadir los huevos, poco a poco, a la leche hervida, revolviendo todo hasta tener una mezcla.

- Poner la mezcla en el molde y cocinar al baño María en el horno a 350 °F de 40 a 50 minutos.

¿SABES QUE...?

A very popular dessert in Argentina is *dulce de leche*, milk cooked with sugar until it is thick. This dessert can be eaten as is or used as the base for other sweets. Other common desserts are *flan*, rice pudding, *almendrado* (ice cream rolled in crushed almonds), *dulce de batata* (a thick paste made of sweet potatoes, sliced and served with cheese), and *dulce de membrillo* (similar to *dulce de batata*, but made with quince).

ENTÉRATE

¿CHE°, TENÉS HAMBRE?

¿Che, venís a mi fiesta?

Argentina es uno de los países de Hispanoamérica que usa el **voseo.** ¿Qué es el **voseo**? Es el uso de **vos** en lugar de° *tú.* Los argentinos dicen **vos tenés, vos venís** y **vos podés** en lugar de *tú tienes, tú vienes* y *tú puedes.* También los imperativos cambian: en lugar de *lava los platos* o *pon la mesa,* los argentinos dicen **lavá los platos** y **poné la mesa.** Y el **vos** también se usa en lugar del *ti,* como en la frase *Te toca a ti,* que en Argentina se dice **Te toca a vos.** Con variaciones según el país, el **voseo** también se usa en Costa Rica, El Salvador, Nicaragua, Guatemala, Honduras y Uruguay.

Además del° **voseo,** los argentinos usan la palabra **che** para dirigirse a° otra persona de una manera° familiar.

El español de Argentina es muy fácil de reconocer° debido al° uso del **voseo** y del **che.**

TE TOCA A VOS

Di cuáles de las siguientes oraciones son ciertas y cuáles son falsas. Corrige las falsas.

1. Los argentinos usan el *che* para dirigirse a todo el mundo.
2. El español de Argentina es difícil de reconocer.
3. El *vos* se usa en lugar de *tú* y de *ti.*
4. El *voseo* sólo se usa en Argentina y Uruguay.

además del *in addition to*	**dirigirse a** *to address someone*
che *hey (familiar)*	**en lugar de** *instead of*
debido al *on account of*	

la manera *way*
reconocer *to recognize*

VOCABULARIO TEMÁTICO

De compras
la caja box
el gramo gram
la lata can
el litro liter
el paquete package

La comida
el aceite de oliva olive oil
la aceituna olive
el ají pepper
la almendra almond
el asado barbecue
el azúcar sugar
la carne picada ground meat
la carne poca hecha/hecha/bien hecha rare/medium/well done meat
la cebolla onion
el cordero lamb
la empanada small vegetable or meat pie
los fideos noodles
la galletita cookie
la harina flour
los huevos duros hard-boiled eggs
los huevos fritos fried eggs
los huevos revueltos scrambled eggs
la nuez/las nueces walnut(s)
la papa al horno baked potato

la pasa raisin
el pavo turkey
el pepino cucumber
la salsa de tomate tomato sauce
la sandía watermelon
la torta (Argentina) cake
la tortilla omelette
la uva grape
el vinagre vinegar

La receta
The recipe
asar to roast
calentar(e>ie) to heat
freír(e>i) to fry
hervir(e>ie) to boil
preparar to prepare
revolver to stir, to scramble

En la cocina
la olla pot
el mantel tablecloth
el molde baking pan
la sartén frying pan
el ventilador fan

Antes y después de comer
barrer la cocina to sweep the kitchen
lavar los platos to wash the dishes
limpiar la mesa to clean off the table

recoger la mesa to clear the table
sacar la basura to take out the garbage

Las celebraciones
el 4 de julio Fourth of July
Acción de Gracias Thanksgiving
Año Nuevo New Year
Navidad Christmas
Pesach Passover
Reyes Epiphany

Expresiones y palabras
¿Cuánto tiempo hace que...? How long . . . ?
¡Es hora de comer! It's time to eat!
abierto(a) (abrir) open
a la parrilla grilled
al vapor steamed
calentar to heat
hace dos meses que... for two months . . .
hecho(a) (hacer) done
medio(a) half
puesto(a) (poner) put, set, turned on
revuelto(a) (revolver) stirred, scrambled
traer to bring

LA CONEXIÓN INGLÉS-ESPAÑOL

There are often cognates for Spanish words that end in *-ro.* Sometimes they are easier to identify if you drop the *-ro* and add a silent *-e* or *-er.*

centro → *centr* → **center**

Find another word in the *Vocabulario temático* that closely follows this rule.

CAPÍTULO 8

Una semana en una estancia

Doma de potros en una estancia en Argentina.

Objetivos

COMUNICACIÓN

To talk about:
- farm products
- typical activities in the country
- farm animals

CULTURA

To learn about:
- typical activities on an *estancia* in Argentina
- the *gaucho* of Argentina
- the rodeo in Argentina
- road signs in Latin America

VOCABULARIO TEMÁTICO

To learn the expressions for:
- agricultural products
- farm activities and chores
- farm animals
- farm equipment

ESTRUCTURA

To talk about:
- what you and others will do: future time
- a deadline, a purpose, etc. using *para*
- an exchange, a specific period of time, etc. using *por*

¿SABES QUE...?

To round up cattle, Argentine cowboys (called *gauchos*) use *boleadoras*, which are made of two or three stone or metal balls covered with leather and attached to the end of ropes.

CONVERSEMOS

Habla con tu compañero(a).

EN TU ESTADO, ¿QUÉ ANIMALES HAY EN EL CAMPO?
Hay caballos, ovejas y gallinas.

 (el) caballo   (el) pato

 (la) oveja   (el) conejo

 (la) gallina   (el) gallo

 (el) cerdo   (la) vaca

¿QUÉ PRODUCE TU ESTADO?
Produce trigo, maíz y algodón.

 (el) algodón   (el) trigo

 (el) maíz   (la) caña de azúcar

 (el) arroz

No, no fui nun[...]
al campo, pero [...]
gustaría ir.

¿FUISTE ALGUNA VEZ AL CAMPO? ¿QUÉ VISTE?
Vi una estancia.

(la) granja   (la) pampa (*grassy plains*)

(el) establo (*stable*)   (la) doma (*rodeo*)

(la) estancia (*ranch*)   (la) feria

¿QUÉ TE GUSTARÍA HACER EN UNA ESTANCIA?

Me gustaría recoger la fruta.

dar de comer a los animales
(to feed the animals)

cepillar los caballos
(to brush the horses)

montar a caballo
(to go horseback riding)

recoger la fruta
(to pick fruit)

regar las plantas
(to water the plants)

plantar árboles
(to plant trees)

sembrar las semillas
(to sow seeds)

ordeñar las vacas
(to milk the cows)

¿QUÉ HAY QUE HACER EN UNA ESTANCIA?

Es importante levantarse temprano.
(It's important to get up early.)

Es mejor no acostarse tarde.
(It's better not to go to bed late.)

Hay que cultivar la tierra.
(One has to / must till the soil.)

Es necesario cuidar el ganado.
(It's necessary to take care of the cattle.)

Es práctico saber manejar un tractor.
(It's useful to know how to drive a tractor.)

Hay que recoger la cosecha.
(One has to / must harvest the crop.)

¡ESTANCIAS!
PARA TODOS LOS GUSTOS

¿Les gustaría pasar unas vacaciones lejos de la ciudad? ¿Les gustaría practicar sus deportes favoritos al aire libre? ¿Les gustaría participar en las actividades típicas del campo? ¡Vengan a una estancia!

En Argentina hay estancias para todos los gustos. En muchas regiones del país es posible visitar estancias. Pueden quedarse unos días pero es mejor quedarse todo un mes.

Estancia La Criolla

En La Criolla, pueden tomar mate, comer empanadas y también hacer un asado. Después de la cena, pueden cantar al son de una guitarra y bailar danzas criollas. (120 pesos por persona por día)

Estancia Sur

Si les gusta el campo y la naturaleza la van a pasar muy bien en la estancia Sur. Aquí pueden cuidar el ganado, montar a caballo, pasear en carruaje, dar de comer a los animales y recoger la fruta. (100 pesos por persona por día)

Para más información, llamen a la Secretaría de Turismo de la Nación. Teléfono 312-2232.

A. Haz una lista de todas las actividades que puedes hacer en una estancia.

> *Comer empanadas, ver danzas criollas...*

B. Con tu compañero(a), habla de lo que es posible hacer en cada estancia.

> — *¿Qué se puede hacer en La Criolla?*
> — *Se puede hacer un asado, tomar mate...*

C. Ahora, hablen sobre qué estancia les gustaría visitar y por qué.

> — *Me gustaría visitar la estancia Sur porque allí es posible montar a caballo. ¿Y a ti?*
> — *Yo prefiero ir a...*

¿QUÉ OPINAS?

Haz una lista de las actividades típicas de una estancia. Escoge tus tres actividades favoritas. Luego haz una encuesta. Usa el modelo.

Actividad	yo	la clase
pasear en carruaje		
dar de comer a los animales	✓	|||
montar a caballo		
hacer un asado		
cantar y bailar danzas criollas	✓	|||||
comer empanadas		
recoger la fruta		
cuidar el ganado	✓	

Según la encuesta, ¿cuál es la actividad más popular? ¿Y la menos popular?

PALABRAS EN ACCIÓN

UNA ESTANCIA EN LA PAMPA

 ¿Qué ves en el dibujo?

Haz una lista de las cosas que ves en la estancia. Compara tu lista con la de tu compañero(a).

El tractor, la segadora...

 ¿Qué hacen?

Escoge cinco personas del dibujo. Pregúntale a tu compañero(a) qué están haciendo.

— ¿Qué está haciendo el chico de la camisa verde?
— Está dando de comer a los animales.

 ¿Dónde están los animales?

Escoge cuatro animales del dibujo. Pregúntale a tu compañero(a) dónde están.

— ¿Dónde está el caballo negro?
— En el establo.

 ¿Para qué son?

Pregúntale a tu compañero(a) para qué son las cosas que hay en el campo.

— ¿Para qué es la segadora?
— La segadora es para recoger la cosecha.

¿Qué sembraremos?

el corral

la oveja

el cerdo

la vaca

el conejo

el trabajador

el gallo

¿A qué hora se levanta?

la manguera

las semillas

la segadora

el granjero

Vamos a sembrar trigo.

la tierra

¿Qué vamos a comer hoy?

A las cinco. En el campo hay que levantarse temprano.

la jardinera

Voy a hacer un asado.

el huerto

el conejo

el tractor

el capataz

el cocinero

la parrilla

el camión

5 ¡Vamos al campo!

Pregúntale a tu compañero(a) qué le gustaría hacer en el campo.

— ¿Qué harás en el campo?
— Me gustaría plantar árboles.

6 Miniteatro

Imagina que eres un(a) trabajador(a) en una estancia y tu compañero(a) está de visita. Creen un diálogo.

— Generalmente, ¿a qué hora hay que levantarse?
— Es necesario levantarse a las cinco de la mañana.
— ¿Qué hay que hacer por la mañana?
— Es importante cuidar los caballos.

7 La estancia

Diseña un cartel sobre una estancia en Argentina. Describe qué animales puedes ver y qué actividades puedes hacer. Usa dibujos o fotos de revistas y periódicos.

8 Tú eres el autor

En un párrafo, compara la rutina diaria y las responsabilidades de la gente que vive en el campo con la rutina y las responsabilidades de la gente que vive en la ciudad.

En el campo, la gente se levanta y se acuesta antes que la gente en la ciudad. La gente en el campo tiene que cuidar el ganado, sembrar, regar...

211

Estructura The future

¿VISITAREMOS UNA ESTANCIA?

1. The present tense is often used in Spanish to express future time:

- With a time expression that refers to future time or when it is understood from context.

  Miguel llama más tarde.   Miguel will call later.

2. The present form of the verb *ir + a* + infinitive is also used in Spanish to express future time.

  Voy a visitar una granja.   I am going to visit a farm.

3. The future tense is also used in Spanish, just as it is in English, to express future time.

  Llamaré más tarde.   I will call later.

The following chart shows how to form the future tense of regular **-ar**, **-er**, and **-ir** verbs.

FUTURE TENSE	
Regular Verbs	
INFINITIVE	ENDINGS
llamar comer subir	-é -ás -á -emos -éis -án

Some verbs are irregular in the future tense. The same endings are used, but they are added to an irregular stem instead of to the infinitive. The following verbs have irregular future stems.

decir: **dir-**	poner: **pondr-**	salir: **saldr-**
haber: **habr-**	querer: **querr-**	tener: **tendr-**
hacer: **har-**	saber: **sabr-**	venir: **vendr-**
poder: **podr-**		

En una estancia

Pregúntale a tu compañero(a) quién hará las siguientes actividades en una estancia.

— En una estancia, ¿quién recogerá la cosecha?
— El trabajador la recogerá.

1. recoger la cosecha
2. llevar los animales a la feria
3. limpiar el establo
4. hacer el asado
5. cultivar la tierra
6. cepillar los caballos

 ¿Cómo es?

Pregúntale a tu compañero(a) si hará las siguientes actividades.

— ¿Montarás a caballo?
— Sí, montaré a caballo. Es divertido.

1.
2.
3.
4.
5.
6.

es divertido
es necesario
es interesante
es fácil
es importante
es práctico

 Actividades diarias

Haz una encuesta sobre las actividades diarias que harán tus compañeros(as) la próxima semana.

	Alicia	Jorge
Antes de ir a la escuela	prepararé el desayuno	me ducharé
Por la tarde		
Antes de comer		
Después de comer		
Antes de acostarse		

Informa a la clase de los resultados.

Antes de ir a la escuela, Alicia preparará el desayuno. Jorge se duchará.

Estructura Uses of *por* and *para*

¿POR O PARA?

The prepositions *para* and *por* can both mean "for."
However, in Spanish each one is used differently.

☐ Use *para* to indicate:

a deadline	**Necesito la segadora para mañana.** *I need the mower by (for) tomorrow.*
a function	**El tractor es para cultivar la tierra.** *A tractor is used to till the soil.*
a direction	**Vamos para el granero.** *We are going towards the barn.*
a recipient	**Esta comida es para los patos.** *This food is for the ducks.*
a purpose	**Van a la feria para comprar gallos.** *They are going to the fair in order to buy roosters.*

☐ Use *por* to indicate:

an exchange of one thing for another	**Pagué mucho dinero por esa vaca.** *I paid a lot of money for that cow.*
a specific period of time	**Me voy a quedar en la estancia por tres meses.** *I am going to stay at the hacienda for three months.*
by means of	**Hablamos por teléfono.** *We spoke by phone.*
the time of day	**Por la mañana monto a caballo.** *In the morning I ride on horseback.*
around, through	**Voy a caminar por la feria.** *I am going to walk around the fair.*

Tu compañero(a) viajará a Argentina. Hazle las siguientes preguntas.

— *¿Para qué irás a Argentina?*
— *Iré para visitar a unos amigos.*

1. ¿Para qué irás a Argentina?
2. ¿Cuánto pagarás por el pasaje?
3. ¿Aprenderás a montar a caballo?
4. ¿Para quién comprarás regalos?
5. Desde allí, ¿hablarás con tu familia por teléfono?

2 Recuerdos de Argentina

Tu compañero(a) estuvo de vacaciones en Argentina. Hazle preguntas sobre las fotos que trajo.

— *Y esta cosa, ¿para qué es?*
— *Es un tractor. Es para cultivar la tierra.*

¿Qué es esto? ¿Para qué sirve?

¿Para dónde iban?

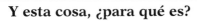
Y esta cosa, ¿para qué es?

¿Por dónde caminaban?

¿Con quién hablaba por teléfono?

¿Para quién eran los tomates?

Situaciones

¡Ven a la doma!

Gran doma de potros en Villaverde

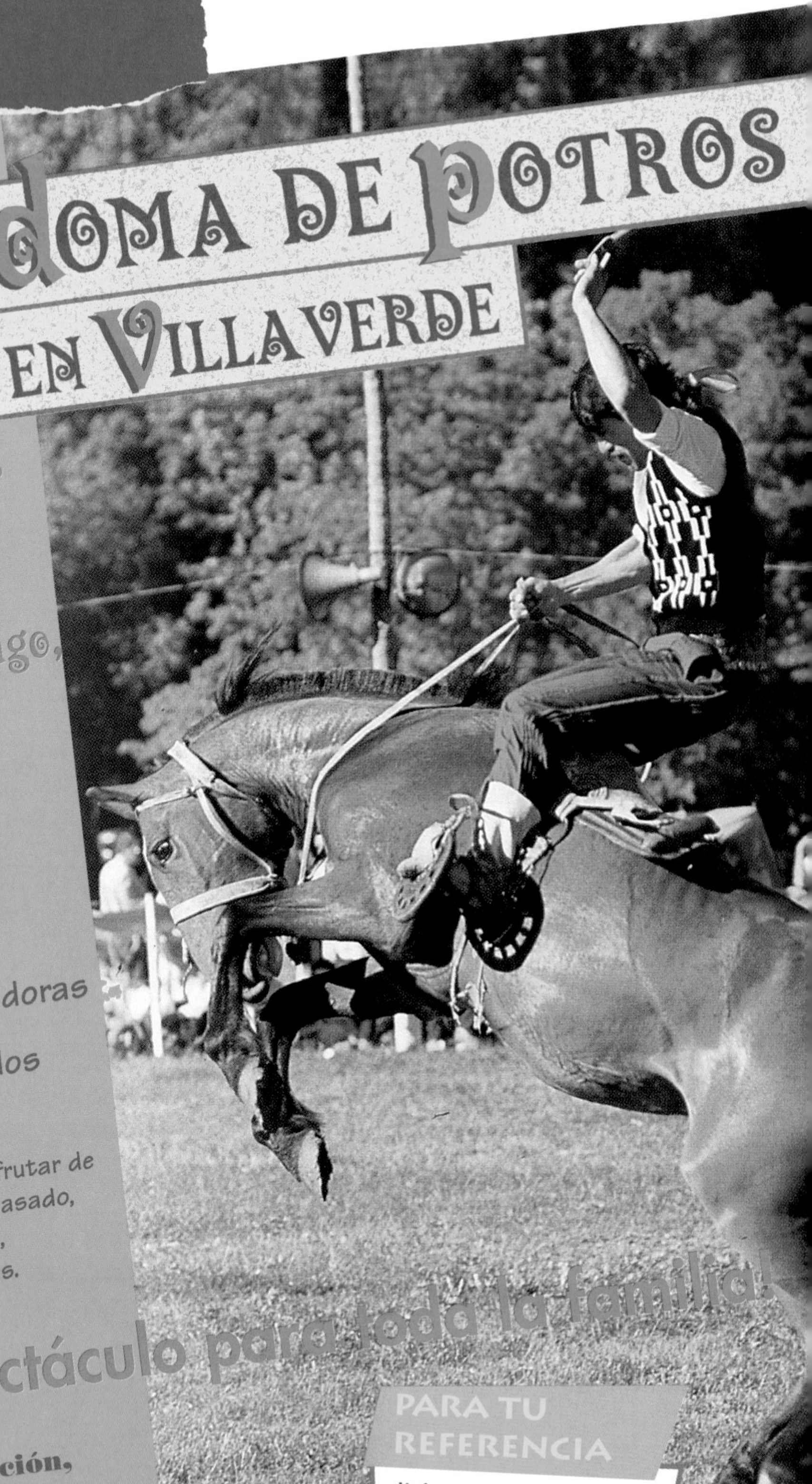

¡Vengan a ver a los domadores más expertos de La Pampa! Domingo, 27 de abril

- Concurso de doma
- Concurso de lazo
- Concurso de boleadoras
- Carreras de caballos

Y después, quédense a disfrutar de la fiesta en El Boliche, con asado, empanadas, mate, música, canciones y danzas criollas.

¡Un espectáculo para toda la familia!

Para más información, llamen a la estancia Villaverde: Tel. 555-0011

Para tu referencia

disfrutar de *to enjoy*
el domador *horse-breaker*
el lazo *lasso*
el potro *colt*

¿Vamos a la doma?

Con tu compañero(a), haz planes para ir a la doma de Villaverde.
¿Qué día irán? ¿Qué ropa se pondrán? ¿Con quién irán?

— *Iremos a la doma el sábado.*
— *¿Invitaremos a Luis?*

 ¿Qué vamos a ver?

Con tu compañero(a), haz un diálogo sobre las actividades que
verán en Villaverde.

— *¿Veremos una carrera de caballos?*
— *Sí, y también iremos al concurso de boleadoras.*
— *Y después tendremos que quedarnos para la fiesta en El Boliche.*

 ¿Es fácil o difícil?

Con tu compañero(a), haz una lista de actividades del campo y di si
son fáciles o difíciles. Digan también con qué frecuencia hay que
hacer estas actividades.

Actividades	Es fácil	Es difícil	Es necesario
dar de comer a los conejos	✓		todos los días
cepillar los caballos	✓		todos los días
ordeñar las vacas		✓	dos veces por día

 Entrevista

Entrevista a una persona que trabaja en una estancia.

— *¿Cuáles son las responsabilidades de su trabajo?*
— *Tengo que cuidar el ganado. Tengo que dar de comer
a los animales, cepillar los caballos y ordeñar las vacas.*
— *¿También trabaja la tierra?*
— *Sí. Yo riego y recojo la cosecha.*

 Tu diario

Escribe un párrafo sobre tu rutina diaria usando *por* y *para*.

*Por la mañana voy a la escuela por el parque. Por la tarde
voy al gimnasio para nadar. Por la noche hago la tarea para la
clase de español. Y para divertirme, generalmente salgo con mis
amigos o hablo con ellos por teléfono.*

Para resolver

EL MAPA DE NUESTRO PUEBLO

En grupo, harán un mapa de su pueblo o de su ciudad con señales de tráfico.

PASO 1 Las señales

Miren las señales de tráfico y digan para qué se usa cada una.

> *La señal de Dirección obligatoria se usa para decir que la calle o carretera sólo tiene una dirección.*

PASO 2 Nuestro pueblo

Escojan qué zona quieren dibujar: el centro comercial, el vecindario de la escuela, las carreteras que salen de su pueblo o ciudad... Decidan qué lugares incluirán en cada calle y cada ruta.

> *Vamos a dibujar un mapa de nuestro pueblo, de sus calles y de las rutas cerca de él. En la ruta 54 dibujaremos la Estancia Juanita...*

PASO 3 El manual de manejar

Miren las señales de tráfico en la página 219. Estas señales son del manual de manejar. Digan qué señales necesitarán para su mapa.

> — *Hay que usar la señal de Escuela para la ruta 22.*
> — *Sí. También es importante usar la señal de Cruce para las rutas 54 y 22.*

PASO 4 El mapa

Dibujen el mapa de la zona que escogieron. Incluyan las señales.

PASO 5 Las indicaciones

Escojan dos lugares del mapa y digan cómo llegar de un lugar a otro.

> *Para llegar a la estación de trenes desde la feria, hay que ir por la ruta 22 hasta la calle Peña. Allí, es necesario doblar a la izquierda.*

PASO 6 El resultado final

Presenten el mapa a la clase.

Ruta 54

Estancia Juanita

Feria

PARA TU REFERENCIA

la carretera resbaladiza *slippery road*

ceda el paso *yield*

el cruce *intersection*

la dirección obligatoria *detour*

pare *stop*

el paso a nivel *railroad crossing*

prohibido tocar la bocina *don't honk the horn*

la ruta *route*

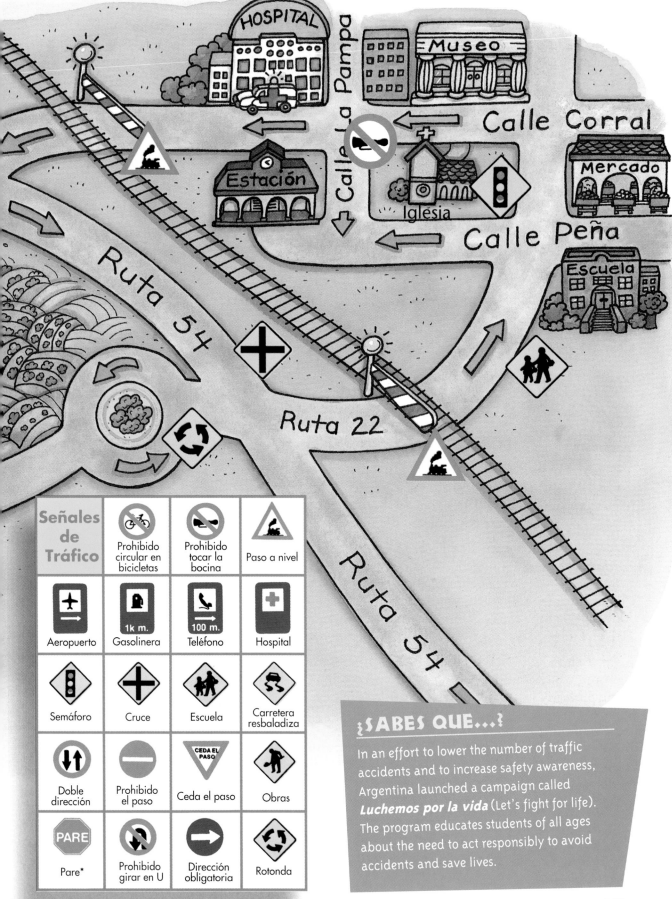

Señales de Tráfico			
Prohibido circular en bicicletas	Prohibido tocar la bocina	Paso a nivel	
Aeropuerto	Gasolinera	Teléfono	Hospital
Semáforo	Cruce	Escuela	Carretera resbaladiza
Doble dirección	Prohibido el paso	Ceda el paso	Obras
Pare*	Prohibido girar en U	Dirección obligatoria	Rotonda

¿SABES QUE...?

In an effort to lower the number of traffic accidents and to increase safety awareness, Argentina launched a campaign called *Luchemos por la vida* (Let's fight for life). The program educates students of all ages about the need to act responsibly to avoid accidents and save lives.

*In Argentina, they use *Pare*. In other countries, they use *Alto* or *Stop*.

ENTÉRATE

LOS GAUCHOS

El gaucho es un símbolo de la tradición rural argentina. En el siglo XVIII, los gauchos eran nómadas que capturaban caballos salvajes° y ganado que se escapaba° en las pampas.

La ropa típica del gaucho era el poncho, el sombrero y las "bombachas", unos pantalones muy grandes. Los gauchos usaban lazos y "boleadoras", un instrumento hecho de cuerdas de cuero con tres bolas° en las puntas,°que se tiraba a las patas° del animal para inmovilizarlo.

En el siglo XIX, cuando propietarios privados° empezaron a comprar las tierras de las pampas, muchos contrataron° gauchos para trabajar en las estancias. Así los gauchos perdieron° su espíritu libre°. Muchos escritores argentinos de la época escribieron novelas sobre el antiguo estilo de vida gauchesco,° como José Hernández en *Martín Fierro* (1872).

Hoy, los gauchos son los trabajadores del campo en Argentina. Trabajan generalmente en las estancias y su responsabilidad es domar° potros y caballos, y cuidar los animales.

TE TOCA A TI

Contesta las preguntas.

1. ¿Qué hacen los gauchos hoy?
2. ¿Sobre qué escribió José Hernández?
3. ¿Para qué usaban los gauchos las boleadoras?
4. ¿Cuál era la ropa típica de los gauchos?
5. ¿Por qué cambió el estilo de vida de los gauchos en el siglo XIX?

(las) bolas *balls*
contrataron *they hired*
domar *to tame*
en las puntas *at the end*
el espíritu libre *free spirit*
gauchesco *of the gauchos*
las patas *legs*
perdieron *they lost*
los propietarios privados *private owners*
salvajes *wild*
se escapaba *ran away*

VOCABULARIO TEMÁTICO

En el campo
el algodón *cotton*
la caña de azúcar *sugar cane*
la doma *rodeo*
la estancia *ranch*
el maíz *corn*
la pampa *grassy plains*
la semilla *seed*
el trigo *wheat*

Los animales
el caballo *horse*
el cerdo *pig*
el conejo *rabbit*
el potro *colt*
la gallina *hen*
el gallo *rooster*
el ganado *cattle*
la oveja *sheep*
el pato *duck*
la vaca *cow*

En la estancia
el capataz *foreman*
el/la cocinero(a) *cook*
el corral *corral*
el establo *stable*
el granero *barn*
el/la granjero(a) *farmer*

el huerto
  fruit and vegetable garden
el/la jardinero(a) *gardener*
la tierra *land, soil*
el/la trabajador(a) *worker*

Actividades del campo
cepillar los caballos
  to brush the horses
cuidar el ganado
  to take care of the cattle
cultivar la tierra
  to till the soil
dar de comer a los animales
  to feed the animals
manejar el tractor
  to drive the tractor
ordeñar las vacas
  to milk the cows
plantar
  to plant
recoger la cosecha
  to harvest the crop
recoger la fruta
  to pick fruit
regar (e>ie)
  to water
sembrar (e>ie)
  to sow

Para trabajar en el campo
el camión *truck*
el cepillo *brush*
la manguera *hose*
la segadora *mower, harvester*
el tractor *tractor*

Expresiones y palabras
es difícil *it's difficult*
es fácil *it's easy*
es importante *it's important*
es mejor *it's better*
es necesario *it's necessary*
es posible *it's possible*
es práctico *it's useful*
hay que *one has to/must*
acostarse (o>ue)
  to go to bed
levantarse *to get up*
la parrilla *grill*
producir *to produce*
la responsabilidad
  responsibility
la rutina diaria *daily routine*
temprano *early*

LA CONEXIÓN INGLÉS-ESPAÑOL

Corral is spelled in Spanish as it is in English. Is there another word in the *Vocabulario temático* that is also spelled exactly the same way in both languages and has the same meanings?

Some cognates may be harder to identify than others. *Dormir,* for instance, does not sound anything like *sleep,* but when we compare it with the English word *dormitory* (a room for sleeping), the connection is easy to see. The Spanish word for "dormitory," or "bedroom," is *dormitorio.*

One-syllable words in English do not usually have a cognate in Spanish, but words consisting of two or more syllables often do: *tractor, plantar, importante, necesario.*

ADELANTE

Argentina es un país de contrastes naturales: desde las inmensas llanuras hasta los picos más altos, con climas casi tropicales en el norte y temperaturas polares en el sur.

Piensa en lo que sabes de la geografía de América del Sur. ¿Hay algo que te llama la atención? Piensa en tres adjetivos para describir América del Sur.

◄¿Te gustaría escalar uno de los picos más altos de América del Sur? El Fitz Roy está en la provincia de Santa Cruz y tiene 3.400 metros de altura.

◄Miles de elefantes marinos toman el sol en las playas de la península de Valdés, la única colonia de elefantes marinos de América.

◄Hoy en día los gauchos trabajan en las estancias. Su responsabilidad es domar° caballos y cuidar los animales.

domar *to tame*

Argentina
tierra de contrastes

Argentina está en el extremo sur del continente americano. Tiene fronteras con Chile, Bolivia, Brasil, Uruguay y Paraguay. Sus tierras inmensas van desde el trópico hasta la zona antártica.

Las cataratas del Iguazú

Las cataratas del Iguazú son las más impresionantes del mundo. Son más de 75 cataratas. Sus aguas caen desde 76 metros de altura.

Según una leyenda guaraní, un dios° del bosque se enamoró de una muchacha llamada Naipur. Un día, un guerrero° huyó° con Naipur por el río. El dios se enojó y hundió° el lecho del río.° Y así nacieron las cataratas del Iguazú. El dios convirtió° a Naipur en una roca y al guerrero en un árbol.

▲Un glaciar en el Aconcagua, uno de los picos más altos del mundo.

▲Iguazú en guaraní significa *agua grande*.

convirtió *turned*	hundió *sank*
el dios *god*	huyó *fled*
el guerrero *warrior*	el lecho del río *riverbed*

El centinela de piedra°

El Aconcagua es un pico de 6.959 metros de altura. Está en los Andes y es la montaña más alta de América. El nombre viene del quechua Ackon-Cahuac, y significa "centinela de piedra".

Araucarias gigantes

El Monumento Natural de Bosques Petrificados es un desierto volcánico de la era jurásica. Hace 150 millones de años esta región era húmeda y tenía bosques de araucarias, unos árboles de la familia de los pinos que sólo crecen en el hemisferio sur. La ceniza° de los volcanes de esta región cubrió° los bosques, que se fosilizaron lentamente.

▲El explorador Fernando de Magallanes llamó a la región sur de Argentina *Tierra del Fuego* por las fogatas° que hacían los nativos.

Los icebergs azules

El glaciar Perito Moreno es una masa de hielo de más de 60 metros de altura, que está en el lago Argentino, en la Patagonia. Es uno de los pocos glaciares del mundo que sigue creciendo.° Cada tres o cuatro años, una pequeña parte de este glaciar cae al lago Argentino y se convierte en° un iceberg. Muchos de estos icebergs son azules.

La misteriosa Tierra del Fuego

Tierra del Fuego es un archipiélago que está en el extremo sur de Argentina. Allí está Ushuaia, la ciudad más al sur del mundo.

Entre el continente y las islas de Tierra del Fuego está el estrecho de Magallanes. Los vientos son muy violentos y producen olas de muchos metros de altura.

DATOS SOBRE ARGENTINA

Es el octavo país más grande del mundo.

Es el segundo país más grande y más poblado de América del Sur.

Tiene el pico más alto de América: el Aconcagua, de 6.959 metros.

Tiene la ciudad más al sur del mundo: Ushuaia.

Tiene uno de los pocos glaciares del mundo que sigue creciendo: el glaciar Perito Moreno.

▲El glaciar Perito Moreno.

la ceniza *ash*
cubrió *covered*
las fogatas *fires*

se convierte en *becomes*
sigue creciendo *keeps on growing*

DESPUÉS DE LEER

❶ Juego de preguntas

En grupo, escriban cuatro preguntas sobre Argentina. Hagan las preguntas a otro grupo. Anoten las respuestas.

• Los grupos ganan un punto por cada respuesta correcta.

• Si un grupo no sabe la respuesta, pierde su turno.

❷ Animales de Argentina

En grupo, busquen datos sobre los animales que hay en las diferentes regiones de Argentina. Pueden usar la enciclopedia, libros o revistas.

❸ Crucigrama

En una hoja de papel cuadriculado haz tu propio crucigrama, usando los lugares y el vocabulario del artículo.

❹ Compruébalo

Busca la descripción correcta.

1. La ciudad de Ushuaia está en...
2. Las cataratas del Iguazú caen desde...
3. El Aconcagua es un pico de...
4. El Monumento Natural de Bosques Petrificados es...
5. El Perito Moreno es...
6. Tierra del Fuego es...

a. un archipiélago en el sur de Argentina.

b. el extremo sur del continente americano.

c. 76 metros de altura.

d. un desierto volcánico de la era jurásica.

e. 6.959 metros de altura.

f. uno de los pocos glaciares del mundo que sigue creciendo.

TALLER DE ESCRITORES

1. UN CARTEL

Con tu compañero(a), diseña un cartel turístico sobre Argentina.
Incluye:

- datos de interés sobre el país
- lugares para visitar
- una descripción de los lugares
- comidas y bebidas típicas
- fotos de revistas y dibujos

2. CORREO ELECTRÓNICO

En grupo, preparen una lista de cinco preguntas para
enviar por correo electrónico a unos amigos en
Argentina. Tema: ¿Qué hacen los jóvenes en el campo y
en la ciudad?

- ¿Qué hacen los fines de semana?
- Cuando van al campo / a la ciudad, ¿qué les
  gusta hacer?
- ¿Cómo ayudan en la casa?
- ¿Qué platos saben cocinar?

Si no tienen correo electrónico, envíen una carta con estas preguntas.

3. UN VIAJE

Pronto estarás de vacaciones en Argentina, tierra de grandes contrastes.
Usando el tiempo futuro, escribe un párrafo sobre lo que podrás ver allí:
gauchos, los Andes, la Patagonia...

¡BUEN PROVECHO!

Las empanadas son un plato típico de Argentina y de otros países de América Latina. Llegaron a América con los españoles, que las adoptaron de los árabes.

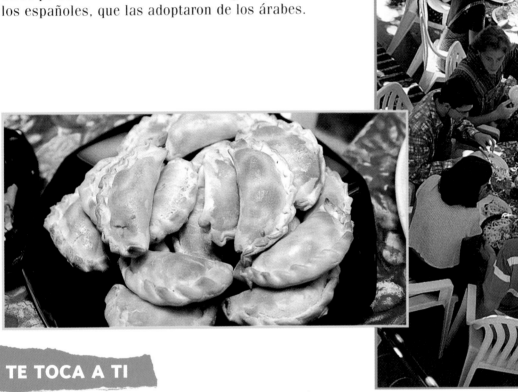

Hay muchos tipos de empanadas. En cada región de Argentina las hacen de una manera diferente. El relleno° puede ser de carne, de pollo, de pavo o de muchas otras cosas. Hoy prepararemos empanadas de carne.

Utensilios

un rodillo° y un tenedor
una tapa° de cinco pulgadas

Ingredientes

La masa°

dos tazas de harina
sal
una taza de manteca°
1/4 de taza de agua fría

El relleno

1/2 kilo de carne picada°
una cebolla grande,
  picada° fina
cinco huevos duros
una cucharadita° de
  pimentón°

doce aceitunas picadas
una cucharadita de comino
  molido°
1/4 de taza de pasas°
sal y pimienta°

aceite para freír

el comino molido *powdered cumin*	las pasas *raisins*	el relleno *filling*
la cucharadita *teaspoon*	picada *chopped*	el rodillo *rolling pin*
la manteca *lard*	el pimentón *paprika*	la tapa *lid*
la masa *dough*	la pimienta *pepper*	

1 Combina la harina, la sal y la manteca. Poco a poco,° añade° el agua. Mézclalo° todo bien y haz una masa. Con el rodillo, extiende° la masa.

2 Con la tapa o las manos, haz círculos de cinco pulgadas.

3 Fríe la carne durante un minuto. Después añade la cebolla picada, el pimentón, el comino, las pasas, las aceitunas, la sal y la pimienta. Fríe todo a fuego lento° durante 20 minutos.

4 Deja enfriar° el relleno. Después, pon un poco de relleno encima de cada círculo de masa. Añade también un poco de huevo duro en cada empanada.

5 Pon un poco de agua en los bordes° de cada círculo. Cierra la empanada. Une los bordes con un tenedor o con las manos.

6 Puedes cocinar las empanadas de dos maneras:° friéndolas en aceite (de 10 a 15 minutos) o poniéndolas en el horno a 375 °F durante 25 minutos. ¡Buen provecho!

a fuego lento *over a low flame*
añade *add*

los bordes *edges*
de dos maneras *in two ways*
deja enfriar... *let cool . . .*

extiende *extend*
mézclalo *mix it*
poco a poco *little by little*

DEPORTE

E**L PATO**

El pato es un deporte argentino muy antiguo. Dos equipos de cuatro jugadores a caballo tratan de agarrar° "el pato"— una pelota de cuero con asas.° El juego empieza cuando un jugador tira el pato al suelo.° Los otros jugadores tienen que ir a buscarlo y el jugador que lo agarra tiene que llegar a la meta° y marcar un gol. Antes, el pato se jugaba en el campo. Hoy día se puede jugar al pato en un estadio.

- ¿Qué es el *pato*?
- ¿Qué otros deportes conoces que se practican a caballo?

GASTRONOMÍA

U**NA BEBIDA PARA COMPARTIR**

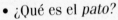

El mate es la bebida nacional de Argentina. Tomar mate es un ritual que comparten las familias y los amigos. La *yerba mate* es una planta aromática que se cultiva en el norte del país. La infusión° de mate se hace poniendo yerba mate seca en una calabacita hueca,° que también se llama *mate*. Después se añade agua muy caliente y azúcar. Se toma con una caña° de metal o de plata, que se llama *bombilla*.

- ¿Qué es la yerba mate?
- ¿Cómo se toma el mate?

agarrar *to grab*
las asas *handles*
la calabacita hueca *hollow gourd*

la caña *straw*
la infusión *herb tea, infusion*
la meta *finish line*

tira ... al suelo *throws ... on the ground*
tratan de agarrar *try to catch*

ARTE

LA BOCA Y SU ARTISTA

El barrio° de La Boca está en la costa al sur de la ciudad de Buenos Aires. Allí nació el artista Benito Quinquela Martín (1890-1977). Quinquela empezó a pintar en este barrio y le dedicó toda su vida.°

Quinquela decoró con murales y esculturas la calle Caminito, una de las calles más famosas de Buenos Aires. Los vecinos pintaron sus casas con los mismos colores vivos que Quinquela usó en sus obras. La calle Caminito es también famosa porque el cantante Carlos Gardel la inmortalizó en uno de sus tangos. Hoy, La Boca es uno de los lugares más pintorescos de toda América del Sur.

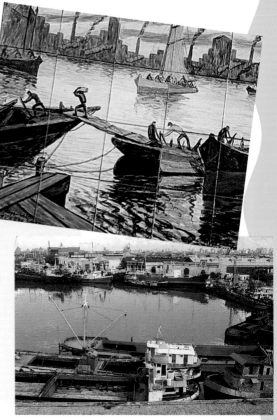

- ¿Qué hizo Benito Quinquela en La Boca?
- ¿Por qué es famosa la calle Caminito?

CINE

EL CINE ARGENTINO

Desde su comienzo° en 1897, el cine argentino tuvo reconocimiento internacional. Muchos directores argentinos consiguieron° fama mundial. Uno de ellos es la directora María Luisa Bemberg, quien dirigió:° *Camila, Miss Mary, Señora de nadie* y *Yo, la peor de todas;* ésta última sobre la vida de la escritora mexicana Sor Juana Inés de la Cruz. En 1986, *La historia oficial* de Luis Puenzo, ganó el Oscar a la mejor película extranjera.

- ¿Cuándo comenzó el cine argentino?
- ¿Qué directores argentinos conoces?

el barrio *neighborhood*
el comienzo *beginning*
consiguieron *achieved*

dirigió *directed*
le dedicó toda su vida *devoted his whole life to it*

UNIDAD 5

ESPAÑA

¡QUÉ BIEN TE SIENTA!

En la unidad 5:

Capítulo 9	¿Qué está de moda?
Capítulo 10	¡Ponte en forma!
Adelante	**Para leer:** Fútbol y baloncesto en España
	Proyecto: Práctico y de moda
	Otras fronteras: Cine, arte, astronomía y tecnología

Funicular de Montjuich, Barcelona.
Plaza de España, Madrid.

What do you do to keep in shape? What clothes do you and your friends wear? These are questions asked by people your age all over the world. In this unit, you'll get some answers from teenagers of Madrid and Barcelona.

Madrid is the center of Spain's fashion industry. Here's where many of Spain's cutting-edge styles are designed and made. In this unit, you'll do some shopping, get a new hair style, and learn what's "in" for Spanish teens. In Barcelona, you'll work out at a gym, visit a school for athletes, and get a good look at how young *barceloneses* keep healthy and in shape.

After you've gotten into the swing of fashion and fitness, you'll learn something about sports in Spain. Soccer and basketball are very popular in Spain, and you'll learn why. Finally, you'll make a *riñonera*, or a small leather bag to wear around your waist to carry your money and other things for your visit to these two exciting Spanish cities. *¡Ponte en forma!*

CAPÍTULO 9

¿QUÉ ESTÁ DE MODA?

De moda en Madrid.

Objetivos

COMUNICACIÓN
To talk about:
- clothing, shoes, and hairstyles
- taking care of your personal appearance

CULTURA
To learn about:
- what Spanish teenagers wear
- Spanish designers

VOCABULARIO TEMÁTICO
To know the expressions for:
- types of clothing and footwear
- hairstyles
- getting ready to go out
- going shopping and to the hairdresser's

ESTRUCTURA
To talk about:
- specific clothes and other items: demonstrative pronouns
- how to avoid repeating a noun
- permanent qualities: the verb *ser*
- temporary qualities: the verb *estar*

¿SABES QUE...?

Most people probably think of Italy or France as the center of European clothing design. However, fashion is also a thriving business in Spain. Some well-known Spanish designers include Adolfo Domínguez, Jesús del Pozo, Pedro del Hierro, Purificación García, and Sybilla. Spaniards like to keep informed about the latest fashion news. Spanish versions of *Vogue* and *Elle* are among the fashion magazines popular with many Spaniards. Most newspapers, such as *El País*, feature current trends, emerging designers, and seasonal shows in a special fashion section of their Sunday editions.

Habla con tu compañero(a).

¿QUÉ TIPO DE ROPA Y DISEÑOS ESTÁN DE MODA?

Los pantalones anchos a rayas y las camisas sin mangas a cuadros.

La ropa

 los pantalones anchos

 el pañuelo

 la camisa sin mangas

 los pantalones ajustados

 los vaqueros de botones

 el traje

 la chaqueta con cremalleras

 los vaqueros rotos

Los diseños

a cuadros *(checkered)*

a rayas *(striped)*

liso(a) *(plain)*

floreado(a) *(flowered)*

a lunares *(with polka dots)*

¿CÓMO CUIDAS TU ASPECTO?

Me corto el pelo todos los meses y me maquillo poco.

☐ maquillarse
(to put on makeup)

☐ pintarse las uñas
(to put on nail polish)

☐ afeitarse
(to shave)

☐ cortarse el pelo
(to get a haircut)

☐ peinarse
(to comb one's hair)

☐ cortarse las uñas
(to cut one's nails)

CUANDO VAS A LA PELUQUERÍA, ¿QUÉ DICES?

Quiero el pelo corto, sin flequillo y con laca.

El pelo		Con / Sin	
	el pelo corto		la laca
	el pelo rapado		la gomina
	el pelo de punta		las patillas
	un corte a navaja		el flequillo

PARA HABLAR DE LA ROPA Y DEL ASPECTO, ¿QUÉ DICES?

¿Cómo me queda?
(How does it look on me?)

Te queda bien/mal.
(It looks good / bad on you.)

¡Qué bien te sienta!
(It looks great on you!)

Es práctico(a) / elegante /deportivo(a) /
cómodo(a).
*(It is practical / elegant / sporty /
comfortable.)*

¿QUÉ TIPO DE CALZADO ESTÁ DE MODA?

Los tenis y los zapatos con plataforma.

las botas de motorista

los zapatos bajos

las botas tejanas

los zuecos

los zapatos
de tacón

los tenis

237

CALZADOS DANDY

MODA PARA LOS PIES

Te presentamos unas botas Dandy.
Te llevan a todos lados
y están siempre contigo.
Se llevan bien con
los trajes y con los
vaqueros rotos.
Son deportivas,
cómodas y
prácticas.
¿Las quieres
como
amigas?

También tenemos:
botas de motorista
zapatos bajos
zuecos a lunares
zapatos de tacón
sandalias floreadas

A. Haz una lista de la ropa que queda bien con el calzado del anuncio.

Los pantalones ajustados, los trajes...

B. Habla con tu compañero(a). Di por qué te gustaría o no, comprar zapatos o botas Dandy.

— *Me gustaría comprar las botas negras Dandy porque son deportivas. ¿Y a ti?*

— *A mí me gustaría comprar las botas marrones porque puedo llevarlas con mi traje nuevo.*

¿QUÉ OPINAS?

¿Por qué llevas esa ropa? Haz una lista de la ropa. Después, haz una encuesta en la clase. Usa el modelo.

Ropa	porque...	yo	la clase
la camisa a rayas	es cómoda	✓	//
el traje	es elegante		///
los vaqueros	son deportivos	✓	///
los vaqueros rotos	están de moda		

Según la encuesta, ¿cuál es la ropa más popular?
¿Y la menos?

¿SABES QUE...?

Footwear has a long history on the Spanish peninsula. Cave paintings found in Spain, dating back to 15,000 B.C., show a man wearing leather boots and a woman wearing fur boots. Throughout the ages, Spaniards have made significant contributions to shoe design. In fact, one of today's most influential shoe designers, Manolo Blahnik, was born and raised in the Canary Islands. His shoes are renowned for their originality and their fine materials.

PALABRAS EN ACCIÓN

¡VAMOS A LAS GALERÍAS!

PELUQUERÍA El Corte

BOUTIQUE MAMBO

¿Qué camisa te gusta más, ésta o ésa?

el peluquero

Quiero el pelo de punta y sin patillas.

¿Cómo me queda?

Te queda muy mal.

el traje a cuadros

la laca

las patillas

la máquina de afeitar

¿Qué corte quieres?

la camisa a rayas

el probador

el vestido floreado

la camisa a lunares

el pañuelo

el flequillo

Cortes para hombres y mujeres
Pelo rapado 2.000 pts
Corte a navaja 2.500 pts

las tijeras   la gomina   el secador

---

1 ¿Qué ves en el dibujo?

Haz una lista de los lugares y las cosas que ves en las galerías. Compara tu lista con la de tu compañero(a).

En la peluquería: las tijeras, el secador...

2 ¿Qué hacen? ¿Qué llevan?

Escoge cinco personas del dibujo. Pregúntale a tu compañero(a) qué están haciendo y qué ropa llevan.

— ¿Qué está haciendo el peluquero?
— Está cortando el pelo.
— ¿Qué ropa lleva el cliente en la peluquería?
— Lleva unos pantalones lisos y una camisa a lunares.

3 ¿Dónde estoy?

Eres un(a) cliente o empleado(a) en los lugares del dibujo. Haz tres preguntas sobre cada lugar. Tu compañero(a) tiene que adivinar dónde estás.

— ¿Dónde está el probador?
— ¿Están de rebaja las camisas sin mangas?
— ¿Cuánto cuestan los trajes a rayas?
— Estás en la Boutique Mambo.

4 ¿Qué está de moda?

Pregúntale a tu compañero(a) qué está de moda este año.

— ¿Qué está de moda?
— Los pantalones anchos, las botas de motorista, los zapatos de tacón...

5 El pelo y el aspecto

Pregúntale a tu compañero(a) cómo le gusta llevar el pelo y cómo cuida su apariencia.

— ¿Cómo te gusta llevar el pelo?
— Me gusta el pelo de punta y con mucha gomina.
— ¿Cómo cuidas tu aspecto?
— Me maquillo todos los días.

6 Miniteatro

Imagina que tu compañero(a) y tú están en una tienda de ropa o en una zapatería. Hagan un diálogo.

— ¿Cómo me quedan estos pantalones?
— Te quedan muy bien. ¿Son cómodos?
— Sí. Y me gustan porque también son deportivos.

7 La peluquería

Diseña un cartel con un anuncio para una peluquería. Describe qué cortes de pelo hacen y cuánto cuesta cada uno. Usa dibujos o fotos de revistas y periódicos.

8 Tú eres el autor

Escribe un párrafo sobre la ropa que llevas cuando hace calor y cuando hace frío.

Cuando hace calor me pongo pantalones anchos lisos, una camisa sin mangas floreada y zuecos rojos. Cuando hace frío me pongo unos pantalones vaqueros ajustados, un suéter y una chaqueta de cuero.

PARA COMUNICARNOS MEJOR
Gramática en contexto

Estructura Demonstrative pronouns

¿ÉSE ES DE LANA?

To avoid repeating nouns, we use demonstrative pronouns. These agree in gender and number with the nouns they replace.

— ¿Ese traje es de lana?	Is that suit made of wool?
— No. Ése es de algodón.	No. That one is made of cotton.
— ¿Y de qué son estas camisas?	And what are these shirts made of?
— Éstas son de lana.	These are made of wool.

☐ Demonstrative pronouns are the same as demonstrative adjectives except that the pronouns have a written accent.

Estas botas me gustan, pero aquéllas me gustan más.	I like these boots, but I like those over there better.

demonstrative pronouns

	singular			plural		
masculine	éste	ése	aquél	éstos	ésos	aquéllos
feminine	ésta	ésa	aquélla	éstas	ésas	aquéllas
	this (one)	that (one)	that (one)	these	those	those

Another way to avoid repeating a noun is to use an article with an adjective. The adjective agrees in gender and number with the noun it replaces.

— ¿Te gustan los pantalones negros?	Do you like the black pants?
— Más o menos. Me gustan más los azules.	So-so. I like the blue ones better.

☐ When the article used in the question is **un,** it becomes **uno** in the answer.

— ¿Necesitas un secador grande?	Do you need a big hair dryer?
— No. Necesito uno pequeño.	No. I need a small one.

1 ¿Éste o aquél?

Quieres comprar algo, pero no puedes decidir qué comprar.
Pregúntale a tu compañero(a).

— *¿Te gusta esta chaqueta de cuero con cremalleras?*
— *No mucho. Me gusta más aquélla con botones.*

1.

3.

5.

2.

4.

6.

2 De compras

Es el cumpleaños de un(a) compañero(a). ¿Qué le van a comprar?
Pregúntale a tu compañero(a).

— *¿Le compramos una camisa floreada?*
— *No. Una lisa le gustará más.*

1.

3.

5.

2.

4.

6.

3 En el centro comercial Isalo

Tu compañero(a) es empleado(a) en un centro comercial y tú eres
un(a) cliente. Hazle preguntas sobre las cosas que vende.

— *¿Es de lana ese pañuelo?*
— *¿Qué pañuelo? ¿El rojo o el floreado?*
— *El rojo.*
— *Ése es de lana.*

1. ¿Es de lana ese pañuelo?
2. ¿De qué talla es esa camisa sin mangas?
3. ¿Son de botones esos vaqueros?
4. ¿Esos secadores están en rebaja?
5. ¿Cuánto cuestan esas botas de motorista?
6. Ese traje, ¿es de algodón?

Estructura Uses of *ser* and *estar*

¿ES INTERESANTE MADRID?

To talk about the permanent qualities of a person, place, or thing, use the verb *ser* followed by an adjective.

— *Sí. Madrid es interesantísimo.*	Yes. Madrid is very interesting.
Mi peluquero es muy simpático.	My hairdresser is very nice.
Ese abrigo es muy práctico.	That coat is very useful.

To express qualities that might be temporary, use *estar* followed by an adjective.

Los vaqueros de botones están de moda.	The buttoned jeans are in style.

□ Many adjectives can be used with either ***ser*** or ***estar,*** depending on what the speaker intends to communicate. In general, when the verb *to be* implies looks or appearances, ***estar*** is used. Compare the following pairs of sentences.

Daniel es guapo.	Daniel is handsome.
Daniel está muy guapo hoy.	Daniel looks very handsome today.
Esos vaqueros son ajustados.	Those jeans are tight.
Esos vaqueros están rotos.	Those jeans are torn.

1 Ropa y calzado

Tu compañero(a) fue de compras. Pregúntale qué compró.

— *Ayer fui de compras y compré unos pantalones.*
— *¿Ah sí? ¿Cómo son?*
— *Son ajustados, azules y a rayas. ¡Y están de moda!*

1.

3.

5.

2.

4.

6.

¿Cómo es la ropa que usas?

¿Está de moda?

¿Es cara o barata?

¿De qué es?

¿Está vieja?

2 ¿Está de moda?

Habla con tu compañero(a) sobre la ropa.

— *¿Cómo es la ropa que usas?*
— *Es práctica y muy cómoda.*

3 ¿Cúal es su estilo?

Averigua qué estilo de ropa, de calzado y de pelo les gusta o no les gusta llevar a tus compañeros y por qué. Anota las respuestas.

¿Te gusta (n) ...?	Sí	¿Por qué?	No	¿Por qué?
los trajes	✓✓✓	son elegantes ✓✓ están de moda ✓	✓✓	no son cómodos ✓ no están en rebaja ✓
los vaqueros de botones				
los zapatos bajos				
los zuecos				
el pelo rapado				
la gomina				

Salón unisex

Peluquería La Elegante

Precios para todos:

Corte de pelo	1.800 ptas.
Corte de puntas	900 ptas.
Corte de patillas	500 ptas.
Corte de flequillo	500 ptas.
Permanente	2.500 ptas.
Reflejos	2.500 ptas.

EXTRAS

Gomina	200 ptas.
Laca	150 ptas.

Para los más exigentes:

Corte a navaja	1.300 ptas.
Pelo rapado	1.200 ptas.
Pelo de punta	2.000 ptas.
Maquillaje	700 ptas.
Hacerse las uñas	400 ptas.

 En la peluquería La Elegante

Con tu compañero(a), habla de los servicios que ofrece la peluquería
La Elegante y de los precios de cada uno.

> — *En la peluquería La Elegante te cortan el pelo a navaja.*
> — *¿Y cuánto cuesta?*
> — *Cuesta 1.300 pesetas.*

¿Qué corte quieres?

El lunes irás a la peluquería. Con tu compañero(a), habla del corte de pelo que quieres y por qué.

— *Voy a cortarme el pelo.*
— *¿Qué corte te harán?*
— *El pelo rapado, porque es muy cómodo y práctico.*

 ¡Qué bien te queda!

Con tu compañero(a) haz tres diálogos para tres lugares: una peluquería, una tienda de ropa y una zapatería. Tu compañero(a) trabaja allí y tú eres un(a) cliente.

En la peluquería
— *Buenos días, ¿cuánto cuesta maquillarse?*
— *Cuesta siete dólares.*
— *¿Y hacerse las uñas?*

En la tienda de ropa
— *Hola, ¿cuánto cuesta esa camisa?*
— *¿La floreada o la lisa?*
— *La lisa.*
— *Ésa cuesta 16 dólares.*

En la zapatería
— *Por favor, ¿están en rebaja estos zuecos?*
— *No. Éstos no están en rebaja, pero aquéllos sí.*

 Tu diario

Escribe un párrafo sobre la moda del año 2050. Explica qué tipo de ropa y diseños estarán de moda.

La moda en el año 2050 será unisex, deportiva y práctica. En ropa estarán de moda las chaquetas lisas con cremalleras y los pantalones ajustados a rayas. El pelo se llevará corto, sin patillas ni flequillo.

PARA TU REFERENCIA

exigente *demanding*
la permanente *permanent wave*
las puntas *ends*
los reflejos *highlights*
los servicios *services*

PARA RESOLVER

UNA REVISTA DE MODAS

En grupos, harán una revista de modas para jóvenes.

PASO 1 Nuestra moda

Decidan:

- *cómo se llamará la revista*
- *cómo será la moda de la revista*
- *para qué estación del año va a ser la moda*

La revista se llamará Juvenalia.
Nuestra moda será práctica y cómoda.
Saldremos con la moda de otoño.

PASO 2 Los diseños

Ahora hablen sobre:

- *el tipo de ropa*
- *los materiales que usarán*
- *los diseños*
- *los colores de moda*

Tendremos: vaqueros, chaquetas,
pantalones ajustados... La ropa será
de algodón y de cuero. Vamos a usar los
cuadros, las rayas... Los colores serán los
típicos del otoño: el marrón, el
anaranjado y el rojo.

PASO 3 Una moda muy práctica

Ahora escojan cuatro fotos o hagan cuatro dibujos para incluir en la revista. Describan la ropa, el calzado y el corte de pelo que llevarán los modelos en cada foto.

Foto 1 Ella: suéter negro. Falda de lana, a
cuadros negros y rojos. Gorra roja. Lleva el
pelo largo.

Él: camisa a rayas azules y blancas, de
algodón. Lleva el pelo corto.

PASO 4 La revista

Presenten su trabajo a los otros grupos. Toda la clase decidirá el mejor nombre para la revista y si van a incluir todas las fotos o sólo la mejor foto de cada grupo.

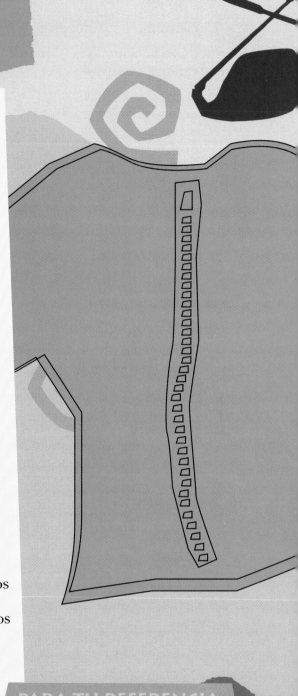

PARA TU REFERENCIA

el/la modelo   *fashion model*

¿SABES QUE...?

The casual style of dress worn by American teens is very popular with Spanish teenagers. Jeans, denim jackets, sneakers, baseball caps, and tee-shirts with American logos and slogans are seen everywhere. But sometimes young people like to dress up, too; they like to take care of their looks.

ENTÉRATE

En España hay muchas fábricas de ropa y muchos diseñadores° conocidos en todo el mundo. En joyería,° está Paloma Picasso, la hija del pintor Pablo Picasso. En ropa, están los diseños vanguardistas° de Ágatha Ruiz de la Prada. Y también está Adolfo Domínguez, quien refiriéndose a la ropa, hizo popular la frase "La arruga es bella".°

Los diseñadores españoles presentan sus colecciones en dos salones de moda:° el Salón Cibeles, en Madrid, y el Salón Gaudí, en Barcelona. A estos salones siempre vienen diseñadores de otros países.

España es también muy conocida por la calidad° y los bellos diseños de calzado y otros productos de cuero y piel, como° bolsos, cinturones y chaquetas.

TE TOCA A TI

Completa las oraciones.

1. En España hay...

2. Algunos nombres famosos son...

3. España es también muy conocida por...

4. A los salones de moda van diseñadores...

5. Los diseños de Ágatha Ruiz de la Prada son...

La arruga es bella. *Wrinkles are beautiful.*	**los diseñadores** *designers*
la calidad *quality*	**la joyería** *jewelry*
como *like*	**los salones de moda** *fashion shows*
	los vanguardistas *trend setters*

VOCABULARIO TEMÁTICO

La ropa

la camisa sin mangas
  sleeveless shirt
los pantalones ajustados
  tight pants
los pantalones anchos
  baggy pants
el pañuelo scarf
el traje suit
los vaqueros rotos torn jeans

Los diseños
Designs

a cuadros checkered
a lunares with polka dots
a rayas striped
floreado(a) flowered
liso(a) plain

El calzado
Footwear

las botas de motorista
  motorcycle boots
los zapatos bajos flats
los zapatos de tacón
  high heels
los zuecos clogs

El pelo

el corte a navaja razor cut
el flequillo bangs
las patillas sideburns
el pelo rapado crew cut
el pelo de punta spiked hair

En la peluquería
At the hairdresser's

el corte de pelo haircut
la gomina styling gel
la laca hair spray
la máquina de afeitar
  electric shaver
el/la peluquero(a) hairdresser
el secador hair dryer
las tijeras scissors

El aspecto
Appearance

afeitarse to shave
cortarse el pelo to get a haircut
cortarse las uñas
  to cut one's nails
cuidar to take care of

maquillarse to put on makeup
hacerse/pintarse las uñas
  to have one's nails done/to put
  on nail polish

Expresiones y palabras

¿Cómo me queda?
  How does it look on me?
¡Qué bien te sienta!
  It's looks great on you!
¿Qué numero usas? What
  (shoe) size do you wear?
Te queda bien/mal.
  It's looks good/bad on you.
Varias veces por...
  Several times a...
el botón button
la cremallera zipper
deportivo(a) sporty, casual
elegante elegant
la galería shopping mall
práctico practical
el probador dressing room
probarse(o>ue) to try on

LA CONEXIÓN INGLÉS-ESPAÑOL

The Spanish word ***pantalones*** is actually a cognate form for our present-day *trousers* because *trousers* were once called "pantaloons." The current English word "pants" probably comes from the same root as ***pantalones***.

How many cognates can you identify in the **Vocabulario temático**?

CAPÍTULO 10

¡Ponte en forma!

Ir al gimnasio ayuda a ponerse en forma.

Objetivos

COMUNICACIÓN

To talk about:
- ways to stay healthy
- how to stay in shape
- dealing with minor ailments

CULTURA

To learn about:
- Spain's largest sports center and school
- the nutritional content of various foods

VOCABULARIO TEMÁTICO

To learn the expressions for:
- staying healthy
- exercise and aerobic activities
- parts of the body
- how you feel

ESTRUCTURA

To talk about:
- telling a friend to do something: informal *(tú)* affirmative commands
- telling a friend not to do something: informal *(tú)* negative commands

¿SABES QUE...?

Spanish teenagers enjoy outdoor activities such as skating, jogging, and mountain biking to stay in shape. In addition, joining health clubs and attending aerobics classes is becoming increasingly popular. After school, many students play basketball, swim, do gymnastics, or participate in *fútbol sala* (a scaled-down version of soccer).

Habla con tu compañero(a).

¿CÓMO TE MANTIENES SANO(A)?
(How do you stay healthy?)

Como muchas frutas y verduras y hago ejercicio.

	Sí	No
Como muchas frutas y verduras.	❑	❑
Tomo poco café.	❑	❑
Evito las grasas. *(I avoid fatty foods.)*	❑	❑
Me alimento bien. *(I eat healthy food.)*	❑	❑
Como poca sal. *(I eat little salt.)*	❑	❑
Duermo ocho horas al día. *(I sleep eight hours a day.)*	❑	❑
Hago ejercicio. *(I exercise.)*	❑	❑
Evito el estrés. *(I avoid stress.)*	❑	❑

¿CÓMO TE MANTIENES EN FORMA?
(How do you stay in shape?)

Juego al baloncesto y hago abdominales.

jugar al baloncesto	Hacer...	escalera	
patinar	abdominales		pesas	
saltar a la cuerda	flexiones		cinta	

CUANDO NO TE SIENTES BIEN, ¿QUÉ DICES?
(When you don't feel well, what do you say?)

Tengo fiebre. *(I have a fever.)*

Tengo agujetas. *(I'm sore / I have sore muscles.)*

Me duele la cabeza. *(I have a headache.)*

Tengo catarro. *(I have a cold.)*

Me duele la garganta. *(My throat hurts.)*

Tengo gripe. *(I have the flu.)*

Y EL MÉDICO / LA MÉDICA, ¿QUÉ TE DICE?

Toma dos aspirinas. *(Take two aspirins.)*

No vayas a la escuela. *(Don't go to school.)*

Vete a casa y descansa. *(Go home and rest.)*

CONSEJOS PARA MANTENERSE SANO(A)

No tomes mucho café.

No fumes. *(Don't smoke.)*

Di no a las drogas. *(Say no to drugs.)*

No tomes bebidas alcohólicas.

Evita el estrés.

255

REALIDADES

GIMNASIO
La pesa de oro

Te ofrece clases con entrenadores especializados. Escoge la más adecuada a tus necesidades.

Aerobic Combina gimnasia y ejercicios para el corazón. Salta, corre y baila con la música, todo en una clase.

Escalera Haz ejercicio con los músculos de las piernas subiendo y bajando la escalera al ritmo de la música.

Karate Aprende defensa personal y ponte en forma con ejercicios de resistencia, fuerza, flexibilidad y coordinación en cada sesión. Esta clase incluye abdominales y flexiones.

Yoga Combina ejercicios de respiración y relajación. Excelente para evitar el estrés.

Total Haz ejercicio con todo el cuerpo. Esta clase incluye cinta, bicicleta, escalera y pesas.

Gimnasia acuática Haz ejercicios en la piscina. Si te gusta el agua, ¡ésta es tu clase!

256

A. Haz una lista de los ejercicios que puedes hacer en cada clase.

Clase de escalera: ejercicios con música para los músculos de las piernas.
Clase total: ejercicios de cinta, bicicleta, escalera y pesas para todo el cuerpo.

B. ¿A qué clases te gustaría ir? ¿Por qué? Habla con tu compañero(a).

— *A mí me gustaría ir a la clase de gimnasia acuática.*
— *¿Por qué?*
— *Porque me encanta el agua. Y a ti, ¿a qué clase te gustaría ir?*

¿QUÉ OPINAS?

¿Qué haces para mantenerte en forma? Haz una encuesta. Usa la tabla.

¿Qué haces?	yo	la clase
nadar	✓	
pesas		
jugar al béisbol		|||
jugar al fútbol		||
aeróbic		
correr		
patinar		

Según la encuesta, ¿cuál es la actividad más común? ¿Y la menos común?

257

EN EL GIMNASIO

1 ¿Qué ves en el dibujo?

Haz una lista de las partes del cuerpo que ves en el dibujo. Compara tu lista con la de tu compañero(a).

La cabeza, la rodilla...

2 ¿Qué hacen?

Escoge cinco personas del dibujo. Pregúntale a tu compañero(a) qué están haciendo.

— ¿Qué está haciendo el chico de la camiseta blanca y los pantalones azules?
— Está haciendo pesas.

3 Para mantenerse sano(a)

Dile a tu compañero(a) qué debe o no debe hacer para mantenerse sano(a).

— Evita el estrés. Aliméntate bien.

4 La salud

Pregúntale a tu compañero(a) qué hace para mantenerse sano(a).

— ¿Qué haces para mantenerte sano(a)?
— Como verduras y frutas. ¿Y tú?
— Yo no tomo mucho café.

5 El ejercicio

Pregúntale a tu compañero(a) qué hace
para mantenerse en forma.

— ¿Qué haces para mantenerte en
forma?
— Monto en bicicleta. ¿Y tú?
— Yo juego al baloncesto.

6 Miniteatro

Imagina que te sientes mal y estás en la
oficina del/de la médico(a). Crea un
diálogo con tu compañero(a).

— ¿Cómo te sientes?
— Mal. Creo que tengo fiebre.
— Sí, tienes fiebre. ¿Te duele algo?
— Sí, la garganta.
— Vete a casa y descansa.

7 Cartel

Diseña un cartel sobre el tema de la salud.
Usa dibujos o fotos de revistas y
periódicos.

8 Tú eres el autor

Haz un programa para ponerte en forma.
Describe qué tipo de ejercicio harás cada
día y durante cuánto tiempo. Presenta tu
programa a la clase.

Lunes: hacer aerobic por media
hora.
Martes: nadar en la piscina por
una hora...

PARA COMUNICARNOS MEJOR
Gramática en contexto

Estructura Informal affirmative commands

¡EVITA EL ESTRÉS!

To tell a friend to do something, you may use an informal *(tú)* affirmative command.

¡Evita las grasas!	Avoid fatty foods!

☐ Note that the *tú* command forms are the same as the present tense forms used for *usted*, *él* and *ella*.

regular informal commands

evitar	descansar	correr	dormir
evit**a**	descans**a**	corr**e**	d**ue**rme

☐ Some *tú* commands have irregular forms.

irregular informal commands

decir	**di**	ir	**ve**	poner	**pon**	ser	**sé**	venir	**ven**
hacer	**haz**	irse	**vete**	salir	**sal**	tener	**ten**		

☐ Pronouns (direct, indirect, and reflexive) must be attached to the end of the affirmative *tú* command.

Ponte en forma.	Get in shape.
Aliméntate bien.	Eat healthy food.
Vete a casa.	Go home.

1 ¡Ponte en forma!

Pregúntale a tu compañero(a) qué puedes hacer para ponerte en forma.

> —¿Qué hago para ponerme en forma?
> — Haz pesas.

1.   3.   5.

2.   4.   6.

2 ¡Mantente sano(a)!

Pregúntale a tu compañero(a) qué puedes hacer para mantenerte sano(a).

> —¿Qué hago para mantenerme sano?
> — Aliméntate bien. Come muchas verduras.

3 Consejos

En grupo, hagan una tabla de consejos para diferentes personas y situaciones.

Consejos para alguien que...	yo	Rebeca	Luis
quiere evitar el estrés	canta	baila	haz ejercicio
no puede dormir	lee un libro	pon música	toma leche
tiene catarro			
quiere evitar las grasas			
tiene agujetas			
tiene gripe			

261

PARA COMUNICARNOS MEJOR
Gramática en contexto

Estructura Informal negative commands

¡NO TOMES MUCHO CAFÉ!

To tell a friend not to do something, you may use an informal (*tú*) negative command.

*No duermas menos de
ocho horas.*

Don't sleep less than
eight hours.

To form the negative *tú* command, remove the **-o** ending from the **yo** form of the present tense and add the following endings. The ending for **-ar** verbs is **-es** and for **-er / -ir** verbs is **-as**.

negative informal commands

	tomar	llamar	comer	hacer	dormir(ue)
yo	tomo	llamo	como	hago	duermo
	no tomes	no llames	no comas	no hagas	no duermas

☐ Some verbs have irregular negative *tú* command forms.

irregular negative informal commands

dar	**no des**	ir	**no vayas**
estar	**no estés**	ser	**no seas**

☐ Pronouns (direct and indirect object pronouns and reflexive pronouns) must be placed between the **no** and the command.

*No te levantes de la cama
si te sientes mal.*

Don't get out of bed
if you are not feeling well.

262

1 **No comas muchos dulces**

Pregúntale a tu compañero(a) qué no debes hacer
en cada situación.

> — ¿Qué hago para alimentarme bien?
> — No comas muchos dulces.

1. alimentarse bien
2. ponerse en forma
3. evitar el estrés

4. mantenerse sano(a)
5. dormir bien
6. evitar las grasas

No...
comer muchos dulces
poner mucha sal en la
comida
tomar mucho café
comer muchas grasas
fumar
tomar bebidas
alcohólicas

 2 **¿Qué no debo hacer?**

Pregúntale a tu compañero(a) qué no debes hacer cuando te
sientes mal.

> — ¿Qué no debo hacer cuando estoy enfermo?
> — No hagas ejercicio.

1. estoy enfermo(a)
2. tengo catarro
3. tengo agujetas

4. me duele el estómago
5. tengo gripe
6. tengo fiebre

No...
hacer ejercicio
ir a esquiar
jugar al baloncesto
viajar
comer
ir a la escuela
salir de casa

 3 **Me duele...**

En grupo, hagan una tabla de consejos para cuando les duele
algo.

Me duele	Antonia	Claudia	Alfonso
el cuello	no salgas de casa		no vayas a la escuela
la garganta	no hables	no cantes	no tomes bebidas frías
el estómago		no comas dulces	
la rodilla la cabeza el hombro la pierna			

REFRESCO DE COLA BAJO EN CALORÍAS

Por cada 100 ml
Calorías....................0,2
Proteínas....................0,0 g
Hidratos de carbono......0,0 g
Grasas....................0,0 g
Calcio....................0,0 g

Puré de patatas

Por cada 100 gramos
Calorías.............................82
Proteínas............................2g
Hidratos de carbono.....11,8g
Grasas.................................3g
Calcio..............................0,0g

Lentejas

POR CADA 100 GRAMOS
Calorías 63
Proteínas 67g
Hidratos de carbono 9,6g
Grasas 0,29g

LANONE

Yogur natural

Por cada 100 gramos	
Calorías	61
Proteínas	3,5 g
Hidratos de carbono	4,2 g
Grasas	3,1 g
Calcio	137 mg

LANONE

Yogur descremado

Por cada 100 gramos	
Calorías	
Proteínas	44
Hidratos de carbono	4,8 g
Grasas	5,8 g
Calcio	0,1 g
	139 mg

PARA TU REFERENCIA

los alimentos	*foods*
bajo en calorías	*low in calories*
el calcio	*calcium*
descremado(a)	*fat-free*
los hidratos de carbono	*carbohydrates*
las lentejas	*lentils*
el puré de patatas	*mashed potatoes*

1 ¿Cuál tiene más?

¿Cuál de los productos tiene más calorías? ¿Y más calcio? ¿Y más hidratos de carbono? ¿Y más grasas? ¿Y más proteínas?

El puré de patatas tiene más calorías.

2 Come lentejas

Dile a tu compañero(a) qué quieres evitar y él/ella te va a aconsejar qué debes comer.

— Yo quiero evitar las grasas.
— Pues come lentejas. Tienen poca grasa.

3 Para mantenerse sano(a)

Tu compañero(a) quiere mantenerse sano(a). ¿Qué le aconsejas?

Come yogur.
No le pongas mucha sal a la comida.
Duerme ocho horas al día.
Haz ejercicio.
Evita el estrés.

4 Entrevista

Tu compañero(a) es un(una) experto(a) en nutrición. Hazle una entrevista.

— ¿Qué debo hacer para alimentarme bien?
— No tomes mucho café...

5 Tu diario

Escribe un párrafo explicando qué comes, qué ejercicio haces y cuántas horas duermes al día.

Desayuno: leche con cereales y fruta. Comida: hamburguesa con papas fritas, arroz con pollo o tacos. Cena: sándwiches de jamón o de queso, con lechuga y tomate. No voy al gimnasio, pero juego al béisbol con mis amigos. Y duermo ocho horas al día.

PARA RESOLVER

MANTENTE SANO

En grupo, van a hacer carteles con consejos para mantenerse sanos.

PASO 1 La salud
Hagan una lista de temas relacionados con la salud.

- *alimentarse bien*
- *no fumar*
- *hacer ejercicio*
- *evitar el estrés*

PASO 2 Nuestro tema
Decidan el tema del cartel que harán.

> *Nosotros haremos un cartel sobre cómo evitar el estrés.*

PASO 3 Consejos
Escriban cinco consejos relacionados con el tema que eligieron para su cartel.

- *Duerme ocho horas al día.*
- *Escucha música.*
- *Baila.*
- *Llévate bien con todo el mundo.*
- *Haz ejercicio.*

PASO 4 Las ilustraciones
Saquen fotos o hagan dibujos para ilustrar el cartel. También pueden usar fotos de revistas relacionadas con su tema.

PASO 5 Nuestro cartel
Diseñen el cartel. Decoren la clase con los carteles de todos los grupos.

PARA TU REFERENCIA

relacionados con	*related to*
elegir	*to choose*

¿SABES QUE...?

In addition to hosting marathon races, Spain became the world capital of in-line skating by sponsoring the first annual "Fiesta del patín" in Barcelona in October of 1994. More than 15,000 people participated in the 9 km race (about 4 miles) through the city streets. The event, which was non-competitive, appealed mostly to young people. More than 90 percent of the participants were under 30 years of age.

Evita el estrés

duerme ocho horas al día

escucha música●baila

llévate bien con todo el mundo

haz ejercicio

UNA ESCUELA PARA DEPORTISTAS

TE TOCA A TI

Di qué oraciones son ciertas y cuáles son falsas. Corrige las oraciones falsas.

1. El CAR no tiene instalaciones para muchos deportes.

2. El CAR tiene un centro de investigación de las enfermedades típicas de los atletas.

3. El Centro de Alto Rendimiento está en Barcelona.

4. Todos los atletas jóvenes pueden ir al CAR.

En Sant Cugat, a 30 kilómetros de Barcelona, está el Centro de Alto Rendimiento° (CAR). Aquí vienen a entrenarse° sólo los mejores atletas jóvenes. La escuela está especialmente diseñada para que los deportistas° puedan° combinar sus estudios con las sesiones de entrenamiento.° Es el único centro de España para deportistas de élite.

El CAR tiene instalaciones para tenis, gimnasia, baloncesto, natación, voleibol, taekwondo y muchos otros deportes. Hay un equipo médico que asiste° a los atletas lesionados.° También hay un centro de investigación para estudiar las enfermedades típicas de los deportistas, como el codo de tenista,° la tendonitis y las lesiones° de la rodilla.

asiste *takes care of*
el Centro de Alto Rendimiento
 High Performance Center
el codo de tenista *tennis elbow*

los deportistas *athletes*
entrenarse *to train*
el entrenamiento *training*
lesionados *injured*

las lesiones *injuries*
puedan *(they) can*

VOCABULARIO TEMÁTICO

Para mantenerse sano(a)
To stay healthy

alimentarse bien
  to eat healthy food
descansar *to rest*
dormir *to sleep*
evitar el estrés *to avoid stress*
evitar las grasas
  to avoid fatty foods
hacer ejercicio *to exercise*
no fumar *not to smoke*
no tomar bebidas alcohólicas
  not to drink alcoholic beverages

Para mantenerse en forma
To stay in shape

correr *to run*
hacer... *to do . . .*
  abdominales *sit-ups*
  aerobic *aerobics*
  bicicleta *stationary bicycle*
  cinta *treadmill*
  escalera *stair master*

flexiones *push-ups*
pesas *to lift weights*

Las partes del cuerpo
Parts of the body

la cabeza *head*
el corazón *heart*
el cuello *neck*
el estómago *stomach*
la garganta *throat*
el hombro *shoulder*
el músculo *muscle*
la pierna *leg*
la rodilla *knee*

¿Cómo te sientes?
How do you feel?

Me duele... *My . . . hurts.*
Me duele la cabeza.
  I have a headache.
¿Qué te duele?
  What's hurting you?
Tengo agujetas. *I'm sore. I have sore muscles.*

Tengo catarro. *I have a cold.*
Tengo gripe. *I have the flu.*
Tengo fiebre. *I have a fever.*

Expresiones y palabras

Di no a las drogas.
  Say no to drugs.
la aspirina *aspirin*
la bebida alcohólica
  alcoholic beverage
la droga *drug*
el ejercicio *exercise*
el estrés *stress*
evitar *to avoid*
la fiebre *fever*
la grasa *fat*
irse *to go*
la pesa *weight*
ponerse en forma
  to get in shape
la sal *salt*
la salud *health*
sano(a) *healthy*
sentirse (e>i) bien/mal
  to feel well/bad

LA CONEXIÓN INGLÉS-ESPAÑOL

The letter *x* in the word *exercise* corresponds with the letter *j* in the Spanish word *ejercicio*. There are other examples of cognates with this pattern:
ejecutivo → *executive*
ejemplo → *example*

Be on the lookout for other words in Spanish that include the letter *j*.

ADELANTE

El fútbol es el rey° de los deportes en España. Durante décadas, el fútbol ha cautivado° a los aficionados,° domingo tras° domingo. Sin embargo, poco a poco, el baloncesto se está haciendo° más y más popular, especialmente entre los jóvenes.

Mira las páginas 270 a 273. Según las fotos y los títulos, ¿cuál es el tema principal del artículo?

   a. El fútbol y el baloncesto en España.
   b. Los españoles se ponen en forma.
   c. Los Juegos Olímpicos del 92.

El fútbol forma parte de la cultura española.

los aficionados *fans*
ha cautivado *has captivated*
el rey *king*

se está haciendo *is becoming*
tras *after*

◄La selección española de fútbol es uno de los equipos más fuertes° de Europa.

◄Miles de españoles van a los estadios de fútbol cada domingo.

◄El equipo español de baloncesto ganó la medalla de plata en los Juegos Olímpicos de Los Ángeles en 1984. El baloncesto se hizo° muy popular en España. En la foto, Ferrán Martínez y Rafael Jofresa (de blanco) defienden° la selección española.

defienden *defend*
más fuertes *strongest*

se hizo *became*

El fútbol y el baloncesto en España

En España el fútbol es el deporte nacional. Todas las ciudades importantes tienen uno o más equipos de fútbol. Madrid, la capital, tiene tres equipos: el Real Madrid, el Atlético de Madrid y el Rayo Vallecano. Barcelona tiene dos: el Fútbol Club Barcelona y el Español.

El Español y el Atlético de Bilbao en un partido.▼

La Liga° y sus divisiones

Los equipos de fútbol compiten° en la Liga Nacional. Hay varias divisiones. La Primera División es la mejor. Generalmente cada equipo juega un partido por semana. Al final de la temporada, el equipo que queda primero° gana la Liga. Los dos equipos que quedan últimos bajan° a la división inferior. Los dos primeros equipos de las divisiones inferiores suben a la división superior.

▲**Después del fútbol, el baloncesto es el deporte más popular de España.**

El auge° del baloncesto

El baloncesto es cada día más popular, especialmente entre los jóvenes. En algunas ciudades, como en Vitoria (al norte, en el País Vasco), el equipo de baloncesto local es más importante que el de fútbol. Como en el fútbol, el baloncesto también tiene una liga nacional, que se llama ACB (Asociación de Clubs de

el auge *rise*
bajan *drop*
compiten *compete*

la Liga *League*
queda primero *in first place*

Baloncesto). Tres de los equipos más fuertes de la ACB son el Barcelona, el Joventut de Badalona y el Real Madrid.

Los jugadores extranjeros

Cada equipo de fútbol puede tener hasta cuatro jugadores no europeos (no de la CEE),° pero sólo pueden jugar tres de ellos en cada partido. En baloncesto, cada club puede tener un máximo de tres jugadores no españoles. Muchos de los jugadores extranjeros de la Liga de Baloncesto española son estadounidenses. También hay muchos jugadores croatas y rusos.°

▲ Hay muchos jugadores extranjeros que juegan en las ligas españolas de fútbol y baloncesto. El danés° Michael Laudrup (a la izquierda) es uno de ellos. Juega con el Real Madrid.

ACORRALADO

El Mundo Deportivo

FUNDADO EN 1906

DELAPEÑA
23
Kappa

Reunión Lorenzo Sanz - Minguella en el Bernabéu

El Madrid inicia la ofensiva por De la Peña, pero el jugador insiste en triunfar en el Barça

SANZ: "Si podemos asumir sus condiciones, lo intentaremos"

Núñez quiere pr el Cente en el S

ENCUESTA EXCLUSIVA
¿Quién es el responsable de la situación de Iván?

CRUYFF 55,40%   ENTORNO 28,20%   EL JUGADOR 11,6%

Don Piso
Exactamente lo que necesita
LA GARANTÍA DEL LÍDER
Llámenos
30 6 90 90

Fútbol
Real y Atlético quieren parar la guerra de técnicos

Espanyol / Copa del Rey
Urzaiz encarrila la eliminatoria en Leganés (0-1)

Basket / Liga Europea
A por el primer triunfo fuera del Palau

EL SÁBAD

Llévate Prosined Y el domingo A

▲ Los periódicos deportivos son muy populares en España. *El Mundo Deportivo* es el más antiguo. Se fundó a finales del siglo XIX.

Los periódicos deportivos

En España hay muchos periódicos de deportes. Muchos de estos periódicos venden más ejemplares° diariamente° que los demás periódicos. Los periódicos deportivos más famosos son *Marca* y *El Mundo Deportivo*.

Los deportes en España

Aquí tienes una tabla de los deportes más populares en España.

1.	fútbol
2.	baloncesto
3.	balonmano
4.	hockey sobre patines
5.	ciclismo
6.	motociclismo
7.	tenis
8.	atletismo
9.	golf
10	voleibol
11.	judo
12.	gimnasia
13.	natación
14.	hockey sobre hierba°

la CEE *EC (European Community)*
danés *Danish*
diariamente *daily*

los ejemplares *copies*
el hockey sobre hierba *field hockey*
rusos *Russian*

273

DESPUÉS DE LEER

❶ Los deportes aquí y allá

Según el artículo, ¿qué diferencias o similitudes hay entre los deportes de España y de Estados Unidos?
Haz una tabla; sigue el modelo.

	ESPAÑA	ESTADOS UNIDOS
el deporte más popular	el fútbol	
hay varias divisiones	sí	
la primera división es la mejor	sí	
los equipos tienen jugadores extranjeros	sí	

❷ Todo tipo de deportes

Haz una lista de los diez deportes que más te gustan. Piensa en una manera de organizarlos en categorías. Después, explica a tus compañeros qué tipo de deportes te gusta más y por qué.

❸ ¿Cuál es la pregunta?

En grupos, escriban cinco preguntas sobre el artículo. Anoten las respuestas en un papel. Lean las respuestas a otro grupo. Tienen que adivinar cuál es la pregunta.

- Los grupos ganan un punto cuando adivinan la pregunta.
- Si un grupo no la adivina, pierde un punto.

❹ Compruébalo

Según el artículo, di cuáles de las siguientes oraciones son ciertas o falsas. Corrige las oraciones falsas.

1. El baloncesto es el deporte más popular en España.
2. En España hay periódicos sólo de baloncesto y fútbol.
3. En teoría, los equipos de la primera división son mejores que los equipos de la segunda división.
4. En España el fútbol americano es muy popular.
5. En España algunos jugadores de los equipos de fútbol son extranjeros.

TALLER DE ESCRITORES

1. ENTREVISTA

Prepara una lista de ocho preguntas que te gustaría hacerle a tu deportista favorito(a). Después, con tu compañero(a), imaginen que son un(a) reportero(a) y un(a) deportista. Hagan la entrevista.

> R: ¿Cómo se mantiene usted en forma, señor Jordan?
>
> D: Todos los días hago ejercicio.
>
> R: ¿Hace abdominales?
>
> D: ¡No! ¡Nunca! No me gustan.

2. UNA FIESTA ORIGINAL

Imagina que irás a una fiesta de disfraces° muy especial: ¡el disfraz más horrible ganará un premio! Piensa en un diseño original y en colores que no están de moda. ¡No te olvides del peinado y del maquillaje! Describe tu disfraz en cinco oraciones (más o menos) y preséntalo a la clase.

> Llevaré un disfraz de los años sesenta. La camisa tendrá muchos colores...

3. ¿CÓMO PODEMOS AYUDAR?

Haz una lista de cuatro maneras de ayudar a otros a mantenerse sanos y ponerse en forma.

PROBLEMA	SOLUCIÓN
En la escuela, muchos estudiantes no están en forma.	hacer diez minutos de gimnasia con música todos los días, después de clase
Algunos estudiantes fuman.	poner carteles en la escuela explicando por qué fumar es malo para la salud

---

el disfraz (los disfraces) *costume(s)*

PRÁCTICO Y DE MODA

El cuero está en todas partes. Fíjate en° los zapatos, botas, chaquetas, bolsos, mochilas, riñoneras,° pulseras,... ¡los artículos más prácticos casi siempre son de cuero!

TE TOCA A TI

En los mercados y tiendas de España, puedes encontrar todo tipo de artículos de cuero. Muchos de estos artículos están hechos a mano. Con las herramientas° apropiadas° y un poco de imaginación, tú también puedes hacer algo para ponerte. Aquí haremos una riñonera para llevar tu dinero y tus cosas de una forma cómoda y segura.°

Materiales

- cuero
- tijeras
- un sacabocados°
- clavos gruesos°
- una cuchilla°
- un martillo°
- un compás
- un lápiz de color
- cuatro tiras° de cuero: dos de 18" y seis de 10" (puedes comprarlas o hacerlas tú)
- papel
- el patrón

PATRÓN° PARA UNA RIÑONERA

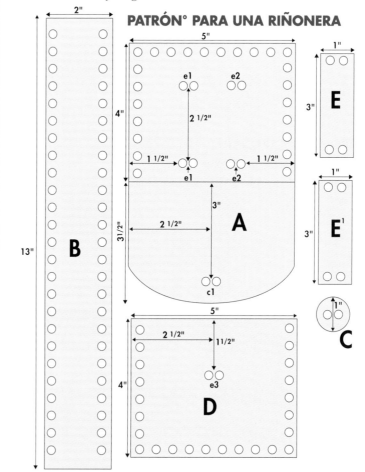

apropiadas *appropriate*
los clavos gruesos *thick nails*
la cuchilla *blade*
fíjate en *pay attention to*

las herramientas *tools*
el sacabocados *hole puncher*
el martillo *hammer*
el patrón *pattern*

las riñoneras *pouches*
segura *safe*
las tiras *strings*

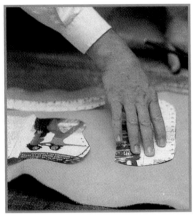

1 Con un papel haz el patrón. Copia las partes A, B, C, D, E y E¹ del modelo que ves en la página anterior (más grande, por supuesto). Pon el patrón sobre el cuero y márcalo con un lápiz. No te olvides de marcar todos los agujeros.°

2 Con las tijeras recorta el patrón de cuero. Marca todos los agujeros con un clavo y un martillo.

3 Con el sacabocados o el martillo y los clavos, haz los agujeros.

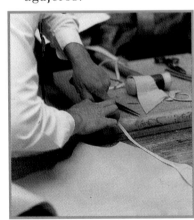

4 Si compraste las tiras de cuero, ve al paso 5. Si no las compraste, puedes hacerlas tú. Marca con el compás cuatro tiras en el cuero, dos largas (más o menos de 18") y seis cortas (de 10"). Después córtalas con la cuchilla.

los agujeros *holes*
el nudo *knot*

5 Pon C sobre A, haciendo que los aqujeros c queden sobre los agujeros c1. Pasa una de las tiras cortas por los agujeros y haz un nudo° en la parte de atrás. Pon E sobre A, haciendo que los agujeros e queden sobre los agujeros e1. Pasa una de las tiras cortas por cada par de agujeros y haz un nudo en la parte de atrás. Repite el mismo procedimiento con F.

6 Con una de las tiras largas, une A y B. Con otra tira larga une AB y C. Para cerrar la riñonera, pasa una de las tiras cortas por los agujeros d, dejando suficiente tira libre para hacer un ojal por el que pasará C a manera de botón. ¡Ya tienes tu riñonera! Póntela en el cinturón.

OTRAS FRONTERAS

CINE

UNA JOVEN ACTRIZ DEL CINE ESPAÑOL

Aitana Sánchez-Gijón es una joven actriz española. Su primera aparición fue en una serie de televisión en España. Luego interpretó varias obras de teatro y empezó a trabajar en el cine con los mejores directores y actores españoles y europeos. En 1994, el director mexicano Alfonso Arau la escogió para actuar, junto a Keanu Reeves, en *Un paseo por las nubes*. Los expertos opinan que Aitana tiene un gran futuro en el cine norteamericano.

- ¿Por qué conoce el público americano a Aitana Sánchez-Gijón?
- ¿Dónde empezó su carrera como actriz?

ARTE

LA IMAGEN DEL TORO° EN LA PINTURA ESPAÑOLA

La imagen del toro aparece constantemente° en el arte español. Francisco de Goya, el gran pintor español del siglo XIX, pintó cientos de toros en sus cuadros. En el centro de *Guernica*, la gran obra de Picasso, también hay un toro. Hoy día, muchos jóvenes pintores españoles siguen esta tradición de incluir toros en sus obras. Ignacio Burgos es uno de ellos. Su pintura es expresionista.

- ¿Quién es Ignacio Burgos?
- ¿Conoces alguna obra de arte que incluye un toro? ¿De quién es?

aparece constantemente *appears constantly*
el toro *bull*

ASTRONOMÍA

Las Islas Canarias y su observatorio

Las Islas Canarias están al oeste de la costa africana. Aunque están a 1.500 kilómetros de la Península Ibérica, forman parte de España. Este archipiélago° tiene siete islas principales, de origen volcánico. Durante todo el año el clima es primaveral.

La isla de La Palma está al noreste del archipiélago. Allí está el observatorio astronómico más grande del hemisferio norte. Este observatorio se construyó en la montaña más alta de la isla, el Roque° de los Muchachos.

- ¿Dónde están las Islas Canarias?
- ¿Qué hay en la isla de La Palma?

TECNOLOGÍA

Un laboratorio en las estrellas

¡Llegaron los terrestres!

España es uno de los 13 países que están participando en la construcción de una estación en el espacio. Cada país construye una parte de esta estación en la Tierra y luego, cada parte se llevará al espacio.

En la estación habrá un laboratorio para hacer investigaciones médicas e industriales. El laboratorio funcionará con energía solar. En la estación también habrá habitaciones para seis astronautas de los países participantes. Esta estación espacial internacional se terminará de construir en el año 2002.

- ¿Cuántos países participan en la construcción de esta estación espacial?
- ¿Qué tiene que hacer cada país?

el archipiélago *archipelago (group of islands)*
el roque *rook, castle*

UNIDAD 6

ESTADOS UNIDOS

ESPAÑOL POR TODAS PARTES
En la unidad 6:

Capítulo 11   **Servicios a la comunidad**

Capítulo 12   **Las ventajas de ser bilingüe**

Adelante   **Para leer:** ¡Qué suerte ser bilingüe!
Proyecto: Su vida en fotos
Otras fronteras: Cultura, sociedad, teatro y arte

Desfile del Día de la hispanidad en Nueva York.

A community is like a family with a common goal—to help each other achieve a better life and brighter future. In the United States many young people use their ability to speak both Spanish and English to help their communities.

In this unit, you will meet some young bilingual volunteers who help at health clinics, summer camps, and day-care and senior citizen centers. From them, you can learn how to help your community and even plan for your future. Your growing ability to communicate in both English and Spanish will be a great asset.

There are many career choices for people who speak both Spanish and English. Self-evaluation will help you identify the ones that might suit you.

You will close the unit by getting some tips on how to become bilingual. Finally, you will create a photo essay about a day in the life of a bilingual professional. Perhaps this will inspire you to think about including Spanish in your own career goals. *¡Español por todas partes!*

CAPÍTULO 11

SERVICIOS A LA COMUNIDAD

Estas jóvenes limpian un parque.

Objetivos

COMUNICACIÓN

To talk about:
- what services are offered in your community
- what you can do to help your community
- what the needs of your community are

CULTURA

To learn about:
- activities in typical community centers of the U.S.
- special volunteer activities that teenagers can perform
- the Nuyorican Poet's Café

VOCABULARIO TEMÁTICO

To learn the expressions for:
- types of community centers
- volunteer activities
- community residents who receive assistance

ESTRUCTURA

To talk about:
- what needs to be done: expressions with the subjunctive
- what we can do together to help out: *nosotros* commands

¿SABES QUE...?

Parks are natural treasures for recreational or aesthetic enjoyment. The U.S. National Park System administers 354 sites nationwide. In addition, there are about 3,300 state parks and thousands of local parks in towns and cities around the country. New York City alone has 1,700! Since parks are for everyone to use and enjoy, all visitors should do their part to preserve the beauty of these areas. Sometimes, volunteers are needed to help collect litter, sweep paths, trim weeds, or otherwise contribute to the well-being of these important community assets. Call your local parks commission if you want to help!

CONVERSEMOS

Habla con tu compañero(a).

¿QUÉ HAY EN TU VECINDARIO?

Un centro comunitario y una guardería.

- □ la residencia de ancianos
  (*senior citizen home*)

- □ el centro deportivo
  (*sports center*)

- □ el centro recreativo
  (*recreation center*)

- □ el centro comunitario
  (*community center*)

- □ la guardería
  (*day-care center*)

- □ el centro de reciclaje
  (*recycling center*)

- □ el centro de jubilados
  (*recreation center for senior citizens*)

- □ la clínica
  (*clinic*)

¿QUÉ SERVICIOS OFRECEN?

La guardería cuida a los niños.
[The day-care center takes care of the children.]

ayuda a...
el/la anciano(a) (*senior citizen*)

la gente sin hogar (*homeless people*)

enseña... (*teaches . . .*)
inglés (*English*)

cerámica (*ceramics*)

baile (*dancing*)

pintura (*painting*)

ofrece... (*offers . . .*)
atención médica a los enfermos
(*medical assistance to the sick*)

servicios de traducción
(*translation services*)

actividades para los adolescentes
(*activities for teenagers*)

¿CÓMO PUEDES AYUDAR EN TU COMUNIDAD?

Puedo cuidar niños y pintar murales.

enseñar danza o cerámica
(*to teach dancing or ceramics*)

visitar a los enfermos
(*to visit the sick*)

entrenar a los adolescentes
(*to coach teenagers*)

enseñar pintura
(*to teach painting*)

pintar murales
(*to paint murals*)

repartir donativos
(*to distribute donations*)

¿QUÉ SE NECESITA EN TU VECINDARIO?

Se necesitan más basureros y menos pintadas.

Más...		Menos...	
	el basurero		la pintada
	la zona verde		el ruido
	el semáforo		la contaminación
	el mural		el tráfico
	el contenedor		

CUANDO QUIEREN AYUDAR EN SU COMUNIDAD, ¿QUÉ DICEN?

Reciclemos. *(Let's recycle.)*

Seamos buenos ciudadanos(as).
(Let's be good citizens.)

Mantengamos los parques limpios.
(Let's keep the parks clean.)

Trabajemos de voluntarios(as).
(Let's volunteer.)

REALIDADES

¡TÚ TAMBIÉN PUEDES AYUDAR!

Acción Latina
Folleto mensual. Número 234

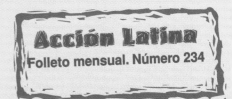

LOS VOLUNTARIOS DEL MES

Éstos son algunos de los voluntarios más sobresalientes del mes.

Daisy García, 16 años. Trabaja en un campamento de verano para niños. Dice Daisy: "Me gusta mucho trabajar al aire libre. Es importante divertir a los chicos, pero también es necesario que te hagas respetar".

Sylvia Rodríguez, 15 años. Es voluntaria en un centro de jubilados. Dice Sylvia: "Yo antes ayudaba a mi abuela. Esta experiencia me sirve ahora para ayudar a los ancianos del centro. Yo creo que es muy importante que la gente se sienta útil".

Rafael Díaz, 17 años. Ayuda en un centro de reciclaje. Dice Rafael: "Me interesa mucho el medio ambiente. Es necesario que lo cuidemos y que reciclemos el vidrio, el aluminio y el papel. Así me siento útil a mi comunidad".

Se necesitan voluntarios

Necesitamos jóvenes voluntarios(as), entre 14 y 18 años de edad, para que trabajen en la comunidad. Es necesario que hablen español. Es mejor que tengan experiencia en alguno de estos trabajos:

▶ cuidar niños

▶ enseñar inglés, informática, pintura o matemáticas

▶ organizar actividades para niños

▶ reciclar papel, aluminio, plástico y vidrio

▶ atender a los enfermos y a los ancianos

▶ repartir ropa y comida a la gente sin hogar

▶ enseñar deportes a niños

▶ plantar árboles

Si alguna vez trabajaste en alguna de estas cosas, llama al 555-0101. ¡Tú también puedes ayudar en tu comunidad!

A. ¿Qué dicen los(as) voluntarios(as) sobre sus trabajos?

Daisy dice que es importante divertir a los chicos y que...

B. Con tu compañero(a), habla de los trabajos de los voluntarios de Acción Latina. Di dónde te gustaría trabajar y por qué.

— *¿Dónde te gustaría trabajar?*
— *En un centro deportivo.*
— *¿Por qué?*
— *Porque me gusta entrenar a los niños.*

¿QUÉ OPINAS?

¿Qué se necesita en tu comunidad? ¿Qué opinas tú? ¿Qué opina la clase? Haz una encuesta. Usa el modelo.

se necesita	yo	la clase
organizar actividades culturales	✓	////
entrenar a los adolescentes		XXX //
pintar murales		
reciclar		
repartir ropa y comida a la gente sin hogar		
ayudar a los enfermos y a los ancianos		
cuidar niños		
organizar actividades deportivas		

Según la encuesta, ¿qué es lo que más se necesita? ¿Y lo que menos se necesita?

PALABRAS EN ACCIÓN

EN EL VECINDARIO

CENTRO RECREATIVO
El salón

SE NECESITAN VOLUNTARIOS PARA ENSEÑAR BAILE

Centro comunitario **EL SOL**

la pintada

Mantengamos las calles limpias.

el mural

Quiero trabajar de voluntario.

¿Quieres ayudar a pintar un mural?

el basurero

la escoba

¿Te gustaría entrenar a adolescentes para jugar al baloncesto?

¡Claro que sí!

el contenedor

aluminio   papel   plástico   vidrio

---

1 ¿Qué ves en el dibujo?

Haz una lista de las cosas que ves en el vecindario. Compara tu lista con la de tu compañero(a).

El contenedor para vidrio, el semáforo...

2 ¿Qué hacen?

Escoge cinco personas del dibujo. Pregúntale a tu compañero(a) qué está haciendo cada una.

— *¿Qué está haciendo la chica de la camisa verde?*
— *Está pintando un mural.*

3 Los voluntarios

Lee los carteles en voz alta. Pregúntale a tu compañero(a) para qué necesitan voluntarios en cada lugar.

— *¿Para qué necesitan voluntarios en el centro recreativo?*
— *Para enseñar a bailar.*

4 En tu comunidad

Pregúntale a tu compañero(a) qué se necesita en su comunidad o en su escuela.

— *¿Qué se necesita en tu comunidad?*
— *Se necesitan más zonas verdes, más semáforos y menos pintadas.*

el semáforo

Residencia La Flor

Se necesitan voluntarios para atender a los ancianos.

Guardería La Rosa

SE NECESITAN VOLUNTARIOS PARA CUIDAR A LOS NIÑOS.

CLÍNICA SANTA ANA

Se necesitan voluntarios para repartir regalos a los enfermos.

la zona verde

Trabajemos de voluntarios.

la anciana

5 Seamos buenos ciudadanos

Habla con tu compañero(a) sobre lo que hace para ser un(a) buen(a) ciudadano(a).

— *¿Qué haces para ser un buen ciudadano?*
— *Yo reparto ropa y comida a la gente sin hogar. ¿Y tú?*

6 Miniteatro

Imagina que tu compañero(a) y tú quieren ser voluntarios en un centro recreativo para adolescentes. Hagan un diálogo.

— *Me gustaría trabajar de voluntario en un centro recreativo.*
— *A mí también. ¿Cómo podemos ayudar?*
— *Podemos entrenar a los adolescentes para jugar al béisbol.*

7 El centro comunitario

Diseña un cartel para un centro comunitario. Describe qué servicios ofrece y qué tipo de ayuda se necesita. Usa dibujos o fotos de revistas y periódicos.

8 Tú eres el autor

Escribe en un párrafo sobre lo que hace tu escuela para ayudar a la comunidad.

En mi escuela hay varios grupos de voluntarios. Un grupo recoge ropa y donativos para la gente sin hogar. Otro grupo visita a los enfermos de la clínica y otro enseña inglés. En mi escuela se recicla papel, vidrio, aluminio y plástico.

PARA COMUNICARNOS MEJOR

Gramática en contexto

Estructura The present subjunctive

ES IMPORTANTE QUE AYUDEMOS

To express what needs to be done, or to make suggestions or recommendations, you may use *es* and an adjective followed by *que* and a form of the present subjunctive.

Es necesario que ayudemos a los ancianos.	It is necessary that we help senior citizens.

☐ Common expressions with *es* and an adjective are:

es importante	**es necesario**
es increíble	**es mejor**

☐ Note that the subjunctive form is usually introduced by *que*.

Es importante que David nos ayude.	It is important that David help us.

☐ To form the present subjunctive, drop the *-o* of the *yo* form of the present indicative and add the appropriate endings.

	ayudar (to help)	comer (eat)	repartir (to deliver/to give out)
yo	ayud**e**	com**a**	repart**a**
tú	ayud**es**	com**as**	repart**as**
usted	ayud**e**	com**a**	repart**a**
él/ella	ayud**e**	com**a**	repart**a**
nosotros(as)	ayud**emos**	com**amos**	repart**amos**
vosotros(as)	ayud**éis**	com**áis**	repart**áis**
ustedes	ayud**en**	com**an**	repart**an**
ellos/ellas	ayud**en**	com**an**	repart**an**

Verbs ending in *-car (sacar)*, *-ger (recoger)* and *-zar (organizar)* have a spelling change in all forms of the subjunctive.

sacar → *saque...*
recoger → *recoja...*
organizar → *organice...*

☐ Note that verbs with irregular *yo* forms follow the same rule.

decir (yo digo) → **diga, digas, diga, digamos, digáis, digan.**

hacer (yo hago) → **haga...**

mantener (yo mantengo) → **mantenga...**

☐ Other verbs have irregular present subjunctive forms.

dar → **dé, des, dé, demos, deis, den.**

ser → **sea, seas, sea, seamos, seáis, sean.**

☐ The subjunctive form of *hay* is *haya*.

Las tareas de los voluntarios

Tú trabajas con los voluntarios de un centro comunitario. Diles qué tareas tienen que hacer según los días de la semana.

Los lunes es necesario que enseñen cerámica a los niños.

1. enseñar cerámica a los niños
2. repartir comida a la gente sin hogar
3. limpiar el parque
4. visitar a los enfermos que están en el hospital
5. atender a los ancianos
6. recoger donativos

 ¡Es increíble!

Con tu compañero(a), haz una lista de actividades que algunas personas hacen o no hacen y que no son buenas para la comunidad.

Es increíble que algunas personas...

- *no reciclen*
- *hagan pintadas*
- *no usen los basureros*

 En nuestro vecindario

En grupo hagan una encuesta sobre lo que se necesita en su vecindario.

Es importante que...

Alicia	Julio	Mabel
haya más zonas verdes	los centros recreativos organicen actividades deportivas para los adolescentes	todos mantengamos las calles limpias

Presenta los resultados a la clase.

Alicia dice que es importante que haya más zonas verdes. Julio piensa que es importante que los centros recreativos organicen actividades deportivas para los adolescentes. Mabel dice que es importante que todos mantengamos las calles limpias.

Estructura *Nosotros* commands

¡RECICLEMOS!

To tell a friend to do something with you, use a *nosotros* command.

¡Organicemos actividades culturales!	Let's organize cultural activities!

☐ The **nosotros** command uses the same form as the **nosotros** form of the present subjunctive.

-ar (verbs)	-er / -ir (verbs)
ayud**emos** *(let's help)*	dig**amos** *(let's say)*
recicl**emos** *(let's recycle)*	manteng**amos** *(let's keep)*

Note that when *nos* is attached to the command form, the -s of the command is dropped and an accent is added.

Levantémonos antes de las siete.

☐ Pronouns (direct object pronouns, indirect object pronouns, reflexive pronouns) are attached to the end of an affirmative command.

Hablemos con los voluntarios y digámosles que queremos ayudar.	Let's talk to the volunteers and let's tell them that we want to help.

☐ With negative commands, the pronouns are placed directly before the verb.

No les digamos eso.	Let's not tell them that.

¡Ayudemos a todo el mundo!

Con tu compañero(a), haz planes para trabajar de voluntario durante el fin de semana.

> — *Este fin de semana me gustaría visitar a los enfermos.*
> — *¡Sí, visitémoslos!*

1. visitar a los enfermos
2. ayudar a la gente sin hogar
3. cuidar a los niños
4. entrenar a los adolescentes
5. atender a los ancianos
6. enseñar pintura a los niños

 ¡Mejoremos nuestro vecindario!

Con tu compañero(a), digan qué pueden hacer por su vecindario.

> — *¡No hagamos pintadas!*
> — *No, no las hagamos.*

1. no hacer pintadas
2. mantener las calles limpias
3. reciclar el aluminio, el papel, el plástico y el vidrio
4. pintar murales
5. visitar a los enfermos
6. cuidar las zonas verdes

 Los buenos ciudadanos

En grupo, hagan una encuesta sobre lo que dicen los buenos ciudadanos.

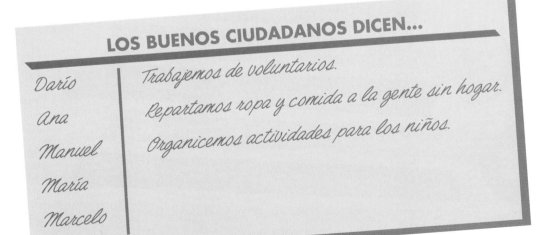

LOS BUENOS CIUDADANOS DICEN...

Darío	Trabajemos de voluntarios.
Ana	Repartamos ropa y comida a la gente sin hogar.
Manuel	Organicemos actividades para los niños.
María	
Marcelo	

SITUACIONES

SEAMOS MEJORES CIUDADANOS

LAS 10 REGLAS DE ORO DE LOS BUENOS CIUDADANOS

1. RECICLEMOS PAPEL, VIDRIO, ALUMINIO Y PLÁSTICO.

2. AYUDEMOS A NUESTRA COMUNIDAD.

3. MEJOREMOS NUESTRO VECINDARIO.

4. NO HAGAMOS PINTADAS.

5. RESPETEMOS LOS SEMÁFOROS.

6. NO CREEMOS CONTAMINACIÓN.

7. CUIDEMOS LAS ZONAS VERDES.

8. TRABAJEMOS DE VOLUNTARIOS.

9. NO HAGAMOS RUIDO INNECESARIO.

10. MANTENGAMOS LAS CALLES LIMPIAS.

Los buenos ciudadanos

Con tu compañero, digan tres cosas que deben hacer para ser buenos ciudadanos.

— *Debemos mantener las calles limpias.*
— *Sí, mantengámoslas limpias.*

 Los voluntarios

Con tu compañero(a), habla de por qué es importante que trabajen de voluntarios.

— *¿Por qué es importante que trabajemos de voluntarios?*
— *Porque es importante que nos sintamos útiles.*

 Entrevista

Tu compañero(a) es el/la director(a) de un centro comunitario. Hazle una entrevista.

— *¿Qué servicios ofrece el centro?*
— *Nuestro centro organiza actividades culturales y deportivas. Ofrece servicios de traducción. También tiene una guardería.*

— *¿Cuántas personas trabajan en el centro?*
— *En el centro trabajan 55 personas.*

 Tu diario

Escribe en tu diario sobre qué es necesario que hagan tus amigos y tú por el vecindario y la comunidad.

En nuestro vecindario es necesario que usemos más los basureros, que no creemos contaminación y que respetemos los semáforos.

En nuestra comunidad es necesario que seamos voluntarios en los centros comunitarios.

¿SABES QUE...?

You can do volunteer work at many places in your community. Parks, museums, day-care centers, libraries, hospitals, community centers, churches, and other places often need volunteers to help them serve the public. For information, you can ask the reference librarian at your local library, call your town or city administration offices, look at bulletin boards in churches or schools, or check the newspaper classified ads. If you live in an area with a large Hispanic population, you may want to practice your language skills by volunteering for an organization or group that works mostly with Spanish speakers.

PARA TU REFERENCIA

innecesario
unnecessary
mejoremos
let's improve
las reglas de oro
golden rules

PARA RESOLVER

¿QUÉ SERVICIOS OFRECE TU COMUNIDAD?

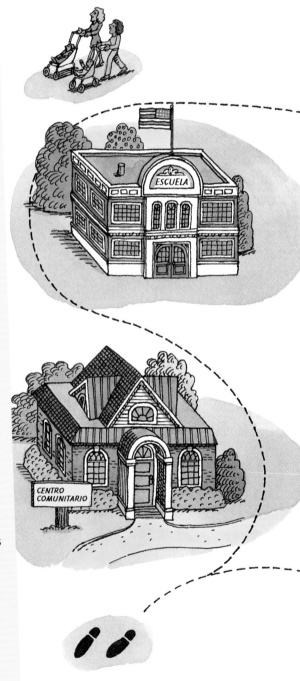

En grupo, van a hacer un estudio de los servicios que ofrecen los diferentes centros de su comunidad. Cada grupo escogerá un centro. Después dirán a los otros grupos por qué es importante que trabajen de voluntarios para el centro que han escogido.

PASO 1 ¿Qué centro estudiarán?

Hagan una lista de los centros que hay en su vecindario para ayudar a la comunidad. Decidan qué centro estudiarán.

> *Los centros que hay en nuestro vecindario son: un centro recreativo, una clínica...*

> *Nuestro grupo ha decidido estudiar los servicios que ofrece el centro recreativo.*

PASO 2 Las entrevistas

Preparen una lista de preguntas para un(a) empleado(a) del centro. Incluyan:

- ¿Cómo se llama el centro?
- ¿Cuántos empleados tiene el centro?
- ¿Qué servicios ofrece?
- ¿Hay alguien que trabaje de voluntario?
- ¿Cuántas personas trabajan de voluntarios?
- ¿Qué hacen los voluntarios?
- ¿Qué podemos hacer nosotros para ayudar?
- ¿Con quién tenemos que hablar si queremos trabajar de voluntarios?

PASO 3 Los resultados

Preparen un cartel con fotos para presentar a la clase los resultados de sus entrevistas. Expliquen por qué es importante que trabajen de voluntarios para el centro que escogieron.

ENTÉRATE

UN CAFÉ PARA POETAS

El Nuyorican Poet's Café está en Loisaida° en el sureste de Manhattan. Este café fue fundado a principios° de los años 70 por el dramaturgo° Miguel Piñero y el profesor puertorriqueño Miguel Algarín. Muchos poetas y escritores latinos se reúnen en este café. El Nuyorican Poet's Café ofrece el ambiente perfecto para conversar de literatura. También van a este café para leer su poesía, poetas no latinos y escritores de todo el mundo. Pero han sido los poetas puertorriqueños los que° han hecho famoso el café. Todavía hoy, Miguel Algarín sigue° buscando talentos jóvenes de la poesía contemporánea.

TE TOCA A TI

Di si las oraciones son ciertas o falsas. Corrige las oraciones falsas.

1. Las poesías de poetas no latinos hicieron famoso el Nuyorican Poet's Café.
2. Miguel Piñero fue uno de los fundadores del café.
3. El Nuyorican Poet's Café está en Puerto Rico.
4. Escritores y poetas de todo el mundo van al Nuyorican Poet's Café.
5. En este café se lee poesía y se conversa de literatura.

a principios *at the beginning*   **los que** *those who*
el dramaturgo *playwright*   **sigue** *continues*
Loisaida *Lower East Side*

VOCABULARIO TEMÁTICO

En el vecindario

el centro comunitario
community center
el centro deportivo
sports center
el centro de jubilados
recreation center for senior
citizens
el centro de reciclaje
recycling center
el centro recreativo
recreation center
la clínica clinic
la guardería day-care center
la residencia de ancianos
senior citizen home

En la calle

el basurero garbage can
la contaminación pollution
el mural mural
la pintada graffiti
el ruido noise
el semáforo traffic light
el tráfico traffic
la zona verde green area
los contenedores trash
containers
  de aluminio aluminum
  de papel paper

de plástico plastic
de vidrio glass

¿Cómo puedes ayudar en tu comunidad?
How can you help in your community?

atender (e>ie) a los enfermos
to assist the sick
enseñar to teach
  cerámica ceramics
  a bailar dancing
  pintura painting
entrenar a los niños(as) to
coach (to train) children
mantener las zonas verdes
limpias to keep the park
areas clean
organizar actividades
deportivas to organize sport
activities
pintar murales to paint murals
repartir donativos to distribute
donations
reciclar aluminio to recycle
aluminum
trabajar de voluntario(a) to
volunteer

¿A quién?
To whom?

el/la adolescente teenager
el/la anciano(a) senior citizen
el/la ciudadano(a) citizen
el/la enfermo(a) sick person
la gente sin hogar homeless
people
el/la jubilado(a) retired
person
los/las niños(as) children

Expresiones y palabras

¡Es increíble! It is unbelievable!
la actividad deportiva
sport activity
la atención médica
medical assistance
la escoba broom
ofrecer to offer
sentirse (e>ie) útil to feel
useful
el servicio service
el trabajo job
la traducción translation

LA CONEXIÓN INGLÉS-ESPAÑOL

Sometimes finding the connection between words in Spanish and English requires a little detective work. How many cognates can you find in the *Vocabulario temático* for this chapter? Note that the Spanish word for a sick person *(enfermo)* is related to our English word *infirmary* (a place to care for the sick). The word *infirm* (weak, feeble) also exists in English.

CAPÍTULO 12

Las ventajas de ser bilingüe

Aprender español tiene muchas ventajas.

Objetivos

COMUNICACIÓN

To talk about:
- career goals, especially bilingual careers
- work conditions
- personal aptitudes
- part-time or summer jobs
- job interviews

CULTURA

To learn about:
- typical US aptitude tests
- types of bilingual careers available in the US

VOCABULARIO TEMÁTICO

To learn the expressions for:
- part-time and summer jobs for teenagers
- careers
- work conditions
- personal aptitudes

ESTRUCTURA:

To talk about:
- recommendations and advice: use of the subjunctive
- what you have done: the present perfect

¿SABES QUE...?

More than 60 percent of the high school and college students in the United States who are studying a foreign language choose Spanish. Also, an increasing number of adults are learning Spanish, either on their own or through corporate programs. Knowing Spanish has many practical advantages, since there are over 300 million *hispanohablantes* in the world with whom to work, visit, and communicate. Besides, by the year 2010, Hispanics will be the largest minority group in the United States, making Spanish an even more important and useful language to learn.

CONVERSEMOS

TU FUTURO

Habla con tu compañero(a).

¿QUÉ TE GUSTARÍA SER?

Me gustaría ser médico(a).

 (el/la) abogado(a) (*lawyer*)

 (el/la) maestro(a) (*teacher*)

 (el/la) gerente (*manager*)

(el/la) asistente social
(*social worker*)

> Todavía no
> lo sé.

¿QUÉ OPORTUNIDADES DE EMPLEO HAY PARA LAS PERSONAS BILINGÜES?

Empleos *(Jobs)*

- ☐ (el/la) traductor(a) (*translator*)
- ☐ (el/la) intérprete (*interpreter*)
- ☐ (el/la) recepcionista (*receptionist*)
- ☐ (el/la) guía de turismo (*tour guide*)
- ☐ (el/la) ejecutivo(a) (*businessman / businesswoman*)
- ☐ (el/la) consejero(a) (*counselor*)

¿QUÉ CONDICIONES DE TRABAJO VALORAS MÁS?

Valoro el prestigio y el tiempo libre.
(I value prestige and leisure time.)

- ☐ el sueldo (*salary*)
- ☐ la variedad (*variety*)
- ☐ el horario fijo (*regular schedule*)
- ☐ la independencia (*independence*)
- ☐ el horario flexible (*flexible schedule*)
- ☐ la estabilidad (*stability*)

> Todavía no lo
> he pensado.
> *(I have not thought
> about it yet.)*

¿QUÉ APTITUDES PERSONALES TIENES?

Soy una persona paciente y comunicativa.

- [ ] paciente (*patient*)
- [ ] comunicativo(a) (*communicative*)
- [ ] creativo(a) (*creative*)
- [ ] emprendedor(a) (*self-starter*)
- [ ] práctico(a) (*practical*)
- [ ] persuasivo(a) (*persuasive*)

- [ ] disciplinado(a) (*disciplined*)
- [ ] organizado(a) (*organized*)
- [ ] ambicioso(a) (*ambitious*)
- [ ] independiente (*independent*)
- [ ] honesto(a) (*honest*)

¿QUÉ EMPLEOS HAS TENIDO? ¿DÓNDE?

He trabajado de entrenador(a) en un campamento de verano.
(I've worked as a coach in a summer camp.)

(el/la) repartidor(a) (*delivery person*)

(el/la) cajero(a)
(*cashier*)

(el/la) niñero(a)
(*baby sitter*)

(el/la) conductor(a)
(*driver*)

No he trabajado nunca, pero estoy buscando trabajo.
(I have never worked, but I am looking for a job.)

UN(A) AMIGO(A) TIENE UNA ENTREVISTA DE TRABAJO. ¿QUÉ LE RECOMIENDAS?

Le recomiendo que sea paciente y que lleve una carta de recomendación.
(I recommend that he/she be patient and bring a letter of recommendation.)

que sea...	y que...
simpático(a)	cuide su aspecto
comunicativo(a)	llegue cinco minutos antes de la cita
honesto(a)	lleve su currículum

Prueba TUS APTITUDES

¿Cómo eres?

- ☐ creativo/a
- ☐ comunicativo/a
- ☐ disciplinado/a
- ☐ organizado/a
- ☐ persuasivo/a
- ☐ ambicioso/a
- ☐ emprendedor/a
- ☐ independiente
- ☐ práctico/a
- ☐ paciente
- ☐ honesto/a

¿Qué sabes hacer?

- ☐ cocinar
- ☐ hablar otro idioma
- ☐ usar la computadora
- ☐ cantar
- ☐ tocar un instrumento
- ☐ nadar
- ☐ bailar
- ☐ manejar un coche
- ☐ escribir bien

¿Qué te gusta hacer?

- ☐ dibujar
- ☐ leer
- ☐ enseñar a los niños
- ☐ cuidar animales
- ☐ hacer trabajos manuales
- ☐ trabajar en grupo
- ☐ ayudar a la gente
- ☐ escribir
- ☐ viajar
- ☐ hacer deporte

Tu futuro

¿Qué condiciones de trabajo crees que vas a valorar más?

- ☐ el tiempo libre
- ☐ la independencia
- ☐ la variedad
- ☐ la estabilidad
- ☐ el buen sueldo
- ☐ el prestigio

¿Qué otras condiciones prefieres?

- ☐ tener un horario fijo
- ☐ tener un horario flexible
- ☐ trabajar en una oficina
- ☐ trabajar al aire libre
- ☐ trabajar con los demás
- ☐ trabajar solo(a)

A. Haz tres listas: una de tus aptitudes personales, otra de las cosas que te gusta hacer y otra de las condiciones de trabajo que prefieres.

B. Según tus listas, ¿qué tipo de trabajo crees que te gustaría hacer en el futuro? ¿Por qué?

> *Creo que me gustaría trabajar para una revista o un periódico dibujando historietas porque soy una persona creativa. Me gusta dibujar y trabajar sola, y valoro la independencia.*

C. Pregúntale a tu compañero(a) qué le gusta hacer y para qué es bueno(a). Recomiéndale un trabajo.

> *— ¿Qué te gusta hacer?*
> *— Me gusta hacer ejercicio y soy bueno para los deportes. ¿Qué me recomiendas?*
> *— Te recomiendo que busques un trabajo como entrenador.*

¿QUÉ OPINAS?

¿Cuáles son las aptitudes personales que más se valoran en tu clase? Haz una encuesta. Anota los resultados en una tabla. Usa el modelo.

Valoro a las personas...	yo	la clase
creativas		//
comunicativas	✓	//////
disciplinadas		
organizadas		
persuasivas		
ambiciosas		
emprendedoras	✓	
independientes	✓	
prácticas		
pacientes		
honestas		

Según la encuesta, ¿cuáles son las aptitudes personales que más se valoran en la clase? ¿Y las que menos se valoran?

Palabras en acción

No, ¿las quieres ahora?

¿Has traído las artesanías que hicimos ayer?

el salvavidas

Sí, ya la he hecho.

¿Has hecho la ensalada?

el entrenador

la entrenadora

la cocinera

Los empleos

Haz una lista de los empleados que ves en el dibujo. Compara tu lista con las de tus compañeros(as).

El salvavidas, el entrenador...

Completa el diálogo

Escoge tres escenas del dibujo. Haz un diálogo para cada escena.

— *¿Has hecho la comida?*
— *No, no he tenido tiempo.*

3 ¿Qué trabajo te gustaría?

Con tu compañero(a), habla de qué trabajo te gustaría hacer en el campamento de verano *El Bosque* y por qué.

— *¿Qué trabajo te gustaría hacer?*
— *Me gustaría ser conductora.*
— *¿Por qué?*
— *Porque me encanta manejar.*

4 Las aptitudes personales

Pregúntale a tu compañero(a) qué aptitudes personales se necesitan tener para los empleos del dibujo.

— *¿Qué aptitudes personales necesita tener un entrenador?*
— *Necesita ser paciente y persuasivo.*

5 Los idiomas

Con tu compañero(a), habla de las ventajas de ser bilingüe.

— ¿Por qué es bueno ser bilingüe?
— Porque tienes más oportunidades de trabajo.
— ¿Qué empleos hay para las personas bilingües?
— Intérprete...

6 Miniteatro

Imagina que estás en una oficina de empleo y tu compañero(a) te está haciendo una entrevista. Creen un diálogo.

— ¿Qué empleos has tenido?
— He trabajado de recepcionista.
— ¿Dónde?
— En la oficina de un médico.

7 Una carta pidiendo empleo

Escribe una carta pidiendo empleo a la directora del campamento de verano *El Bosque*.

Señora directora:
Me gustaría trabajar de maestra en el campamento de verano El Bosque. Hace dos años que enseño matemáticas a los niños de un centro comunitario de mi vecindario. Soy una persona paciente y muy comunicativa.

8 Tú eres el autor

Escribe un párrafo sobre los trabajos que hiciste y sobre qué profesión te gustaría tener en el futuro.

Trabajé en una guardería cuidando niños. Hice este trabajo en las vacaciones de verano. En el futuro me gustaría ser médica.

307

PARA COMUNICARNOS MEJOR
Gramática en contexto

Estructura Uses of the subjunctive

TE RECOMIENDO QUE APRENDAS OTRO IDIOMA

To make recommendations or give advice, use the verb
recomendar **followed by** *que* **and the present subjunctive form of**
a verb.

Te recomiendo que busques trabajo de abogada.	I recommend that you look for a job as a lawyer.
Le recomiendo que José estudie idiomas.	I recommend that José study languages.

The endings to form the present subjunctive are added to the *yo* form of the present indicative after dropping the *-o.*

☐ Verbs ending in *-car*, *-zar*, and *-gar* have a spelling change in the present subjunctive.

present subjunctive	buscar	empezar	llegar
yo	busque	empiece	llegue
tú	busques	empieces	llegues
usted	busque	empiece	llegue
él/ella	busque	empiece	llegue
nosotros(as)	busquemos	empecemos	lleguemos
vosotros(as)	busquéis	empecéis	lleguéis
ustedes	busquen	empiecen	lleguen
ellos/ellas	busquen	empiecen	lleguen

Dile a tu compañero(a) cuáles son las condiciones de trabajo que más valoras. Pregúntale qué trabajo te recomienda.

— *En un trabajo, yo valoro la variedad. ¿Qué me recomiendas?*
— *Te recomiendo que busques un empleo de intérprete.*

Valoro...
la variedad
la independencia
la estabilidad
el sueldo
el tiempo libre
el prestigio

 Los estudios y el futuro

Dile a tu compañero(a) qué les gusta hacer a tus amigos(as). Pregúntale para qué profesión les recomienda estudiar.

— *A mi amiga le gusta ayudar a la gente con problemas.*
— *Le recomiendo que estudie para abogada.*

Le gusta...

1. ayudar a la gente con problemas
2. buscar palabras en el diccionario
3. conocer a personas famosas
4. hablar con personas de diferentes países
5. viajar
6. hacer deporte

 Aptitudes personales

En grupo, pregúntales a tus compañeros cuáles son sus aptitudes personales.

	yo	Eduardo	Teresa
comunicativo(a)	✓	✓	
paciente	✓	✓	
disciplinado(a)			
ambicioso(a)			
honesto(a)			
creativo(a)			
independiente			
organizado(a)			
emprendedor(a)			

Presenten los resultados. Una persona de otro grupo es consejera y les dice para qué trabajos son buenos.

— *Eduardo y yo somos comunicativos y muy pacientes.*
— *Les recomiendo que trabajen de asistentes sociales.*

Estructura The present perfect

¿HAS BUSCADO TRABAJO ALGUNA VEZ?

To say what you have done, use a present-tense form of *haber* followed by the past participle of another verb.

— *Sí, he buscado trabajo varias veces.*	Yes, I have looked for work several times.
— *¿Y has trabajado alguna vez?*	And have you ever worked?
— *Sí, he trabajado de cajera.*	Yes, I have worked as a cashier.

Here is the present tense of **haber**.

haber (to have)

yo	he	nosotros(as)	hemos
tú	has	vosotros(as)	habéis
usted	ha	ustedes	han
él/ella	ha	ellos/ellas	han

□ To form the past participle, add the appropriate endings to the stem of the verb.

past participle

-ar verbs: -ado		-er / -ir verbs: -ido	
buscar	busc**ado**	repartir	repart**ido**
trabajar	trabaj**ado**	tener	ten**ido**

□ Some verbs have an irregular past participle.

escribir	**escrito**	ir	**ido**
hacer	**hecho**	ser	**sido**

— *¿Has escrito tu currículum?*	Have you written your résumé?
— *Sí, ya lo he hecho.*	Yes, I have already done it.

¿Qué trabajos has tenido?

Pregúntale a tu compañero(a).

— ¿Qué trabajos has tenido?
— He sido salvavidas.
— ¿Dónde?
— En una piscina.

1. ser salvavidas
2. cuidar niños
3. ser recepcionista

4. vender juguetes
5. hacer artesanías
6. escribir cartas en la computadora

En...
una piscina
un centro comunitario
una oficina de abogados
mi casa
una guardería
un campamento de verano
el parque

 El currículum

Tu compañero(a) está buscando trabajo. Hazle las siguientes preguntas.

— ¿Has escrito tu currículum?
— Sí, ya lo he escrito.
   (No, todavía no.)

1. escribir el currículum
2. pensar cuáles son tus aptitudes
3. buscar trabajo antes

4. tener alguna entrevista
5. pensar en el sueldo que quieres ganar
6. mirar los anuncios del periódico

3 Trabajos

En grupo, haz una encuesta para averiguar qué trabajos han hecho tus compañeros(as).

	yo	Rafa	Ana	Rita
vender hamburguesas	✓	✓		
ser entrenador(a)			✓	✓
repartir periódicos				
ser niñero(a)				
ser consejero(a)				
tocar música				
ser salvavidas				

Presenten los resultados a la clase.

Rafa y yo hemos vendido hamburguesas.
Ana y Rita han sido entrenadoras.

OPORTUNIDADES DE EMPLEO PARA PERSONAS BILINGÜES

Recepcionista bilingüe
Compañía internacional de ropa busca recepcionista con experiencia en computadoras. Es necesario que sea una persona comunicativa y organizada. Inglés y otro idioma (español, francés o japonés). Jornada completa. Se ofrece buen sueldo y estabilidad. P.O. Box 5574.

Bilingüe
Oficina busca abogado/a que hable inglés y español. Es importante que trabaje bien en grupo y que sea una persona emprendedora. Se ofrece buen ambiente de trabajo y horario flexible. P.O. Box 5575.

Profesor/a de español
Escuela de bachillerato necesita profesor(a) de español para segundo año. Es importante que sea una persona comunicativa. Jornada parcial. P.O. Box 5577.

Periodista
Conocida revista busca periodista para trabajar en Latinoamérica. Es necesario que hable español y que sea independiente y creativo(a). Se ofrece variedad.
P.O. Box 5578.

Traductores
La ONU busca traductores de español a inglés y viceversa. Excelente oportunidad de trabajo para personas disciplinadas. Horario flexible. P.O. Box 5579.

Ejecutivo/a
Compañía de importación y exportación necesita ejecutivo/a. Bilingüe: inglés y español. Es necesario que pueda viajar una vez por mes a Venezuela. Buscamos a una persona ambiciosa, persuasiva y práctica.
P.O. Box 5580.

PARA TU REFERENCIA

el ambiente *environment*

el bachillerato *high school education*

la compañía *company*

importación y exportación *import-export*

japonés *Japanese*

jornada completa *full-time*

jornada parcial *part-time*

ONU (Organización de las Naciones Unidas) *United Nations*

¿Eres bilingüe?

Mira los anuncios clasificados. Haz una lista de los trabajos que puedes encontrar si eres bilingüe.

> *Recepcionista...*

 ¿Qué trabajo te gustaría?

Escoge un trabajo de la lista. Pregúntale a tu compañero(a) qué te recomienda que hagas.

> — *Me gustaría trabajar de recepcionista. ¿Qué me recomiendas que haga?*
> — *Te recomiendo que aprendas a usar bien la computadora y que estudies otro idioma.*

 Tus aptitudes

Escribe una lista de las condiciones de trabajo que más valoras y otra de tus aptitudes personales. Después decide qué trabajos son buenos para ti.

> Condiciones de trabajo: *el tiempo libre, la variedad...*
> Aptitudes: *comunicativa, creativa...*
> Buenos trabajos para mí: *profesora...*

 Entrevista

Hazle una entrevista a una persona que busca empleo.

- *¿Qué ha estudiado? ¿Dónde?*
- *¿Ha trabajado antes? ¿En qué? ¿Dónde?*
- *¿Ha escrito su currículum?*
- *¿Ha pedido cartas de recomendación?*
- *¿Qué condiciones de trabajo valora más?*
- *¿Qué sueldo quiere ganar?*

 Tu diario

Escribe una carta explicando cuáles son tus aptitudes personales, tus valores y tu experiencia de trabajo.

> *Soy una persona persuasiva y práctica. Me gusta mucho trabajar en grupo. Sé usar la computadora. Las condiciones de trabajo que más valoro son el prestigio y la variedad. He repartido paquetes, he sido niñero y he trabajado de consejero en un campamento de verano.*

PARA RESOLVER

ESTUDIOS Y PROFESIONES

En grupo, van a diseñar un cartel sobre los estudios y sobre las oportunidades profesionales que tiene una persona que ha hecho esos estudios.

PASO 1 Los estudios

Hagan una lista de estudios. Luego, escojan uno para su cartel.

Estudios: idiomas, medicina...
Nuestro cartel será sobre los idiomas.

PASO 2 Las profesiones

Hablen de los diferentes trabajos que pueden tener las personas que han hecho esos estudios.

— Una persona que ha estudiado idiomas puede trabajar de traductora o intérprete.
— Sí. Y también puede ser profesora...

PASO 3 Aptitudes personales

Ahora, describan cuáles son las aptitudes personales que hay que tener para cada trabajo.

— Para ser profesor hay que ser creativo y comunicativo. ¿Y para ser traductor?
— Tienes que ser independiente y disciplinado.

PASO 4 Las condiciones de trabajo

Hablen de las ventajas y desventajas de cada una de las profesiones anteriores.

— Los profesores pueden irse de vacaciones en verano...
— Sí, pero tienen...

PASO 5 El cartel

Diseñen el cartel con toda la información de cada profesión y decórenlo con logos y dibujos. Presenten el cartel a la clase.

Desventajas
• Poca estabilidad

Desventajas
• Poca estabilidad

Ventajas
• Se viaja mucho

GUÍA DE TURISMO

Aptitudes personales
• Paciente
• Comunicativo(a)

Desventajas
• Poca independencia

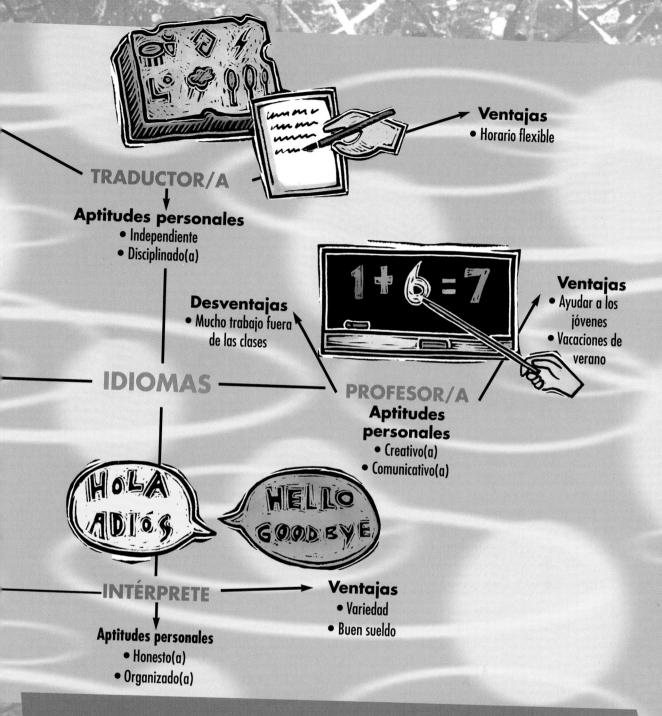

Ventajas
- Horario flexible

TRADUCTOR/A

Aptitudes personales
- Independiente
- Disciplinado(a)

Desventajas
- Mucho trabajo fuera de las clases

$$1 + 6 = 7$$

Ventajas
- Ayudar a los jóvenes
- Vacaciones de verano

IDIOMAS

PROFESOR/A

Aptitudes personales
- Creativo(a)
- Comunicativo(a)

HOLA ADIÓS

HELLO GOODBYE

INTÉRPRETE

Ventajas
- Variedad
- Buen sueldo

Aptitudes personales
- Honesto(a)
- Organizado(a)

¿SABES QUE...?

Knowing a second language can have many advantages in the job market. Some careers, such as teaching, interpreting, and translating require language usage as the primary skill. One must have a very high level of spoken and written proficiency in order to obtain these jobs. Many positions in government, educational administration, and business require the use of a foreign language as a secondary skill. There are many books and organizations that have information about language-related jobs and careers. If you are interested, obtain information at your local library or from a career counselor at your school.

ENTÉRATE

¡QUÉ ÚTILES SON LOS IDIOMAS!

Edward Powe es un estadounidense muy interesado en los idiomas. Ha estudiado nueve idiomas, entre ellos el español. Empezó estudiando estos idiomas en Estados Unidos y después viajó a los países donde se hablan para practicarlos. Ha recibido varias becas° para estudiar idiomas en el extranjero. Ha viajado a Egipto, Brasil y Colombia.

Gracias a los idiomas que conoce, Powe ha tenido muchas oportunidades de empleo. Ha sido profesor universitario de idiomas africanos en África y en Estados Unidos. También ha vivido en Colombia, trabajando de voluntario para el Cuerpo de Paz.° Y ha trabajado en África como director adjunto° de esta organización.

Hoy Edward Powe es escritor. Su propósito° es completar una serie de siete tomos° sobre la cultura de la gente que vive entre el trópico de Cáncer y el trópico de Capricornio. Hasta ahora, ha completado dos tomos.

Ahora está estudiando un décimo° idioma, el quechua, mientras prepara un viaje de investigación a la región andina para escribir el tercer° tomo de la serie.

TE TOCA A TI

1. ¿Qué ventajas ha tenido Edward Pow[e] por saber idiomas?
2. ¿Cuál es la meta del señor Powe?
3. ¿Qué está estudiando Edward Powe ahora?
4. ¿En qué países ha trabajado?
5. ¿A qué países ha viajado?

las becas *fellowships, grants*	**la meta** *goal*
el Cuerpo de Paz *Peace Corps*	**el propósito** *purpose*
décimo *tenth*	**tercer** *third*
el director adjunto *associate director*	**los tomos** *volumes*

VOCABULARIO TEMÁTICO

Los trabajos
Jobs

el/la abogado(a) *lawyer*
el/la asistente social
  social worker
el/la cajero(a) *cashier*
el/la conductor(a) *driver*
el/la consejero(a) *counselor*
el/la ejecutivo(a)
  businessman/businesswoman
el/la entrenador(a)
  trainer, coach
el/la gerente *manager*
el/la guía de turismo *tour guide*
el/la intérprete *interpreter*
el/la maestro(a) *teacher*
el/la niñero(a) *baby sitter*
el/la recepcionista *receptionist*
el/la repartidor(a)
  delivery person
el/la traductor(a) *translator*

Las condiciones de trabajo
Work conditions

la estabilidad *stability*
el horario fijo *regular schedule*
el horario flexible *flexible schedule*
la independencia *independence*
el prestigio *prestige*
el sueldo *salary*
el tiempo libre *leisure time*
la variedad *variety*

Aptitudes personales
Personal qualities

ambicioso(a) *ambitious*
comunicativo(a) *communicative*
creativo(a) *creative*
disciplinado(a) *disciplined*
emprendedor(a) *self-starter*
honesto(a) *honest*
independiente *independent*
organizado(a) *organized*
paciente *patient*
persuasivo(a) *persuasive*
práctico(a) *practical*

Expresiones y palabras

la aptitud *quality*
bilingüe *bilingual*
el campamento de verano
  summer camp
la condición *condition*
el currículum *résumé*
el empleo *job*
el futuro *future*
la oportunidad *opportunity*
recomendar (e>ie) *to recommend*
valorar *to value*

LA CONEXIÓN INGLÉS-ESPAÑOL

There is a record number of cognates in the **Vocabulario temático** of this chapter. Do you think this fact has any relationship to the theme of the chapter? Note that all the personal qualities are cognates except one: *self-starter*. Can you think of an English word meaning "self-starter" that corresponds more closely to the Spanish word **emprendedor**?

In Spanish, an **emprendedor** is someone who takes on difficult tasks. (It is related to the English word *entrepreneur*, which comes from French.)

ADELANTE

ANTES DE LEER

¿Quién dice que tienes que salir de Estados Unidos para hablar español? ¡No es verdad! Si prestas atención verás que el español está por todas partes: en los carteles de muchas tiendas, en los menús de muchos restaurantes, en periódicos y revistas, en la televisión y la radio... ¡Practícalo!

Mira las fotos de las páginas 318 a 321. ¿Qué tienen en común estas fotos? ¿Dónde más puedes encontrar el español? ¿Se escucha el español en la comunidad donde vives?

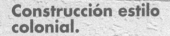

Construcción estilo colonial.

◀En Estados Unidos hay muchos canales de televisión en español. Univisión es uno de ellos.

★ MENÚ DEL DÍA ★
CHAMPIÑONES CON CREMA
SOPA DE MÉDULA
NOPALITOS NAVEGANTES
O
TERNERA A LA NARANJA
POSTRE: GELATINA
CAFÉ O TÉ

◀¿No es divertido ir a un restaurante mexicano y saber qué dice el menú en español?

◀En el centro comunitario de Plaza de la Raza, en Los Ángeles, los chicos y las chicas pueden aprender bailes aztecas.

319

¡Qué suerte ser bilingüe!

▲Fíjate en los carteles y señales de la calle. En muchos lugares son bilingües, en inglés y español.

Aprender español puede ser un poco duro° a veces, pero también puede ser divertido. Practicarlo sólo en clase no es suficiente°. Si de verdad quieres mejorar, tienes que aprovechar° todas las oportunidades para practicarlo. ¡Hay 300 millones de personas en el mundo con las que podrás comunicarte si hablas español!

¡Habla!

Seguro que° en tu comunidad hay alguien con quien puedes practicar tu español. Visita un centro comunitario hispano. Pide información sobre los programas que ofrece. Allí también puedes conocer a chicos y chicas hispanos. Habla con ellos y no te preocupes si cometes errores: equivocarse° es una forma de aprender.

¡Escucha!

En Estados Unidos hay muchísimas estaciones de radio que tienen programas en español. Una de ellas es la KLAX, la estación número uno de Los Ángeles. Escuchar la radio es una manera divertida de practicar español. Verás que, después de unos días, comprenderás muchas más cosas que al principio. Si te gusta la música, escucha canciones en español y presta atención a la letra.°

¡Lee!

¿Qué temas te interesan? ¿Te gusta la música, los deportes, el cine...? Si buscas un poco, encontrarás revistas en español sobre

▲En Estados Unidos hay más de 120 periódicos en español. También hay cientos de revistas, de diferentes temas.

aprovechar *to make the most of*	equivocarse *to make mistakes*	seguro que *surely*
duro *hard*	la letra *lyrics*	suficiente *enough*

▲En Austin, Texas, el grupo de teatro Ánimo representa obras en inglés y en español.

tus temas favoritos. Además puedes estar informado de la actualidad leyendo uno de los más de 120 periódicos en español que hay en Estados Unidos. Visita cualquier° biblioteca. Leer te ayudará a aumentar° tu vocabulario y a comprender mejor las reglas de gramática sin que te des cuenta°.

¡Mira!

¿Te gusta el cine y la televisión? Hay cientos de películas en español que puedes alquilar en video o ver en el cine. Los

▲No importa la edad, ¡es emocionante poder leer una revista en español!

subtítulos te ayudarán a entender las historias pero, muy pronto, verás que no necesitarás leerlos. Si te gusta el teatro, ve a ver alguna obra en español. Lee un poco sobre la obra antes de ir. Te ayudará a entender mejor la historia.° Si no quieres salir de casa, puedes poner uno de los más de 50 canales de televisión en español que tiene Estados

Unidos, como MTV Latino, Telemundo, Univisión o Galavisión. ¡El español está siempre al alcance de tu mano!°

¡Toca!

Pon las manos sobre el teclado° de tu computadora y conéctate con todo un mundo en español. El Internet ofrece mucha información en español, especialmente a través de la World Wide Web. Prácticamente todos los países tienen información en línea. También puedes ponerte en contacto con chicos de países hispanohablantes mediante el correo electrónico. ¡Viaja por el Internet y deja que tus dedos te abran° las puertas de cualquier país!

---

al alcance de tu mano *within reach*
aumentar *to increase*
cualquier *any*
deja que tus dedos te abran
  let your fingers open

la historia *story line*
sin que te des cuenta *without realizing it*
el teclado *keyboard*

❶ Nuestro español

Con tu compañero(a), haz una lista de las maneras de mejorar tu español fuera de la escuela.

—hablar con chicos y chicas hispanos
—leer revistas en español

❷ El español en mi vecindario

Haz una investigación sobre los lugares de tu vecindario donde te pueden ayudar a practicar español. Incluye además:

- estaciones de radio
- canales de televisión
- películas en español que hay en tu club de video
- revistas y periódicos en español que puedes comprar en el quiosco

❸ Planes

Haz un plan de las cosas que harás este verano para mejorar tu español. Usa la tabla como modelo.

EN CASA	FUERA DE CASA
leer	ir al cine

❹ Ideas...

Completa las oraciones según la información del artículo.

1. Con el Internet se puede...
2. Escuchando la radio se aprende...
3. Cometer errores es...
4. Leer en español ayuda a...
5. Sin salir de casa, puedes...

1 Tus metas

Escribe un párrafo sobre tus metas profesionales y personales. Explica qué quieres estudiar, por qué y dónde te gustaría trabajar.

Quiero estudiar química porque me gusta mucho hacer experimentos en el laboratorio. Después quiero trabajar en una farmacia.

2 Una carta

Con tu compañero(a) prepara una carta para pedir trabajo como voluntario en un centro comunitario de tu vecindario. Digan en qué han trabajado antes y qué aptitudes tienen.

Señor Director del
Centro Comunitario Latino:

Somos dos estudiantes de Abraham Lincoln High School. Queremos trabajar de voluntarias en el Centro Comunitario Latino. Antes hemos trabajado de niñeras y hemos sido consejeras en un campamento para jóvenes. Somos organizadas, responsables y serias. Nos gusta mucho trabajar y ayudar a otras personas. Le mandamos también nuestro currículum.

Muchas gracias por su atención.

Atentamente,

Laura López
Cristina Quiroga

3 Recomendaciones

Con tu compañero(a), haz un cartel con recomendaciones para prepararse para una entrevista de trabajo. Pueden decorar el cartel con fotografías de revistas y dibujos.

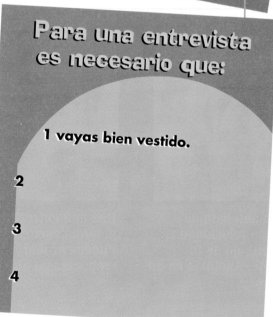

Para una entrevista es necesario que:

1 vayas bien vestido.

2

3

4

SU VIDA EN FOTOS

El refrán° dice que una imagen vale más que° mil palabras. Por eso muchas veces se usan fotografías para contar una historia, casi sin palabras. Los reportajes fotográficos son muy utilizados° en periódicos y revistas. En ellos las fotos son las protagonistas y el texto es muy corto.

TE TOCA A TI

Ahora tú harás tu propio reportaje fotográfico. El tema será un día de trabajo en la vida de una persona bilingüe. Piensa en alguien que tenga un trabajo relacionado con hablar dos o más idiomas y explica, con fotos, cómo es un día en su trabajo.

Materiales

- una cámara fotográfica
- un rollo de fotos
- una cartulina°
- pegamento
- un marcador

1 Prepara una lista de preguntas relacionadas con el trabajo de tu personaje. Anótalas en un cuaderno.

2 Haz una entrevista a la persona escogida. Puedes grabar° sus respuestas o anotarlas.

3 Saca fotos de esa persona haciendo las diferentes actividades de su trabajo.

la cartulina *poster board*
grabar *to record*
utilizados *used*

el refrán *saying*
vale más que *is worth more than*

4 Revela° las fotos y selecciona tus fotos favoritas.

5 Pega las fotos en una cartulina. Tienes que ponerlas en orden para explicar tu reportaje.

6 Con el marcador, escribe un pequeño párrafo° para cada foto.

párrafo *paragraph*
revela *develop*

OTRAS FRONTERAS

CULTURA
EL INSTITUTO CERVANTES

¿Quieres ver una película en español? ¿Estás buscando alguna obra de la literatura española que no encuentras? ¿Quieres escuchar música de España? El Instituto Cervantes ofrece todas estas posibilidades y muchas más. Es una organización fundada por el gobierno español para difundir° la lengua y las culturas de España y también de Hispanoamérica. El Instituto prepara festivales de cine, conferencias y disertaciones° con escritores famosos. Hay delegaciones° del Instituto Cervantes en muchas ciudades de Estados Unidos.

- ¿Qué es el Instituto Cervantes?
- ¿Qué puedes encontrar en el Instituto Cervantes?

SOCIEDAD
LA CASA CENTRAL DE CHICAGO

La Casa Central es una agencia de servicios sociales. Es la más antigua de Chicago. Empezó como una institución de ayuda a los inmigrantes hispanos. Hoy tiene más de treinta programas, como guardería, residencia de ancianos y ayuda legal. La Casa Central también ofrece clases para niños y jóvenes, y tiene horarios nocturnos para la gente que trabaja de día. El objetivo de la Casa Central es que el inmigrante sea autosuficiente° dentro de la sociedad.

- ¿Qué ofrece la Casa Central?
- ¿Cuál es su objetivo?

las delegaciones *branches*
difundir *to spread*
las disertaciones *discussions*
autosuficiente *self-sufficient*

326

TEATRO

Un teatro sólo en español

En Nueva York hay un teatro que presenta obras en español. Se llama Repertorio Español y representa obras clásicas y contemporáneas de dramaturgos° hispanoamericanos y españoles. Allí podrás practicar tu español y aumentar tus conocimientos° sobre literatura, viendo obras como *Bodas de sangre* o *La vida es sueño.*

- ¿Qué presenta el Repertorio Español?
- ¿Cuál es la característica principal de este teatro?

ARTE RETRATOS° DE TEXAS

Carmen Lomas Garza es una artista *naïf* de Texas. El tema de sus cuadros es la vida cotidiana° y las tradiciones de Texas. En sus obras, Lomas Garza muestra° momentos de su vida y de la vida de su familia, como cumpleaños, ceremonias, fiestas tradicionales y escenas de la vida diaria. Ahora Carmen Lomas Garza vive en San Francisco pero viaja por todo el mundo mostrando a través de° sus cuadros cómo es la vida de los chicanos.

- ¿Cuál es el tema favorito de Carmen Lomas Garza?
- ¿Qué refleja la artista en sus obras?

As you read in Unit 3, the word naïf *means simple and unsophisticated. It is used to describe art that is colorful and childlike, as in this painting. This kind of art is popular among artists of Spanish descent.*

a través de *through*
los conocimientos *knowledge*
los dramaturgos *playwrights*

muestra *shows*
los retratos *pictures*
la vida cotidiana *everyday life*

VERBOS: resumen gramatical

Regular Verbs

Infinitive / Present Participle / Past Participle	Indicative				Subjunctive	Imperative
	Present	Imperfect	Preterite	Future	Present	
-ar verbs **comprar** comprando comprado	compro compras compra compramos compráis compran	compraba comprabas compraba comprábamos comprabais compraban	compré compraste compró compramos comprasteis compraron	compraré comprarás comprará compraremos compraréis comprarán	compre compres compre compremos compréis compren	compra / no compres compre compremos compren
-er verbs **comer** comiendo comido	como comes come comemos coméis comen	comía comías comía comíamos comíais comían	comí comiste comió comimos comisteis comieron	comeré comerás comerá comeremos comeréis comerán	coma comas coma comamos comáis coman	come / no comas coma comamos coman
-ir verbs **compartir** compartiendo compartido	comparto compartes comparte compartimos compartís comparten	compartía compartías compartía compartíamos compartíais compartían	compartí compartiste compartió compartimos compartisteis compartieron	compartiré compartirás compartirá compartiremos compartiréis compartirán	comparta compartas comparta compartamos compartáis compartan	comparte / no compartas comparta compartamos compartan

Irregular Verbs

Infinitive / Present Participle / Past Participle	Indicative — Present	Imperfect	Preterite	Future	Subjunctive — Present	Imperative
caer(se) cayendo caído	caigo caes cae caemos caéis caen	caía caías caía caíamos caíais caían	caí caíste cayó caímos caísteis cayeron	caeré caerás caerá caeremos caeréis caerán	caiga caigas caiga caigamos caigáis caigan	cae / no caigas caiga caigamos caigan
dar dando dado	doy das da damos dais dan	daba dabas daba dábamos dabais daban	di diste dio dimos disteis dieron	daré darás dará daremos daréis darán	dé des dé demos deis den	da / no des dé demos den
decir diciendo dicho	digo dices dice decimos decís dicen	decía decías decía decíamos decíais decían	dije dijiste dijo dijimos dijisteis dijeron	diré dirás dirá diremos diréis dirán	diga digas diga digamos digáis digan	di / no digas diga digamos digan
destruir destruyendo destruido	destruyo destruyes destruye destruimos destruís destruyen	destruía destruías destruía destruíamos destruíais destruían	destruí destruiste destruyó destruimos destruisteis destruyeron	destruiré destruirás destruirá destruiremos destruiréis destruirán	destruya destruyas destruya destruyamos destruyáis destruyan	destruye / no destruyas destruya destruyamos destruyan
estar estando estado	estoy estás está estamos estáis están	estaba estabas estaba estábamos estabais estaban	estuve estuviste estuvo estuvimos estuvisteis estuvieron	estaré estarás estará estaremos estaréis estarán	esté estés esté estemos estéis estén	está / no estés esté estemos estén
hacer haciendo hecho	hago haces hace hacemos hacéis hacen	hacía hacías hacía hacíamos hacíais hacían	hice hiciste hizo hicimos hicisteis hicieron	haré harás hará haremos haréis harán	haga hagas haga hagamos hagáis hagan	haz / no hagas haga hagamos hagan

Irregular Verbs

Infinitive / Present Participle / Past Participle	Indicative				Subjunctive	Imperative
	Present	Imperfect	Preterite	Future	Present	
ir(se) yendo ido	voy vas va vamos vais van	iba ibas iba íbamos ibais iban	fui fuiste fue fuimos fuisteis fueron	iré irás irá iremos iréis irán	vaya vayas vaya vayamos vayáis vayan	ve / no vayas vaya vayamos vayan
oír oyendo oído	oigo oyes oye oímos oís oyen	oía oías oía oíamos oíais oían	oí oíste oyó oímos oísteis oyeron	oiré oirás oirá oiremos oiréis oirán	oiga oigas oiga oigamos oigáis oigan	oye / no oigas oiga oigamos oigan
poner(se) poniendo puesto	pongo pones pone ponemos ponéis ponen	ponía ponías ponía poníamos poníais ponían	puse pusiste puso pusimos pusisteis pusieron	pondré pondrás pondrá pondremos pondréis pondrán	ponga pongas ponga pongamos pongáis pongan	pon / no pongas ponga pongamos pongan
reír(se) riendo reído	río ríes ríe reímos reís ríen	reía reías reía reíamos reíais reían	reí reíste rió reímos reísteis rieron	reiré reirás reirá reiremos reiréis reirán	ría rías ría riamos riáis rían	ríe / no rías ría riamos rían
saber sabiendo sabido	sé sabes sabe sabemos sabéis saben	sabía sabías sabía sabíamos sabíais sabían	supe supiste supo supimos supisteis supieron	sabré sabrás sabrá sabremos sabréis sabrán	sepa sepas sepa sepamos sepáis sepan	sabe / no sepas sepa sepamos sepan
salir saliendo salido	salgo sales sale salimos salís salen	salía salías salía salíamos salíais salían	salí saliste salió salimos salisteis salieron	saldré saldrás saldrá saldremos saldréis saldrán	salga salgas salga salgamos salgáis salgan	sal / no salgas salga salgamos salgan

Irregular Verbs

Infinitive / Present Participle / Past Participle	Indicative Present	Imperfect	Preterite	Future	Subjunctive Present	Imperative
ser / siendo / sido	soy eres es somos sois son	era eras era éramos erais eran	fui fuiste fue fuimos fuisteis fueron	seré serás será seremos seréis serán	sea seas sea seamos seáis sean	sé / no seas sea seamos sean
tener / teniendo / tenido	tengo tienes tiene tenemos tenéis tienen	tenía tenías tenía teníamos teníais tenían	tuve tuviste tuvo tuvimos tuvisteis tuvieron	tendré tendrás tendrá tendremos tendréis tendrán	tenga tengas tenga tengamos tengáis tengan	ten / no tengas tenga tengamos tengan
traer / trayendo / traído	traigo traes trae traemos traéis traen	traía traías traía traíamos traíais traían	traje trajiste trajo trajimos trajisteis trajeron	traeré traerás traerá traeremos traeréis traerán	traiga traigas traiga traigamos traigáis traigan	trae / no traigas traiga traigamos traigan
venir / viniendo / venido	vengo vienes viene venimos venís vienen	venía venías venía veníamos veníais venían	vine viniste vino vinimos vinisteis vinieron	vendré vendrás vendrá vendremos vendréis vendrán	venga vengas venga vengamos vengáis vengan	ven / no vengas venga vengamos vengan
ver / viendo / visto	veo ves ve vemos veis ven	veía veías veía veíamos veíais veían	vi viste vio vimos visteis vieron	veré verás verá veremos veréis verán	vea veas vea veamos veáis vean	ve / no veas vea veamos vean

Stem-Changing Verbs

Infinitive / Present Participle / Past Participle	Indicative Present	Imperfect	Preterite	Future	Subjunctive Present	Imperative
jugar (u > ue) jugando jugado	juego juegas juega jugamos jugáis juegan	jugaba jugabas jugaba jugábamos jugabais jugaban	jugué jugaste jugó jugamos jugasteis jugaron	jugaré jugarás jugará jugaremos jugaréis jugarán	juegue juegues juegue juguemos juguéis jueguen	juega / no juegues juegue juguemos jueguen
pedir (e > i) pidiendo pedido	pido pides pide pedimos pedís piden	pedía pedías pedía pedíamos pedíais pedían	pedí pediste pidió pedimos pedisteis pidieron	pediré pedirás pedirá pediremos pediréis pedirán	pida pidas pida pidamos pidáis pidan	pide / no pidas pida pidamos pidan
poder (o > ue) pudiendo podido	puedo puedes puede podemos podéis pueden	podía podías podía podíamos podíais podían	pude pudiste pudo pudimos pudisteis pudieron	podré podrás podrá podremos podréis podrán	pueda puedas pueda podamos podáis puedan	puede / no puedas pueda podamos puedan
querer (e > ie) queriendo querido	quiero quieres quiere queremos queréis quieren	quería querías quería queríamos queríais querían	quise quisiste quiso quisimos quisisteis quisieron	querré querrás querrá querremos querréis querrán	quiera quieras quiera queramos queráis quieran	quiere / no quieras quiera queramos quieran
pensar (e > ie) pensando pensado	pienso piensas piensa pensamos pensáis piensan	pensaba pensabas pensaba pensábamos pensabais pensaban	pensé pensaste pensó pensamos pensasteis pensaron	pensaré pensarás pensará pensaremos pensaréis pensarán	piense pienses piense pensemos penséis piensen	piensa / no pienses piense pensemos piensen

Verbs with Spelling Changes

Infinitive / Present Participle / Past Participle	Indicative				Subjunctive	Imperative
	Present	Imperfect	Preterite	Future	Present	
conocer (c > zc) conociendo conocido	conozco conoces conoce conocemos conocéis conocen	conocía conocías conocía conocíamos conocíais conocían	conocí conociste conoció conocimos conocisteis conocieron	conoceré conocerás conocerá conoceremos conoceréis conocerán	conozca conozcas conozca conozcamos conozcáis conozcan	conoce / no conozcas conozca conozcamos conozcan
empezar (z > c) empezando empezado	empiezo empiezas empieza empezamos empezáis empiezan	empezaba empezabas empezaba empezábamos empezabais empezaban	empecé empezaste empezó empezamos empezasteis empezaron	empezaré empezarás empezará empezaremos empezaréis empezarán	empiece empieces empiece empecemos empecéis empiecen	empieza / no empieces empiece empecemos empiecen
leer (i > y) leyendo leído	leo lees lee leemos leéis leen	leía leías leía leíamos leíais leían	leí leíste leyó leímos leísteis leyeron	leeré leerás leerá leeremos leeréis leerán	lea leas lea leamos leáis lean	lee / no leas lea leamos lean
navegar (g > gu) navegando navegado	navego navegas navega navegamos navegáis navegan	navegaba navegabas navegaba navegábamos navegabais navegaban	navegué navegaste navegó navegamos navegasteis navegaron	navegaré navegarás navegará navegaremos navegaréis navegarán	navegue navegues navegue naveguemos naveguéis naveguen	navega / no navegues navegue naveguemos naveguen
proteger (g > j) protegiendo protegido	protejo proteges protege protegemos protegéis protegen	protegía protegías protegía protegíamos protegíais protegían	protegí protegiste protegió protegimos protegisteis protegieron	protegeré protegerás protegerá protegeremos protegeréis protegerán	proteja protejas proteja protejamos protejáis protejan	protege / no protejas proteja protejamos protejan

Verbos

GLOSARIO ESPAÑOL-INGLÉS

The **Glosario Español-Inglés** contains useful words from **Juntos Uno** and **Juntos Dos**, including vocabulary presented in the *Adelante* sections.

The number following each entry indicates the chapter in which the Spanish word or expression is first introduced. The letter *A* following an entry refers to the *Adelante* sections; the letter *E* refers to the *Encuentros* section in Level 1; a Roman numeral I indicates that the word was presented in **Juntos Uno**.

Most verbs appear in the infinitive form. Stem-changing verbs appear with the change in parentheses after the infinitive.

A

a *at; to,* E
  a la(s)... *at . . . (time),* E
  al (a+el=al) *to the,* E
  abajo *downstairs,* I4
el/la **abogado(a)** *lawyer,* 12
  abolir *to abolish,* A1
  abrazarse *to hug each other,* 6
el **abrigo** *coat,* I6
  abril *April,* E
  abrir *to open,* I3
  Abróchense los cinturones. *Fasten your seatbelts.,* 1
el/la **abuelo(a)** *grandfather/ grandmother,* E
  aburrido(a) *boring,* E
  aburrirse *to get bored,* 5
  a.C. (antes de Cristo) *B.C. (before Christ),* A2
  acampar *to camp out,* 2
el **accidente** *accident,* 3
  los **accidentes geográficos** *topographical features,* 2
  Acción de Gracias *Thanksgiving* 7
el **aceite de oliva** *olive oil,* 7
la **aceituna** *olive,* 7
  aceptar *to accept,* I10
  acompañar *to accompany,* A3
  acostarse (o>ue) *to go to bed,* 8
  acostumbrarse *to get used to,* A6
la **actividad** *activity,* E
  la **actividad deportiva** *sports activity,* 11

  activos(as) *active,* A1
el/la **actor/actriz** *actor/actress,* 5
las **actuaciones** *performances,* 5
  actuar *to act,* 5
  acuático(a) *aquatic,* I5
el **acuerdo** *treaty,* A1
  el **acuerdo de paz** *peace agreement,* 3
  adaptado(a) *adapted,* I12
  adecuado(a) *suitable,* 10
  además de *in addition to,* 7
  adiós *goodbye,* E
  admirar *to admire,* I12
el/la **adolescente** *teenager,* 11
  ¿Adónde? *Where?,* I1
  adquirir *to acquire,* I11
la **aduana** *customs,* E
la **aerolínea** *airline,* 1
el **aeropuerto** *airport,* E
  afeitarse *to shave,* 9
los/las **aficionados(as)** *fans,* A5
las **afueras** *suburbs,* I4
  agarrar *to grab,* A4
la **agencia** *agency,* I11
  la **agencia de intercambio estudiantil** *student exchange program agency,* I11
el/la **agente de aduanas** *customs officer,* 1
el/la **agente de migración** *immigration officer,* 1
  agosto *August,* E
el **agua mineral** *mineral water,* I2
el **aguacate** *avocado,* I2
el **águila** *eagle,* A2
el **agujero** *hole,* A2
  ahora *now,* E
el **aire** *air,* I2
  el **aire acondicionado** *air conditioner,* 4

  al aire libre *outdoors,* I2
el **ajedrez** *chess,* I6
el **ají (Argentina)** *pepper,* 7
  al alcance de tu mano *within your reach,* A6
  alegrarse *to be glad,* 3
la **alegría** *joy,* A3
el **alemán** *German (language),* I7
las **aletas** *flippers,* I5
la **alfombra** *rug,* I4
el **álgebra** *algebra,* I7
  algo *something,* 3
el **algodón** *cotton,* 8
  alguien *somebody; anybody,* 3
  algún *some; any,* 3
  alguno(a) *someone; anyone; some; any,* 3
la **alimentación** *feeding,* A1
  alimentarse bien *to eat healthfully,* 10
el **alimento** *food,* A3
el **almacén** *department store,* I10
la **almendra** *almond,* 7
la **almohada** *pillow,* 1
el **almuerzo** *lunch,* E
  alquilar *to rent,* I5
  alto(a) *tall; high,* E
  de alta competición *professional,* A5
la **altura** *height,* I12
el **aluminio** *aluminum,* 11
  amarillo(a) *yellow,* E
el **ámbar** *amber,* A3
  ambicioso(a) *ambitious,* 12
el **ambiente** *environment,* 12
la **ambulancia** *ambulance,* 3
  América del Sur *South America,* I11
el/la **amigo(a)** *friend,* E

el **amor** *love*, A2
el **amuleto** *charm*, 6
anaranjado(a) *orange*, E
ancho(a) *wide*, A2
el/la **anciano(a)** *senior citizen*, 11
el/la **anfitrión/anfitriona** *host*, 3
el **ángel** *angel*, 5
anidar *to nest*, A1
el **anillo** *ring*, I10
el **animal** *animal*, 2
el **aniversario** *anniversary*, 13
añadir *to add*, 7
el **año** *year*, E
el **Año Nuevo** *New Year*, 7
anoche *last night*, I7
antiguo(a) *ancient*, I1
el **anuncio** *advertisement; commercial*, I9
los **anzuelos** *hooks*, A3
apagar *to turn off*, I9
apagar un incendio *to put out a fire*, 3
el **aparato electrónico** *electronic appliance*, I9
aparecer *to appear*, A5
la **apariencia** *look*, 3
el **apellido** *last name*, E
aprender *to learn*, I5
apropiado(a) *appropriate*, A5
aprovechar *to make the most of*, A6
la **aptitud** *quality*, 12
los **apuntes** *notes*, I7
aquí *here*, E
los **árabes** *Moors*, A4
el **árbol** *tree*, I4
el **archipiélago** *archipelago (group of islands)*, A5
la **arena** *sand*, I5
los **aretes** *earrings*, I10
el **argumento** *plot*, 6
el **armario** *locker*, I7
el **aro** *ring*, A2
la **arquitectura** *architecture*, 4
arriba *upstairs*, I4
el **arroz** *rice*, I2
la **arruga** *wrinkle*, 9
el **arte** *art*, E
las **artesanías** *arts and crafts*, I1
el **artículo** *article*, I10
el **asado** *barbecue*, 7
asar *to roast*, 7
las **asas** *handles*, A4
el **ascensor** *elevator*, 4
así *this way*, A3
el **asiento** *seat*, 1

el **asiento de pasillo** *aisle seat*, 1
el **asiento de ventanilla** *window seat*, 1
el/la **asistente social** *social worker*, 12
asistir *to take care of*, 10
el **aspecto** *appearance*, 9
la **aspiradora** *vacuum cleaner*, 4
la **aspirina** *aspirin*, 10
asustarse *to get scared*, 3
atajar *to catch*, 6
atar *to tie*, A1
la **atención médica** *medical assistance*, 11
atender (e>ie) *to assist*, 11
aterrizar *to land*, 1
atraer *to attract*, A3
el **atún** *tuna*, I2
los **audífonos** *headphones*, 1
el **auge** *rise*, A5
aumentar *to increase*, A6
aunque *even though*, A3
el **auto (Perú)** *car*, I12
el **autobús** *bus*, E
la **autopista** *expressway*, 4
la **autorización** *authorization; permission*, I11
autosuficiente *self-sufficient*, A6
el/la **auxiliar de vuelo** *flight attendant*, 1
la **avenida** *avenue*, E
averiguar *to find out*, 1
el **avión** *plane*, I11
en avión *by plane*, I12
ayer *yesterday*, I7
la **ayuda** *help*, 4
el **azúcar** *sugar*, 7
azul *blue*, E

B

el **bachillerato** *high school education*, 12
bailar *to dance*, E
el **baile** *dance*, I8
bajar *to turn down*, I9; *to drop*, A1
el **bajo** *bass*, 5
bajo(a) *short*, E
bajo en calorías *low in calories*, 10
la **ballena** *whale*, A2
el **baloncesto** *basketball*, E

la **balsa** *raft*, 2
la **banda de rock** *rock band*, I8
el **banquillo** *dugout*, A3
bañarse *to take a bath*, I8
la **bañera** *bathtub*, I4
el **baño María** *double boiler*, 7
barato(a) *inexpensive*, I1
la **barbacoa** *barbecue*, I3
bárbaro(a) (Argentina) *great; terrific*, I11
el **barco** *boat*, I12
barrer *to sweep*, 7
el **barrio** *neighborhood*, A4
de barro *made of clay*, A2
bastante *enough; quite*, I5
bastante bien *pretty well*, I5
la **basura** *trash*, 2
el **basurero** *garbage can*, 11
el/la **bateador(a)** *batter*, A3
la **batería** *drum set*, 5
el **batido** *milkshake*, E
batir *to beat*, 7
beber *to drink*, I2
la **bebida** *beverage*, I2
la **bebida alcohólica** *alcoholic beverage*, 10
las **becas** *fellowships*, 12
el **béisbol** *baseball*, E
bella(o) *beautiful*, 9
el/la **benefactor(a)** *benefactor*, 5
besarse *to kiss each other*, 6
la **biblioteca** *library*, I1
la **bicicleta** *bicycle*, I1
bien *good; well; fine*, E
los **bienes manufacturados** *manufactured goods*, 4
¡Bienvenidos! *Welcome!*, E
bilingüe *bilingual*, 12
los **binoculares** *binoculars*, 2
la **biología** *biology*, I7
la **biomecánica** *biomechanics*, A5
el **bistec** *steak*, I2
blanco(a) *white*, E
la **blusa** *blouse*, I8
boca abajo *upside down*, A2
la **boda** *wedding*, 13
la **bodega** *grocery store*, I10
la **bola** *ball*, 8
el **bolero** *bolero*, I9
el **boliche** *bowling alley*, 5
el **bolígrafo** *pen*, E
la **bolsa** *bag*, I10
el **bolso de mano** *handbag*, I11
el/la **bombero(a)** *firefighter*, 3

335

bonito(a) *pretty, E*
bordado(a) *embroidered, I10*
los **bordes** *edges, A4*
el/la **borinqueño(a)** *Puerto Rican, I5*
el **borrador** *eraser, E*
las **botas** *boots, I6*
  las **botas de montaña** *hiking boots, 2*
  las **botas de motorista** *motorcycle boots, 9*
  las **botas tejanas** *cowboy boots, I10*
el **bote a motor** *motorboat, I5*
la **botella** *bottle, 2*
el **botón** *button, 9*
el **broche** *pin, I10*
la **brújula** *compass, 2*
bucear *to (scuba) dive, I5*
el **buceo** *snorkeling, 2*
buen(o, a) *good, E*
  ¡Buen provecho! *Enjoy your meal!, I2*
  Buenas noches *Good evening; Good night, E*
  Buenas tardes *Good afternoon, E*
  Buenos días *Good morning, E*
buscar *to look for, I12*
los **buzos** *divers, 4*

C

el **caballero** *gentleman, E*
el **caballo** *horse, 8*
la **cabeza** *head, 3*
cada *each, I6*
la **cadena** *chain, 3*
las **caderas** *hips, A2*
caerse *to fall down; to collapse, 3*
el **café** *coffee, I2*
la **cafetería** *cafeteria, E*
la **caja** *box, 7*
el/la **cajero(a)** *cashier, 12*
la **calabacita hueca** *hollow gourd, A4*
el **calcio** *calcium, 10*
la **calcomanía (Rep. Dominicana)** *sticker, 6*
la **calculadora** *calculator, I7*
la **calefacción** *heater, A1*
el **calendario** *calendar, E*
calentar *to heat, 7*

la **calidad** *quality, 9*
caliente *hot, I2*
la **calle** *street, E*
el **calzado** *footwear, 9*
la **cama** *bed, I4*
la **cámara** *camera, I10*
  la **cámara cinematográfica** *movie camera, 4*
  la **cámara de video** *video camera, 4*
cambiar *to exchange; to change, I10*
  cambiar dinero *to exchange money, I11*
  cambiar el canal *to change the channel, I9*
caminar *to walk, I1*
el **camión** *truck, 8*
la **camisa** *shirt, I8*
  la **camisa sin mangas** *sleeveless shirt, 9*
la **camiseta** *T-shirt, E*
el **campamento de verano** *summer camp, 12*
el **campeonato** *championship, 3*
el/la **campesino(a)** *peasant, 1*
el **campo** *countryside, I4*
la **caña** *straw, A4*
  la **caña de azúcar** *sugar cane, 8*
  la **caña de pescar** *fishing pole, 6*
el **canal** *channel, I9*
la **canasta** *basket (as in basketball), I7*
la **canción** *song, 5*
el **candelero** *candleholder, A2*
las **canicas** *marbles, 6*
el **cañón** *canyon, I12*
cansado(a) *tired, I12*
el/la **cantante** *singer, 5*
cantar *to sing, I1*
las **cantidades** *quantities, 7*
la **cantimplora** *canteen, 2*
la **capa** *layer, A2*
el **capataz** *foreman, 8*
la **capital** *capital, E*
el **capítulo** *chapter, I7*
la **caravana** *trailer, I4*
caribeños(as) *Caribbean, 5*
la **carne** *meat, I2*
  la **carne picada** *ground meat, 7*
caro(a) *expensive, I2*
la **carpeta** *folder; binder, I7*
las **carreras** *races, 8*

la **carretera resbaladiza** *slippery road, 8*
el **carrito** *toy car, 6*
el **carro de bomberos** *firetruck, 3*
la **carta** *letter, I11*
el **cartel** *poster, E*
la **casa** *house, I3*
  en casa *at home, I4*
el **casco** *helmet, 2*
casi *almost, I10*
castaño(a) *brunette, E*
el **castillo** *castle, IA1*
las **cataratas** *waterfalls, I12*
el **catarro** *cold, 10*
la **catedral** *cathedral, I12*
catorce *fourteen, E*
el **caucho** *rubber, A2*
causar *to cause, 3*
  a causa de *because of, 4*
cautivar *to captivate, A5*
la **cebolla** *onion, 7*
ceder el paso *to yield, 8*
CEE *EC (European Community), A5*
la **celebración** *celebration, I3*
celebrar *to celebrate, I3*
el **cemento** *cement, 4*
la **cena** *dinner, I2*
la **ceniza** *ashes, A4*
el **centímetro** *centimeter, I12*
el **centro** *center, 2; downtown, I1*
  el **centro comercial** *shopping center, I1*
  el **centro comunitario** *community center, 11*
  el **centro cultural** *cultural center, 5*
  el **Centro de Alto Rendimiento** *High Performance Center, 10*
  el **centro de jubilados** *center for retired people, 11*
  el **centro de reciclaje** *recycling center, 11*
  el **centro deportivo** *sports center, 11*
  el **centro recreativo** *recreational center, 11*
cepillar *to brush, 8*
cepillarse (los dientes) *to brush (one's teeth), I8*
el **cepillo** *brush, 8*
  el **cepillo de dientes** *toothbrush, E*
la **cerámica** *ceramics, 11*
cerca *nearby, I1*

cerca de near, I4
el **cerdo** pig, 8
el **cereal** cereal, I2
el **cero** zero, E
cerrar to close, 4
cerro hill, 4
el **certificado** certificate, I11
  el **certificado de estudios** school transcript, I11
  el **certificado médico** health certificate, I11
el **chaleco** vest, I8
  el **chaleco salvavidas** life jacket, I5
el **champú** shampoo, E
la **chaqueta** jacket, I8
chau bye, E
¡ché! (Argentina) hey!, 7
el **cheque** check, I10
  el **cheque de viajero** traveler's check, I11
chicano(a) Mexican-American, IA5
el/la **chico(a)** boy; girl, E
las **chinchetas** tacks, A3
el **chiste** joke, 5
chocar to crash, 3
el **chocolate** chocolate, I2
cien one hundred, E
los/las **científicos(as)** scientists, A1
la **cima** top, A2
cinco five, E
cincuenta fifty, E
el **cine** movie, E
el **cinturón** belt, I10
la **cita** date, 6
la **ciudad** city, E
el/la **ciudadano(a)** citizen, 11
  ¡Claro! Of course!, I3
la **clase** classroom; class, E
clavar to nail, A3
el **clavo grueso** thick nail, A5
el/la **cliente/clienta** client, I2
la **clínica** clinic, 11
el **coche** car, I1
  en coche by car, I1
la **cocina** kitchen, I4
cocinar to cook, E
el/la **cocinero(a)** cook, 7
el **código postal** zip code, E
los **codos** elbows, A2
  el **codo de tenista** tennis elbow, 10
coger to catch, 6
la **colección** collection, 6
coleccionar to collect, 6
el **collar** necklace, I10

el **color** color, E
  los **colores vivos** vivid colors, A4
el **colorido** coloring, A2
columpiarse to swing, 6
el **columpio** swing, 6
combinar to combine, 10
el **comedor** dining room, I4
comer to eat, E
cómico(a) funny, I9
  el/la **cómico(a)** comedian/comedienne, 5
la **comida** food; meal; dish, I2
  la **comida (México)** lunch, I2
  la **comida rápida** fast food, I2
el **comienzo** beginning, A4
el **comino molido** powdered cumin, A4
como like, 9
¿Cómo? How?, E
la **cómoda** chest of drawers, I4
cómodo(a) comfortable, 4
la **compañía** company, 12
comparar to compare, 1
el **compartimiento de arriba** overhead bin, 1
compartir (e>i) to share, I2
competir to compete, A5
la **composición** composition, I7
comprar to buy, I1
las **compras** purchases, I10
  de compras shopping, E
comprender to understand, I7
la **computadora** computer, E
comunicativo(a) communicative, 12
la **comunidad** community, 11
con with, E
el **concierto** concert, I1
concurrido(a) well attended, 6
la **condición** condition, 12
el/la **conductor(a)** driver, 12
conectados(as) connected, 4
el **conejo** rabbit, 8
la **conferencia** lecture, 5
conmigo with me, I1
conocer to know, I3
los **conocimientos** knowledge, A6
conseguir to achieve, A4
el/la **consejero(a)** counselor, I11
el **consejo** advice, I6

conservar to preserve, 2
constantemente constantly, A5
construir to build, 3
el **consulado** consulate, I11
la **contaminación** pollution, 11
contarse cuentos to tell each other stories, 6
contemporáneos(as) contemporary, 5
el **contenedor** container, 11
contento(a) glad; happy, I12
el **contestador automático** answering machine, I8
contestar to answer, I1
contigo with you, I1
continuamente continually, 6
contratar to sign up, A3; to hire, 8
el **control de seguridad** security check, 1
el **control remoto** remote control, I9
convertir(se) en to become, A3; to turn into, A4
la **coordinación** coordination, 10
el **corazón** heart, A2
la **corbata** necktie, I10
el **cordero** lamb, 7
la **cordillera** mountain range, I12
el **coro** choir, I7
la **corporación** corporation, 5
el **corral** corral, 8
el **correo** post office, I4
  el **correo electrónico** e-mail, 4
  el **correo urgente** express/next-day mail, 4
  por correo by mail, I4
correr to run, 10
cortar to cut, A2
  cortarse el pelo to get a haircut, 9
  cortarse las uñas to cut one's nails, 9
  No corte las flores. Don't pick the flowers., 2
el **corte de pelo** haircut, 9
  el **corte a navaja** razor cut, 9
cortés courteous, I11
corto(a) short, E

la **cosa** *thing, E*

la **cosecha** *crop, 8*

costar (o>ue) *to cost, I8*

la **costumbre** *habit, 6;*
custom, I11

crear *to create, I1*

creativo(a) *creative, 12*

crecer *to grow up, A1*

creer *to believe, A3*

la **cremallera** *zipper, 9*

cremoso(a) *creamy, 7*

criar *to breed, A2*

las **crías** *offspring, A2*

el **cruce** *intersection, 8*

la **Cruz Roja** *Red Cross, 3*

el **cuaderno** *notebook, E*

a cuadros *checkered, 9*

¿Cuál(es)? *what; which, E*

cualquier *any, A6*

¿Cuándo? *When?, E*

¿Cuánto(a, os, as)? *How*
much?; How many?, E

¿Cuánto cuesta(n)?
How much does it/do they
cost?, E

¿Cuánto mide(n)? *How*
tall is it/are they?, I12

¿Cuánto tiempo hace
que? *How long ago?, 7*

¿Cuántos años tienes?
How old are you?, E

cuarenta *forty, E*

el **cuarto** *room, I4*

el **cuarto de baño**
bathroom, I4

cuatro *four, E*

cuatrocientos(as)
four hundred, E

cubano(a) *Cuban, I10*

cubrir *to cover, A1*

la **cuchara** *spoon, I2*

la **cucharadita** *teaspoon, A4*

la **cuchilla** *blade, A5;*

el **cuchillo** *knife, I2*

el **cuello** *neck, 10*

el **cuento** *short story, I7*

el **cuento de miedo** *scary*
story, 6

la **cuerda** *rope, 6*

el **cuero** *leather, I10*

de cuero *made of*
leather, I10

el **Cuerpo de Paz** *Peace*
Corps, 12

cuidar *to take care of, 2*

cultivar *to grow, A1*

cultivar la tierra *to till*
the soil, 8

la **cultura** *culture, I11*

el **cumpleaños** *birthday, E*

cumplir... años *to turn*
. . . years old, 6

el **currículum** *resumé, 12*

D

la **dama** *lady, E*

danés/danesa
Danish, A5

la **danza** *dance, 5; dancing, 11*

danzas criollas
Argentinian dance, 8

dar *to give, I10*

dar a *to face, A1*

dar de comer a los
animales *to feed the*
animals, 8

dar la bienvenida *to*
welcome, 3

dar un discurso *to give a*
speech, 3

darse cuenta *to realize, A6*

d.C. (después de Cristo)
A.D. (after Christ), A2

de *of; from, E*

¿De dónde eres? *Where*
are you from?, E

¿De qué color es? *What*
color is it?, E

¿De qué es? *What is it*
made of?, I10

del (de+el=del)
of/from the, I1

debajo de *under, I4*

deber (de) *to have*
(to); to ought (to), I6

debido a *on account of, 7*

décimo(a) *tenth, 12*

decir (e>i) *to say; to tell, I11*

Di no a las drogas. *Say*
no to drugs., 10

¡No me digas! *Is that*
so?, 3

decorar *to decorate, I3*

dedicar la vida *to devote*
one's life, A4

los **dedos** *fingers, A2*

defender *to defend, A5*

la **defensa personal**
self-defense, 10

dejar *to leave behind, 5;*
to let, A5

no dejar de *to not*
fail to, 1

delante de *in front of, I4*

las **delegaciones** *branches, A6*

delicioso(a) *delicious, I2*

dentro de *inside, I4*

el **deporte** *sport, E*

los/las **deportistas** *athletes, 10*

deportivo(a) *casual, 9*

la **derecha** *right (side), E*

derecho *straight, I1*

el **desarrollo** *development, A1*

el **desayuno** *breakfast, I2*

descansar *to rest, 10*

descifrar *to decipher, 3*

descremado(a) *fat free, 10*

descubrir *to discover, I1*

el **descuento** *discount, 1*

desear *to desire; to wish, I2*

el **desfile** *parade, 5*

el **desierto** *desert, I12*

despegar *to take off, 1*

después *after, E*

el **destino** *destination, 4*

destruir *to destroy, 3*

la **desventaja** *disadvantage, 4*

los **detalles** *details, 6*

detrás de *behind, I4*

devolver (o>ue) *to give*
back; to return, I10

el **día** *day, E*

diariamente *daily, A5*

dibujar *to draw, E*

los **dibujos** *drawings, 5*

los **dibujos animados**
cartoons, I9

el **diccionario** *dictionary, E*

diciembre *December, E*

diecinueve *nineteen, E*

dieciocho *eighteen, E*

dieciséis *sixteen, E*

diecisiete *seventeen, E*

los **dientes** *teeth, I8*

diez *ten, E*

diez mil *ten thousand, I8*

difícil *difficult, E*

difundir *to spread, A6*

la **difusión** *diffusion, 5*

el **dinero** *money, 5*

el **dinero en efectivo**
cash, I10

el **diose** *gods, A2*

la **dirección** *address, E*

la **dirección obligatoria**
detour, 8

el **director adjunto** *associate*
director, 12

dirigir *to direct, A4*

dirigirse a *to address*
someone, 7

disciplinado(a) *disciplined, 12*

el **disco compacto** *compact disc; CD, I1*

la **discoteca** *disco; dance club, I1*

los/las **diseñadores(as)** *designers, 9*

el **diseño** *design, 9*

las **disertaciones** *dissertations, A6*

el **disfraz (los disfraces)** *costume(s), A5*

disfrutar de *to enjoy, 8*

la **diversidad biológica** *biological diversity, 2*

la **diversidad étnica** *ethnic diversity, A1*

divertido(a) *fun; funny; amusing, E*

divertirse (e>ie) *to have fun, I11*

doce *twelve, E*

el **documental** *documentary, I9*

el **documento** *document, I11*

el **dólar** *dollar, E*

doler *to hurt, 10*

  Me duele la cabeza. *I have a headache., 10*

  Me duele... *My . . . hurts, 10*

  ¿Qué te duele? *What is hurting you?, 10*

la **doma** *rodeo show, 8*

el/la **domador(a)** *horse breaker, 8*

domar *to tame, 8*

el **domingo** *Sunday, E*

el **donativo** *donation, 11*

¿Dónde? *Where?, E*

dormir (o>ue) *to sleep, 10*

  dormirse (o>ue) *to fall asleep, 5*

el **dormitorio** *bedroom, I4*

dos *two, E*

dos mil *two thousand, E*

doscientos *two hundred, E*

el/la **dramaturgo(a)** *playwright, 11*

ducharse *to take a shower, I8*

dulce *sweet, I2*

la **duración** *duration, I11*

durante *during, 1*

durar *to last, A2*

duro(a) *hard, A6*

E

e *and (before a word that starts with an i), I1*

el **ecoturismo** *ecotourism, 2*

la **edad** *age, 4*

  la **edad de oro** *golden age, A2*

el **edificio de oficinas** *office building, 4*

la **educación física** *physical education, E*

educativo(a) *educational, I9*

EE.UU. *U.S., I10*

el/la **ejecutivo(a)** *business man/business woman, 12*

los **ejemplares** *copies, A5*

el **ejercicio** *exercise, 10*

el **ejército** *army, A1*

ejemplo *example, 3*

el *the, E*

él *he, E*

la **elección** *election, 3*

los **elefantes marinos** *elephant seals, A4*

elegante *elegant, 9*

elegir *to choose, 10*

ella *she, E*

ellos(as) *they, E*

la **emergencia** *emergency, 1*

  en caso de emergencia *in case of an emergency, 1*

emocionante *exciting, I5*

emocionarse *to be moved, 3*

la **empanada** *small meat or vegetable pie, 7*

empañarse *to fog up, 4*

empezar (e>ie) *to begin, I7*

empinado(a) *steep, A2*

el/la **empleado(a)** *employee, 1*

el **empleo** *job, 12*

emprendedor(a) *self-starter, 12*

en *in/on/at, E*

enamorarse *to fall in love, 6*

encantar *to love; to delight, I5*

  Encantado(a). *Nice to meet you., I3*

  ¡Me encanta! *I love it!, I5*

encender (e>ie) *to turn on, I9*

encontrar (o>ue) *to find, E*

  encontrarse (o>ue) *to meet each other, I8*

el **encuentro** *meeting, 3*

enero *January, E*

enfermo(a) *ill; sick, I7*

el/la **enfermo(a)** *sick (person), 11*

enfriar *to cool, A4*

enojarse *to get angry, 6*

enormemente *enormously, 6*

la **ensalada** *salad, I2*

el/la **ensayista** *essayist, 4*

enseguida *immediately; at once, 6*

enseñar *to teach, A1*

enterarse *to learn about, 3*

entrar *to enter, 4*

entre *between, I4*

el/la **entrenador(a)** *trainer; coach, 12*

entrenar *to train; to coach, 10*

el **entrenamiento** *training, 10*

entretenido(a) *entertaining, I9*

la **entrevista** *interview, E*

envolver *to wrap, A1*

el **equipaje** *baggage, 1*

el **equipo de sonido** *sound equipment, 5*

equivocarse *to make mistakes, A6*

Es la.../Son las... *It's . . . o'clock, E*

la **escalera** *stepaeorbics, 10*

escalonado *with steps, A2*

escaparse *to run away, 8*

escaso(a) *rare, A3*

la **escena** *scene, 1*

el **escenario** *stage, 5*

la **escoba** *broom, 4*

escoger *to choose, E*

esconder *to hide, 6*

escribir *to write, I2*

  escribir un diario *to keep a diary, I12*

el **escritorio** *desk, E*

escuchar *to listen to, E*

la **escuela** *school, E*

la **escultura** *sculpture, IA2*

ese(a, o, os, as) *that; those, I10*

ése(a, o, os, as) *that; that one; those, 9*

las **esferas** *spheres, A1*

el **esnórquel** *snorkel, I5*

España *Spain, I7*

español(a) *from Spain, E*

el **español** *Spanish (language), E*

especial *special, I3*
especializados(as) *specialized, 10*
las especies *species, 2*
las especies en peligro de extinción *endangered species, 2*
espectacular *spectacular, I12*
el espectáculo *show, I12*
el espejo *mirror, I4*
el espíritu libre *free spirit, 8*
esquiar *to ski, I6*
la estabilidad *stability, 12*
establecer *to establish, A3*
el establo *stable, 8*
la estación *station, I1*
la estación del año *season, I6*
el estadio *stadium, I1*
la estancia *ranch, 8*
el estante *bookcase, I4*
estar *to be, E*
está nublado *it's cloudy, I6*
el este *east, I6*
este(a, o, os, as) *this; these, I10*
éste(a, o, os, as) *this; this one; these, 9*
la estela *stele (stone monument), 3*
el estéreo *stereo, I9*
el estómago *stomach, 10*
el estrecho de Magallanes *Magellan Strait, A4*
la estrella *star, A3*
el estrés *stress, 10*
el/la estudiante *student, E*
estudiar *to study, I7*
los estudios *studies, I11*
la estufa *stove, I4*
estupendamente *wonderfully; great, 6*
el evento deportivo *sporting event, 4*
evitar *to avoid, 10*
evitar las grasas *to avoid fatty foods, 10*
el examen (los exámenes) *exam(s), I7*
la excursión *excursion; outing, I7*
la excusa *excuse, I7*
exigente *demanding, 9*
la experiencia *experience, I12*
el experimento *experiment, I7*
explicar *to explain, E*
explorar *to explore, 2*

la exportación *export trade, 4*
los/las exportadores(as) *exporters, 3*
la exposición de arte *art exhibit, I8*
extender *to extend, A4*
extraescolar *extracurricular, I7*
No me extraña. *It doesn't surprise me, 3*
extravagantes *bizarre, 6*

F

la fábrica *factory, 4*
fabuloso(a) *fabulous, I5*
la fachada *facade, 3*
fácil *easy, E*
facturar *to check (baggage), 1*
la falda *skirt, I8*
la familia *family, E*
famoso(a) *famous, I3*
fantástico(a) *fantastic, I9*
la farmacia *pharmacy, E*
fatal *awful, I7*
favorito(a) *favorite, E*
el fax *fax, 4*
febrero *February, E*
la fecha *date, E*
feo(a) *ugly, E*
¡Felicidades! *Congratulations!, I3*
¡Feliz cumpleaños! *Happy Birthday!, I3*
ferias callejeras *street fairs, 6*
el fichero *card catalogue, I7*
los fideos *spaghetti, 7*
la fiebre *fever, 10*
la fiesta *party, I3*
la figurita *action figure, 6*
fijarse en *to pay attention to, A5*
filmar *to film, I12*
el fin *end, A2*
el fin de semana *weekend, E*
la finca *farm, I4*
firmar *to sign, A1*
la física *physics, I7*
el flamenco *flamingo, 2*
el flan *custard, I2*
el flequillo *bangs, 9*
la flexibilidad *flexibility, 10*
flexible *flexible, 12*

la flor *flower, I3*
floreado(a) *floral, 9*
la foca *seal, A2*
las fogatas *fires, A4*
el folleto *brochure, E*
el folleto turístico *travel brochure, E*
fomentar *to promote, A1*
el fondo *bottom, 7*
formar parte de... *to be part of . . . , 4*
la fórmula *formula, I7*
la foto *photograph, I1*
la fotocopiadora *photocopying machine, 4*
el/la fotógrafo(a) *photographer 3*
el francés *French (language), I7*
Con frecuencia... *Frequently . . . , 6*
el fregadero *sink, I4*
freír (e>i) *to fry, 7*
fresco(a) *fresh, I2*
los frijoles *beans, I2*
frío(a) *cold, I2*
el frisbi *Frisbee, I5*
la frontera *border, I1*
la fruta *fruit, I2*
a fuego lento *over a low flame, A4*
los fuegos artificiales *fireworks, 6*
la fuente de tomar agua *water fountain, I7*
la fuente para el horno *ovenproof dish, A4*
fuera (de) *outside (of), I4*
fuertes *strong, A5*
la fuerza *strength, 10*
fumar *to smoke, 10*
No fumen *Smoking prohibited, 1*
la fundación *founding, 6*
fundar *to found, A2*
las fundiciones de acero *steel foundries, 4*
el fútbol *soccer, E*
el fútbol americano *football, E*
los/las futbolistas *soccer players, A2*
el futuro *future, 12*

G

la galleta *cookie, I3*

la **galletita** *biscuit, 7*
la **gallina** *hen, 8*
el **gallo** *rooster, 8*
el **ganado** *cattle, 8*
ganar *to win, I7*
la **ganga** *bargain, I10*
el **garaje** *garage, I4*
la **garganta** *throat, 10*
la **gasolinera** *gas station, I4*
el **gato** *cat, E*
gauchesco(a) *of the gauchos, 8*
las **gemas** *gems, A2*
generalmente *usually, I1*
¡Genial! *Cool!, I3*
la **gente** *people, I1*
la **gente sin hogar** *homeless people, 11*
la **geografía** *geography, E*
la **geometría** *geometry, I7*
el/la **gerente** *manager, 12*
el **gimnasio** *gym, E*
el **globo** *balloon, I3*
la **gomina** *styling gel, 9*
el/la **gorro(a)** *hat; cap, 16*
la **grabadora** *tape recorder, A6*
grabar *to record, A6*
gracias *thank you; thanks, E*
gracias a *thanks to, 7*
gracioso(a) *funny, 5*
el **grado** *degree (temperature), I6*
la **graduación** *graduation, I3*
el **gramo** *gram, 7*
grande *large, E*
granero *barn, 8*
la **granja** *farm, I4*
el/la **granjero(a)** *farmer, 8*
la **grasa** *fat, 10*
gratis *free, 1*
la **gripe** *flu, 10*
gris *gray, E*
el **grupo musical** *musical group , 5*
los **guantes** *gloves, 16*
guapo(a) *handsome; pretty; good-looking, E*
la **guardería** *day-care center, 11*
la **guerra civil** *civil war, 1*
el **guerrero** *warrior, A4*
el/la **guía de turismo** *tour guide, 12*
la **guía turística** *travel guide, I12*
la **guitarra** *guitar, I3*
la **guitarra eléctrica** *electric guitar, 5*

gustar *to like; to be pleasing to, I2*

H

hablar *to speak; talk, E*
hacer *to be (with weather expressions), I6*
hace buen tiempo *the weather is nice, I6*
hace calor *it's hot, I6*
hace fresco *it's cool, I6*
hace frío *it's cold, I6*
hace mal tiempo *the weather is bad, I6*
hace sol *it's sunny, I6*
hace viento *it's windy, I6*
hace... que *it's been . . . since, 7*
hacer *to do; to make, I3*
hacer abdominales *to do sit-ups, 10*
hacer aerobics *to do aerobics, 10*
hacer bicicleta *to do stationary bicycle, 10*
hacer caminatas *to hike, 2*
hacer cinta *to treadmill, 10*
hacer cola *to wait on line, 5*
hacer ejercicio *to exercise, 10*
hacer escalera *to do stair climber, 10*
hacer flexiones *to do push-ups, 10*
hacer el itinerario *to plan the itinerary, I11*
hacer la maleta *to pack the suitcase, I11*
hacer la reserva de avión *to make plane reservations, I11*
hacer los trámites *to do the paperwork, I11*
hacer pesas *to lift weights, 10*
hacer una reserva *to make a reservation, 1*
hacerse *to become, A5*
hacerse las uñas *to do one's nails, 9*
No haga fogatas. *Don't make bonfires, 2*
hacia *toward, 2*
el **hambre** *hunger, I2*
la **hamburguesa** *hamburger, E*

la **harina** *flour, 7*
hasta *till, 2*
Hasta luego. *See you later., E*
Hasta mañana. *See you tomorrow., E*
hay *there is/there are, E*
Hay que... *One has to/must . . . , 8*
hecho(a) *done, 7*
el **helado (de vainilla)** *(vanilla) ice cream, I2*
la **herencia** *heritage, I7*
el/la **hermano(a)** *brother; sister, E*
los **hermanos** *brothers and sisters; siblings, E*
hermoso(a) *beautiful, I12*
la **herramienta** *tool, 1*
hervir (e>ie) *to boil, 7*
hibernar *to hibernate, A2*
los **hidratos de carbono** *carbohydrates, 10*
el **hielo** *ice, I6*
el **hierro** *iron, 7*
el/la **hijo(a)** *son/daughter, I3*
los **hijos** *children, I3*
hispano(a) *Hispanic, I4*
la **historia** *history, E*
las **historietas** *comics, I9*
el **hockey sobre hierba** *field hockey, A5*
las **hojas** *leaves, A2*
¡Hola! *Hi; Hello!, E*
los/las **holandeses(as)** *Dutch, 4*
el **hombre** *man, I6*
el **hombro** *shoulder, 10*
honesto(a) *honest, 12*
la **hora** *time; hour, E*
¿A qué hora? *At what time?, E*
¿Qué hora es? *What time is it?, E*
el **horario** *schedule, E*
el **horario fijo** *regular schedule, 12*
el **horno** *oven, 4*
el **horno de leña** *wood burning oven, 4*
el **horno microondas** *microwave oven, 4*
horrible *awful; horrible, I2*
el **hospital** *hospital, 3*
la **hospitalidad** *hospitality, 15*
el **hotel** *hotel, I4*
hoy *today, E*
hubo *there was/there were, 3*
el **huerto** *fruit and vegetable garden, 8*

los **huevos** *eggs, I2*
  los **huevos duros**
  hard-boiled eggs, 7
  los **huevos fritos** *fried eggs, 7*
  los **huevos revueltos**
  scrambled eggs, 7
  huir *to flee, A4*
  humedecer *to dampen, A2*
  húmedos(as) *humid, A1*
  hundidos(as) *sunken, 4*
  hundir *to sink, A4*
el **huracán** *hurricane, I6*

I

la **idea** *idea, E*
  ideal *ideal, I4*
el **idioma** *language, I11*
la **iglesia** *church, I1*
el **imperio** *empire, I11*
el **impermeable** *raincoat, I6*
la **importación** *import, I2*
  importante *important, 8*
  impresionante *awesome; impressive, I12*
el **incendio** *fire, 3*
  incluir *to include, E*
  increíble *amazing; incredible, I2*
la **independencia**
  independence, I2
  independiente
  independent, I2
las **indicaciones** *instructions, 2*
el/la **indígena** *original inhabitant, 6*
la **información** *information, E*
la **informática** *computer science, I7*
  informativo(a)
  informative, I9
el **informe** *report, I7*
la **infusión** *herb tea; infusion, A4*
el **inglés** *English (language), E*
  iniciar *to begin, 2*
  inmortalizar *to immortalize, A4*
  innecesario *unnecessary, 11*
el **inodoro** *toilet, I4*
la **inscripción** *membership, 5*
el **instrumento**
  instrument, IA2
  inteligente *intelligent, E*
  intentar *to attempt to, 6*

  interesante *interesting, E*
el/la **intérprete** *interpreter, I2*
  introducir *to introduce, A3*
la **inundación** *flood, 3*
el **invento** *invention, A2*
el **invierno** *winter, I6*
la **invitación** *invitation, I3*
el/la **invitado(a)** *guest, I3*
  invitar *to invite, I3*
  ir *to go, I1*
  ir al extranjero *to go abroad, I11*
  ir de campamento *to go camping, 2*
  ir de excursión *to go on an outing, 2*
  ir de pesca *to go fishing, 6*
  irse *to go away; to leave, 10*
la **isla** *island, I5*
el **italiano** *Italian (language), I2*
el **itinerario** *itinerary, I11*
la **izquierda** *left, E*

J

el **jabón** *soap, E*
el **jamón** *ham, I2*
el **japonés** *Japanese (language), I2*
el **jardín** *garden, I4*
el/la **jardinero(a)** *gardener, 8*
el **jazz** *jazz, I9*
los **jeroglíficos** *hieroglyphics, 3*
la **jornada completa**
  full-time, I2
la **jornada parcial**
  part-time, I2
  joven *young, E*
  los **jóvenes** *young people, I1*
la **joya** *jewel, I10*
la **joyería** *jewelry store, I10*
el/la **jubilado(a)** *retired person, 11*
el **juego** *game, 6*
el **jueves** *Thursday, E*
las **jugadas** *plays, A3*
los/las **jugadores(as)**
  players, A3
  jugar (u>ue) *to play, I6*
  jugar al escondite *to play hide-and-seek, 6*
  jugar al rescate *to play tag, 6*
el **jugo** *juice, I2*
  julio *July, E*
  junio *June, E*

  junto a *next to; by, I1*
  juntos(as) *together, E*

K

el **kilo** *kilo, I12*

L

  la(s) *the, E; her/it/(them), I9*
los **labios** *lips, 3*
  labios gruesos *full lips, 3*
el **laboratorio** *laboratory, I7*
la **laca** *hair spray, 9*
el **lado** *side, I4*
  a todos lados
  everywhere, 9
  al lado de *next to, I4*
  de lado a lado *from side to side, 5*
las **lagunas** *lagoons, A2*
la **lámpara** *lamp, I4*
la **lana** *wool, I12*
  de lana *made of wool, I12*
el **lanzamiento** *throw, A3*
  lanzar *to pitch; to throw, I5*
el **lápiz** *pencil, E*
  largo(a) *long, E*
  a lo largo (de) *along, I4*
  lástima *shame, E*
la **lata** *can, 2*
  latino(a) *of Latin descent, IA4*
el **lavaplatos** *dishwasher, I4*
  lavar los platos *to wash the dishes, 7*
  lavarse (el pelo) *to wash (one's hair), I8*
el **lazo** *lasso, 8*
  le *to/for him, her, it, you, I10*
la **leche** *milk, I2*
el **lecho del río** *riverbed, A4*
los **lechones** *suckling pigs, 6*
la **lechuga** *lettuce, I2*
la **lectura de poesía** *poetry reading, 5*
  leer *to read, E*
  lejos *far, I1*
  lejos de *far from, I4*
la **lengua** *language, IA1*
  lentamente *slowly, 6*
las **lentejas** *lentils, 10*
los **lentes de sol** *sunglasses, I5*
  lento(a) *slow, I9*

les *to/for them, you*, I10
la **lesión** *injury*, 10
lesionados(as) *injured*, 10
las **letras** *lyrics*, 5
levantarse *to get up*, 8
la **librería** *bookstore*, I1
el **libro** *book*, E
la **Liga** *League*, A5
la **limonada** *lemonade*, E
limpiar la mesa *to clean off the table*, 7
limpio(a) *clean*, 4
liso(a) *plain*, 9
la **lista** *list*, I3
listo(a) *ready*, I8
la **literatura** *literature*, E
el **litro** *liter*, 7
llamar *to call*, I8
llamar por teléfono *to phone*, I8
llamarse *to be named*, E
te llama la atención *attracts your attention*, A4
las **llaves** *keys*, I8
la **llegada** *arrival*, 1
llegar *to arrive*, I7; *to reach*, A2
llenar *to fill out*, I11
lleno(a) de *full of*, 2
llevar *to carry; to bring*, I5; *to wear; to take*, I6
llevarse... *to get along . . .*, 6
llover (o>ue) *to rain*, I6
Llueve a cántaros. *It's raining cats and dogs.*, I6
la **lluvia** *rain*, I6
lluviosos(as) *rainy*, A1
Lo siento, no puedo. *I'm sorry, I can't.*, I3
lo**(s)** *him/it/(them)*, I9
los *the*, E
en lugar de *instead of*, 7
a lunares *polka dots*, 9
el **lunes** *Monday*, E
los **lunes (martes, etc.)** *on Mondays (Tuesdays, etc.)*, E
la **luz** *light*, A3

M

la **maceta** *pot*, A1
la **madera** *wood*, I12
de madera *made of wood*, I12

la **madrastra** *stepmother*, E
la **madre** *mother*, E
la **madrina** *godmother*, I3
el/la **maestro(a)** *teacher*, 12
el **maíz** *corn*, 8
mal *badly*, 6
en mal estado *in bad shape*, A1
el **Malecón** *boardwalk*, 6
la **maleta** *suitcase*, I11
el/la **maletero(a)** *baggage handler*, 1
la **mamá** *mom*, E
el **mamey** *a tropical apricot-like fruit*, I10
mañana *tomorrow*, E
la **mañana** *morning*, E
de la mañana *in the morning*, E
mandar *to send*, 4
Mándalo por... *Send it by . . .*, 4
manejar *to drive*, 8
manejar el tractor *to drive a tractor*, 8
la **manera** *way*, 7
la **manguera** *hose*, 8
la **mano** *hand*, E
de segunda mano *second hand*, 7
la **manta** *blanket*, I12
la **manteca** *lard*, A4
el **mantel** *tablecloth*, 7
mantener *to keep*, 11
para mantenerse en forma *to stay in shape*, 10
para mantenerse sano(a) *to stay healthy*, 10
Mantenga limpio el océano. *Keep the ocean clean.*, 2
la **mantequilla** *butter*, I2
la **manzana** *apple*, I2
el **mapa** *map*, E
el **maquillaje** *make up*, I10
maquillarse *to put on make up*, 9
la **máquina** *machine*, 4
la **máquina de afeitar** *electric shaver*, 9
la **máquina de escribir** *typewriter*, 4
la **máquina sacabocados** *hole puncher*, A5
las **máquinas de ejercicio** *exercise machines*, I8
el/la **mar** *sea*, I5

el **maratón** *marathon*, 3
maravillado(a) *astonished*, A2
maravillosamente *marvelously*, 6
los **mariachis** *members of a mariachi band*, I1
la **mariposa** *butterfly*, 2
marrón *brown*, E
el **martes** *Tuesday*, E
el **martillo** *hammer*, A5
marzo *March*, E
más *more*, I5
más... que *more . . . than*, I9
más o menos *so-so; more or less*, I5
más tarde *later*, I8
la **masa** *dough*, A4
la **máscara** *mask*, I12
la **máscara de bucear** *diving mask*, I5
la **máscara de oxígeno** *oxygen mask*, 1
las **mascotas** *pets*, E
matar *to kill*, 6
las **matemáticas** *mathematics*, E
la **materia** *subject*, E
mayo *May*, E
me *to/for me*, E
Me queda pequeño(a)/grande. *It's small/big on me.*, I10
mediano(a) *medium*, I10
el/la **médico(a)** *doctor*, 3
las **medidas de seguridad** *security measures*, 1
el **medio ambiente** *environment*, 2
medio(a) *half*, 7
los **medios de comunicación** *media*, I9
por medios mágicos *with magic*, A1
mejor... que *better . . . than*, I9
mejorar *to improve*, A5
mejoremos *let's improve*, 11
el **melón** *melon*, I2
menos... que *less . . . than*, I9
el **menú** *menu*, I2
el **mercado** *market*, I1
el **mercado de pulgas** *flea market*, 7
meridional *southern*, A4

343

la **merienda** *afternoon snack*, I2

el **mes** *month*, I7

la **mesa** *table*, I4

  la **mesa de noche** *night table*, I4

el/la **mesero(a)** *waiter/ waitress*, I2

  mestizo(a) *mixed*, A1

la **meta** *finish line (as in a race)*, 3; *goal*, 12

  meter *to put*, A2

el **metro** *subway*, E; *meter*, I12

  mezclar *to mix*, A4

la **mezcla** *mixture*, 7

  mí *me*, E

  mi(s) *my*, E

el **micrófono** *microphone*, 5

el **microscopio** *microscope*, I7

el **miércoles** *Wednesday*, E

la **migración** *immigration desk*, 1

  mil *one thousand*, I8

  mil cien *one thousand one hundred*, I8

  mil quinientos *one thousand five hundred*, I8

  mirar *to watch; to look at*, E

el/la **misionero(a)** *missionary*, I4

  misterioso(a) *mysterious*, I12

la **mochila** *backpack; bookpack*, E

la **moda** *fashion; style; trend*, I8

  de moda *in style*, I8

el **modelo** *model*, 4

  el/la **modelo** *fashion model*, 9

  moderno(a) *modern*, I1

  mojar *to dampen; wet*, A1

el **molde** *baking pan*, 7

el **mole** *mole (a thick chili sauce)*, I2

  No moleste a los animales. *Don't disturb the animals*, 2

el **momento** *moment*, I7

  en este momento *right now*, I8

la **moneda** *coin*, 6

el **mono** *monkey*, 2

  montar *to ride; mount*, E

  montar a caballo *to horseback ride*, 2

  montar en bicicleta *to ride a bike*, E

el **monte** *hill*, 1

  morado(a) *purple*, E

el **mostrador** *counter*, 1

  mostrar *to show*, A6

la **moto** *motorcycle*, I7

  Mucho gusto. *Nice to meet you.*, E

  mucho más *much more*, I1

  mucho(a, os, as) *a lot (of); many*, E

los **muebles** *furniture*, I4

el **muelle** *dock*, 6

la **muerte** *death*, 3

la **mujer** *woman*, I6

el **Mundial de Fútbol** *World Cup*, 3

la **muñeca** *doll*, 6

el **muñequito** *action figure*, 6

el **mural** *mural*, 11

el **murciélago** *bat (animal)*, 2

el **músculo** *muscle*, 10

el **museo** *museum*, 11

el **musgo** *moss*, A1

la **música** *music*, E

  la **música bailable** *dance music*, I9

  la **música clásica** *classical music*, I9

  la **pop music** *pop music*, I9

  la **música tejana** *Texan (country) music*, I3

  la **música Tex-Mex** *Tex-Mex music*, I9

el/la **músico(a)** *musician*, 5

  muy *very*, E

  Muy bien, gracias. *Very well, thank you.*, E

N

  nacer *to be born*, 6

  nada *nothing*, E

  Nada especial. *Nothing special.*, I3

  nadar *to swim*, I5

  nadie *no one*, 3

la **naranja** *orange*, I2

la **naturaleza** *nature*, I11

la **navegación** *sailing*, 2

  navegar *to sail*, I5

  navegar los rápidos en balsa *to do white water rafting*, 2

la **Navidad** *Christmas*, 7

  necesario(a) *necessary*, 8

las **necesidades** *needs*, 10

  necesitar *to need*, E

  negro(a) *black*, E

  nervioso(a) *nervous*, I12

  nevar (e>ie) *to snow*, I6

  ni... ni *neither . . . nor*, 3

el/la **niñero(a)** *baby sitter*, 12

la **niñez** *childhood*, 6

  ningún/ninguno(a) *none*, 3

los/las **niños(as)** *children*, 11

  no *no; not*, E

la **noche** *evening; night*, E

  de la noche *in the evening*, E

el **nombre** *name*, E

el **noreste** *northeast*, 2

el **noroeste** *northwest*, 2

el **norte** *north*, I6

  nos *to/for us; ourselves*, I10

  nosotros(as) *we*, E

la **nota** *grade*, I7

las **noticias** *news*, 3

  la **noticia del día** *cover story*, 3

el **noticiero** *newscast*, I9

  novecientos *nine hundred*, E

la **novela** *novel*, I7

  noventa *ninety*, E

  noviembre *November*, E

el/la **novio(a)** *boyfriend; girlfriend*, I3

el **nudo** *knot*, A5

  nuestro(a) *our*, I4

  nueve *nine*, E

  nuevo(a) *new*, E

la/las **nuez/nueces** *walnut/ walnuts*, 7

el **número** *number*, E

  el **número de teléfono** *telephone number*, E

  el **número de zapato** *shoe size*, I10

  nunca *never*, I6

O

  o *or*, I2

el **obispo** *bishop*, 4

la **obra** *play*, 5

  observar *to watch; to observe*, 2

la **ocasión** *occasion*, I3

el **océano** *ocean*, I12

  ochenta *eighty*, E

ocho *eight, E*

ochocientos *eight hundred, E*

octubre *October, E*

ocurrir *to take place, 1*

el **oeste** *west, I6*

la **oficina** *office, E*

la **oficina de cambio** *exchange office, E*

la **oficina de información** *information office, E*

la **oficina del director** *principal's office, I7*

el/la **oficinista** *office worker, 4*

ofrecer *to offer, 11*

oír *to hear, 3*

¡Oye! *Listen!, I8*

la **ola** *wave, I5*

la **olla** *pot, 7*

olvidarse *to forget, 2*

once *eleven, E*

ONU (Organización de las Naciones Unidas) *United Nations, 12*

la **oportunidad** *opportunity, 12*

ordeñar las vacas *to milk the cows, 8*

organizado(a) *organized, 12*

organizar *to organize, 11*

el **oro** *gold, I10*

la **orquesta de cámara** *chamber orchestra, 7*

la **orquídea** *orchid, 2*

os *to/for you (informal, pl.), I10*

el **otoño** *fall/autumn, I6*

otro(a) *another; other, E*

la **oveja** *sheep, 8*

P

el/la **paciente** *patient, 12*

el **padrastro** *stepfather, E*

el **padre** *father, E*

los **padres** *parents, E*

el **padrino** *godfather, I3*

pagar *to pay, I10*

la **página** *page, E*

el **país** *country, E*

el **paisaje** *landscape, I12*

el **pájaro** *bird, E*

la **paleta** *paddle, I5*

la **palmera** *palm tree, 2*

la **pampa** *grassy plains, 8*

el **pan** *bread, I2*

los **pantalones** *pants, I8*

los **pantalones ajustados** *tight pants, 9*

los **pantalones anchos** *baggy pants, 9*

el **pañuelo** *scarf, 9*

la **papa** *potato, I2*

las **papas fritas** *French fries, I2*

el **papá** *dad, E*

el **papel** *paper, E; role, I12*

de papel *(made of) paper, 11*

el **papel carbón** *carbon paper, 4*

el **paquete** *package, 7*

para *for; in order to; to, I2*

el **paracaídas** *parachute, I5*

la **parada** *stop, I1*

el **paraguas** *umbrella, I6*

el **paraíso** *paradise, A3*

parar *to stop, 8*

sin parar *non-stop, I9*

parecido(a) *similar, 5*

la **pared** *wall, I4; side, 7*

el/la **pariente(a)** *relative, I3*

el **parlante** *speaker, 5*

el **parque** *park, I1*

el **parque nacional** *national park, 2*

párrafo *paragraph, A6*

la **parrilla** *grill, 8*

a la parrilla *grilled, 7*

las **partes del cuerpo** *parts of the body, 10*

participar *to participate; to take part in, I11*

el **partido** *game (sport), I7*

la **pasa** *raisin, 7*

el **pasaje** *airline fare, I11*

el **pasaje con descuento** *discount ticket, 1*

el **pasaje de ida** *one way ticket, 1*

el **pasaje de ida y vuelta** *round trip ticket, 1*

el/la **pasajero(a)** *passenger, 1*

el **pasaporte** *passport, E*

pasar *to spend; to happen; to pass, I7*

¿Qué pasó? *What happened?, 3*

pasar por *to go through, 1*

pasarla bien/mal *to have a good/bad time, 5*

la **Pascua** *Easter, I3*

pasear en bote *to take a boat ride, 6*

el **pasillo** *hallway, I7*

el **paso a nivel** *railroad crossing, 8*

la **pasta** *pasta, I2*

la **pasta de dientes** *toothpaste, E*

la **pasta de guayaba** *guava paste, I10*

el **pastel** *cake, I2*

las **patas** *legs, 8*

las **patillas** *sideburns, 9*

el **patinaje** *skating, 5*

patinar *to skate, I1*

patinar sobre hielo *to ice skate, I6*

los **patines** *skates, 5*

el **patio** *courtyard, I7*

el **pato** *duck, 8*

el **patrón** *pattern, A5*

el **pavo** *turkey, 7*

pedir (e>i) *to ask for; to order, I11*

pegar *to seal, A3*

peinarse *to comb one's hair, I8*

el **peine** *comb, E*

pelearse *to have a fight, 6*

la **película** *movie, I9*

pelirrojo(a) *redhead, E*

el **pelo** *hair, E*

el **pelo de punta** *spiked hair, 9*

el **pelo rapado** *crew cut, 9*

la **pelota** *ball, I5*

la **peluquería** *barber shop/ hair dresser's shop, 9*

el/la **peluquero(a)** *barber/hairdresser, 9*

pensar *to think; to intend, 1*

peor (que) *worse (than), I9*

el **pepino** *cucumber, 7*

pequeño(a) *small; little, E*

perder *to lose, 8*

¡Perdón! *Sorry!; Excuse me!, E*

el **perezoso** *sloth, 2*

perfectamente *perfectly, I11*

el **perfume** *perfume, I10*

el **periódico** *newspaper, I1*

el/la **periodista** *journalist, 3*

la **permanente** *permanent wave, 9*

permitir *to allow, A1*

pero *but, E*

el **perro** *dog, E*

la **persona** *person, E*

la **persona mayor** *elderly person, A2*

los **personajes** *characters, 6*

persuasivo(a) *persuasive, 12*

la **pesa** *weight, 10*

Pesach *Passover, 7*

la **pesca** *fishing, 2*

el **pescado** *fish, I2*

el/la **pescador(a)** *fisherman/ fisherwoman, 6*

pescar *to fish, 2*

la **peseta** *Spain's currency unit, E*

el **peso** *Mexican currency unit, E*

los **pesos y medidas** *weights and measures, I12*

petrificado(a) *petrified, A4*

el **petróleo** *oil (petroleum), 3*

el **pez** *fish, 6*

picado(a) *ground, 7*

picante *spicy, I2*

el **picnic** *picnic, I3*

los **picos** *peaks, A4*

el **pie** *foot, I12*

  a pie *on foot, I1*

  el **pie de foto** *caption, 3*

la **piedra** *stone, I11*

la **pierna** *leg, 10*

el **pimentón** *paprika, A4*

la **pimienta** *pepper, A4*

la **pintada** *graffiti, 11*

pintar *to paint, 11*

la **pintura** *painting, 4*

la **piña** *pineapple, I2*

la **piñata** *piñata, I3*

la **pirámide** *pyramid, I1*

la **piscina** *swimming pool, I5*

los **pisos** *floors, I4*

la **pizarra** *chalkboard; blackboard, E*

la **pizza** *pizza, E*

la **planta** *plant, I7*

plantar *to plant, 8*

el **plástico** *plastic, 11*

la **plata** *silver, I10*

el **plátano** *banana, I2*

el **plato** *plate, I2*

  el **plato del día** *daily special, I2*

  el **plato principal** *main course, 7*

la **playa** *beach, I5*

la **plaza** *square, I1*

las **plumas** *feathers, A1*

poco(a, os, as) *a little; not much; few, E*

poco a poco *little by little, 7*

poder (o>ue) *can; to be able to, I8*

¡No puede ser! *It can't be!, 3*

los **poderes** *powers, A3*

poderoso(a) *powerful, A2*

el **poema** *poem, I7*

la **poesía** *poetry, A2*

el/la **poeta** *poet, 4*

el/la **policía** *police officer, 3*

el **pollo** *chicken, I2*

ponchar *to strike out, A3*

el **poncho** *rain poncho, I12*

poner *to put, IA1*

  poner música *to play music, I9*

  ponerse *to put on; to wear, I8*

  ponerse en forma *to get in shape, 10*

Pongan su equipaje debajo del asiento. *Put your luggage under the seat, 1*

Pongan sus asientos en posición vertical. *Put your seats in the upright position, 1*

popular *popular, I3*

por *by; for; through, I1*

por favor *please, E*

¿Por qué? *Why?, E*

porque *because, E*

la **portada** *front page, 3*

posible *possible, 8*

el **postre** *dessert, I2*

el **potro** *colt, 8*

practicar *to practice, I5*

práctico(a) *practical, 9*

el **precio** *price, 1*

precolombino(a) *pre-Colombian, 5*

preferir (e>ie) *to prefer, I9*

la **pregunta** *question, E*

preguntar *to ask, E*

el **premio** *award, 3*

  el **premio Nobel** *Nobel Prize, I11*

preocupado(a) *worried, I12*

preocuparse *to worry, 3*

preparar *to prepare, 7*

  prepararse *to get ready, I8*

presentar a *to introduce someone to, 5*

¿Me puedes presentar a...? *Can you introduce me to . . . ?, 5*

el/la **presidente(a)** *president, 3*

prestar *to lend, 5*

  prestar atención a *to pay attention to, I6*

el **prestigio** *prestige, 12*

la **primavera** *spring, I6*

primero(a) *first, A2*

la **primera plana** *front page, 3*

el/la **primo(a)** *cousin, I3*

  a principios *at the beginning, 11*

la **probabilidad** *probability, I6*

el **probador** *dressing room, 9*

probar (o>ue) *to taste, I2*

  probarse (o>ue) *to try on, 9*

el **problema** *problem, I7*

producir *to make, 4; to produce, 8*

el/la **profesor(a)** *teacher, E*

profundo (a) *deep, I12*

el **programa** *TV show; program, I9*

  el **programa de concursos** *game show, I9*

  el **programa de intercambio** *exchange program, I11*

  el **programa de intercambio estudiantil** *student exchange program, I11*

la **programación** *programming, I9*

prohibido tocar la bocina *don't honk the horn, 8*

pronombre *pronoun*

el **pronóstico del tiempo** *weather forecast, I6*

pronto *soon, I8*

los/las **propietarios(as) privados(as)** *private owners, 8*

el **propósito** *purpose, 12*

la **prosa** *prose, A2*

el **protector solar** *sunscreen, I5*

proteger *to protect, 2*

las **pruebas de esfuerzo** *exercise tests, A5*

el **pueblo** *town, I4*

  el **pueblo costero** *beach village, 6*

el **pueblo de montaña**
mountain village, 6

el **pueblo pesquero**
fishing village, 6

el **puente** *bridge*, A1

la **puerta** *door*, I4

la **puerta de
embarque** *boarding
gate*, 1

el **puerto** *seaport*, 6

el **puesto** *booth*, I10

puesto(a) *put*, 7

la **pulgada** *inch*, I6

la **pulsera** *bracelet*, I10

las **puntas** *ends*, 9

en las puntas *at the
ends*, 8

el **punto** *point (in a game)*, I

los **puntos de interés**
sights, I12

¡Pura vida! (Costa Rica)
Cool!; Great!, 2

el **puré de patatas**
mashed potatoes, 10

la **radio** *radio*, I4

las **raíces** *roots*, 5

el **rancho** *ranch*, I4

el **rap** *rap*, I9

rápido(a) *fast*, I9

el **rascacielos** *skyscraper*, 4

los **rasgos** *traits*, 7

el **ratón** *mouse*, E

a rayas *striped*, 9

la **razón** *reason*, 4

reabrir *to reopen*, 3

la **reacción** *reaction*, 3

reaccionar *to react*, 3

reaparecer *to reappear*, 3

la **rebaja** *sale*, I10

el/la **recepcionista**
receptionist, 12

la **receta** *recipe*, 7

recibir *to receive*, 3

el **recibo** *receipt*, I10

reciclar *to recycle*, 11

recoger *to pick up*, 7

recoger la cosecha *to
harvest the crop*, 8

recoger la fruta *to pick
fruit*, 8

recoger la mesa *to clear
the table*, 7

recomendar (e>ie) *to
recommend*, 12

reconocer *to recognize*, 7

el **recuerdo** *memory*, 6

la **red** *net*, I5

en referencia a *in reference
to*, A1

los **reflejos** *highlights*, 9

el **refrán** *saying*, A6

el **refresco** *soft drink; soda*, E

el **refrigerador** *refrigerator*, I4

regalar *to give a
present*, I10

el **regalo** *gift*, I3

regar *to water*, 8

regatear *to bargain*, I10

el **reggae** *reggae music*, I9

la **región** *region*, I11

las **reglas de oro** *golden
rules*, 11

regular *so-so*, E

reírse (e>i) *to laugh*, 5

la **relación** *relationship*, 6

relacionar *to relate*, A3

la **relajación** *relaxation*, 10

relajante *relaxing*, I9

el **relleno** *filling*, A4

el **reloj** *watch; clock*, I10

remar *to row*, I5

los **remos** *oars*, I5

el/la **repartidor(a)** *delivery
person*, 12

repartir *to deliver; to
distribute*, 11

el **repelente de insectos**
insect repellent, 2

el/la **reportero(a)** *reporter*, 3

el/la **representante de...**
representative of . . ., I11

la **reserva** *reservation*, I11

la **reserva natural**
natural reserve, 2

las **reservas de petróleo**
oil (petroleum) reserve, 3

la **residencia de ancianos**
senior citizen home, 11

la **resina fosilizada** *fossilized
resin*, A3

resistente *resistant*, 4

respetar *to respect*, I11

te hagas respetar *you get
respect*, 11

la **respiración** *breathing*, 10

la **responsabilidad**
responsibility, 8

el **restaurante** *restaurant*, I2

el **restaurante al aire
libre** *outdoor restaurant*, I2

el **restaurante de comida
rápida** *fast food
restaurant*, I2

los **restos** *remains*, A3

el **resumen** *summary*, 3

retrasado(a) *delayed*, 1

retratos *pictures*, A6

revelar *to develop*, A6

la **revista** *magazine*, E

la **revista de
espectáculos**
entertainment magazine, I9

la **revista de moda**
fashion magazine, I9

revolver (o>ue) *to stir; to
scramble*, 7

el **rey** *king*, A2

los **Reyes** *Epiphany*, 7

rico(a) *tasty*, I2

el **rincón** *corner*, 4

la **riñonera** *pouch*, A5

el **río** *river*, I4

las **riquezas** *riches*, A1

el **ritmo** *rhythm*, A3

el **rock duro** *hard rock*, I9

rodear *to surround*, 2

la **rodilla** *knee*, 10

¿Qué...? *What . . . ?*

¿Qué tal? *What's up?*

¡Qué bien te sienta! *It
looks great on you!*, 9

¡Qué horror! *How
awful!*, 3

quedar *to fit*, I10

¿Cómo me queda(n)?
*How does it/do they look
on me?*, 9

quedar primero *to take
first place*, A5

quedarse *to stay*, 1

quedarse hasta tarde *to
stay late*, 5

¿Quién? *Who?*, E

querer (e>ie) *to want*, I5

quererse (e>ie) *to love
each other*, 6

el **queso** *cheese*, I2

el **quetzal** *quetzal*, 2

¿Con quién? *With
whom?*, I1

la **química** *chemistry*, I7

quince *fifteen*, E

quinientos *five hundred*, E

el **quiosco** *newsstand*, I1

quitar *to clean off*, A1

el **rodillo** *rolling pin, A4*
rojo(a) *red, E*
los **rollos** *rolls, A2*
romper *to break, I3*
la **ropa** *clothing, I5*
el **ropero** *closet, I4*
el **roque** *rook castle, A5*
rubio(a) *blond, E*
las **ruedas** *wheels, A2*
el **ruido** *noise, 4*
ruidoso(a) *noisy, I9*
las **ruinas** *ruins, I11*
el/la **ruso(a)** *Russian, A5*
la **ruta** *route, 8*
la **rutina diaria** *daily routine, 8*

S

el **sábado** *Saturday, E*
saber *to know, I5*
el **sacabocados** *hole puncher, A5*
sacar *to take; get, A1*
sacar el pasaporte *to get a passport, I12*
sacar fotos *to take pictures, I1*
sacar la basura *to take out the garbage, 7*
sacar una buena/mala nota *to get a good/bad grade, I7*
el **sacerdote** *priest, A2*
el **saco de dormir** *sleeping bag, 2*
la **sal** *salt, 10*
salado(a) *salt, A2*
la **sala** *living room, I4*
la **sala de espera** *waiting room, 1*
la **salida** *exit, E; departure, 1*
salir *to go out, I8*
salir a mochilear (Chile) *to go backpacking, I11*
salir temprano *to leave early, I1*
el **salón de actos** *auditorium, I7*
el **salón de clase** *classroom, I7*
los **salones de moda** *fashion shows, 9*
la **salsa de tomate** *tomato sauce, 7*
saltar a la cuerda *to jump rope, 6*

la **salud** *health, 10*
saludar *to greet, I6*
salvaje *wild, 8*
el/la **salvavidas** *lifeguard, I5*
las **sandalias** *sandals, I10*
la **sandía** *watermelon, 7*
el **sándwich** *sandwich, E*
sangriento(a) *bloody, A1*
sano(a) *healthy, 10*
el **sarape** *shawl; blanket, I1*
la **sartén** *frying pan, 7*
el **saxofón** *saxophone, 5*
el **secador** *hair drier, 9*
secarse *to dry oneself, I8*
la **sección** *section, I9*
seco(a) *dry, A1*
la **sed** *thirst, I2*
la **segadora** *mower; harvester, 8*
seguir *to follow, 2*
Siga el sendero. *Follow the path., 2*
Siga las indicaciones/las señales. *Follow the instructions/the signs., 2*
sigue creciendo *(it) keeps on growing, A4*
la **segunda (tercera) base** *second (third) base, A3*
segura(o) *safe, A5*
seguro *most definitely, A6*
seguro que *surely, A6*
seis *six, E*
seiscientos *six hundred, E*
seleccionar *to choose, I3*
el **sello** *stamp, 6*
la **selva** *jungle, I1*
la **selva tropical** *rain forest, 2*
el **semáforo** *traffic light, 11*
la **semana** *week, E*
semanal *weekly, E*
sembrar (e>ie) *to sow, 8*
el **semestre** *semester, E*
la **semilla** *seed, 8*
el/la **senador(a)** *senator, 3*
la **señal** *sign, 2*
sencillo(a) *simple, A3*
el **sendero** *path, 2*
el **señor** *Mr.; Sir, E*
la **señora** *Mrs.; Maam, E*
las **señoras** *ladies, E*
la **señorita** *Ms.; Miss, E*
sentirse (e>ie) *to feel, 11*
sentirse bien/mal *to feel well/bad, 10*
sentirse útil *to feel helpful, 11*
septiembre *September, E*

ser *to be, E*
ser de... *to be from . . . , E*
la **serpiente** *snake, 2*
el **servicio** *service, 9*
la **servilleta** *napkin, I2*
servir (e>i) *to serve, 5*
sesenta *sixty, E*
setecientos *seven hundred, E*
setenta *seventy, E*
las **sevillanas** *typical dance of Seville, 17*
siempre *always, IA2*
la **sierra** *saw, A3*
siete *seven, E*
el **siglo** *century, A2*
significar *to signify; to mean, IA4*
la **silla** *chair, E*
el **sillón** *armchair, I4*
simpático(a) *nice, E*
sin *without, I6*
sin embargo *however, A1*
situado(a) *located, 4*
sobre *about, I1*
sobresalientes *outstanding, 11*
¡Socorro! *Help!, I5*
los/las **socios(as)** *members, 5*
el **sofá** *sofa, I4*
la **soledad** *solitude, A2*
la **solicitud** *application, I11*
sólo *only, I8*
solo(a) *alone, I8*
el **sombrero** *hat, I12*
la **sombrilla** *beach umbrella, I5*
el **son** *tune, 8*
la **sopa** *soup, I2*
sorprenderse *to be surprised, 3*
el **sótano** *basement, I4*
su(s) *your/his/her/their, I4*
el **sueldo** *salary, 12*
el **suelo** *ground, 6*
el **sueño** *dream, A3*
la **suerte** *luck, I7*
el **suéter** *sweater, I6*
suficiente *enough, A6*
la **sugerencia** *suggestion, A2*
el **sumario** *news summary, 3*
la **superficie** *surface, A3*
el **supermercado** *supermarket, I1*
el **sur** *south, I6*
el **sureste** *southeast, 2*
surgir *to arise, A2*
el **suroeste** *southwest, 2*

T

la **tabla a vela** *sailboard, I5*

la **tabla de surf** *surfboard, I5*

tal vez *perhaps, E*

la **talla** *clothing size, I1*

el **taller** *workshop, I1*

también *also; too, E*

tampoco *neither, 3*

tanto(a)... como *as much . . . as, 4*

tantos(as)... como *as many . . . as, 4*

tan... como *as . . . as, 4*

la **tapa** *lid, A4*

el **tapiz** *tapestry; carpet, I12*

la **taquería** *taco shop, I2*

tarde *late, I8*

la **tarde** *afternoon; evening, E*

de la tarde *in the afternoon; evening, E*

la **tarea** *homework, I7*

la **tarjeta** *(greeting) card, E*

la **tarjeta de crédito** *credit card, I10*

la **tarjeta postal** *postcard, E*

las **tarjetas de identificación** *identification cards, 4*

la **tarjeta de embarque** *boarding pass, 1*

el **taxi** *taxi; cab, E*

la **taza** *cup, I2*

el **té** *tea, I2*

te *to/for you (informal sing.), I10*

el **teatro** *theater, I1*

el **techo** *roof, 4*

el **teclado** *keyboard, A6*

la **tecnología** *technology, 4*

el **tejado** *roof, 4*

el **teléfono** *telephone, E*

el **teléfono celular** *cellular phone, 4*

el **telegrama** *telegram, 4*

la **teleguía** *TV guide, I9*

la **telenovela** *soap operas, I9*

la **televisión** *television, E*

el **tema** *topic, I11*

la **temperatura máxima/ mínima** *high/low temperature, I6*

la **temporada** *season, A3*

temprano *early, 8*

el **tenedor** *fork, I2*

tener (que) *to have (to), E*

Ten cuidado. *Be careful., I6*

tener agujetas *to be sore, 10*

tener catarro *to have a cold, 10*

tener fiebre *to have a fever, 10*

tener gripe *to have the flu, 10*

No tengo ganas. *I don't feel like it., I8*

Tengo mucha hambre/sed. *I'm very hungry/thirsty., I2*

Tengo... años *I am . . . years old., E*

No tiene miedo. *He/She isnt afraid., I5*

los **tenis** *sneakers, I8*

tercer(o, a) *third, 12*

el/la **tercero(a)** *third, 4*

la **terminal de equipaje** *baggage claim, 1*

terminar *to finish; to terminate, IA4*

la **terraza** *terrace, I3*

el **terremoto** *earthquake, 3*

el **terreno montañoso** *mountainous terrain, I12*

el **territorio** *territory, 2*

los **tesoros** *treasures, 4*

los **testimonios** *evidence, A2*

ti *for/to you, E*

la **tía** *aunt, I3*

los **tiburones de agua dulce** *fresh-water sharks, 1*

el **tiempo** *weather, I6*

a tiempo *on time, 1*

el **tiempo libre** *leisure time, 12*

tiempo parcial *parttime, 12*

tiempo presente *present tense, 7*

la **tienda** *store, E*

la **tienda de artesanías** *craft shop, I1*

la **tienda de discos** *record store, I1*

la **tienda de campaña** *tent, 2*

la **tierra** *land/soil, 8*

las **tierras bajas** *lowlands, A1*

el **tiesto** *flowerpot, A1*

las **tijeras** *scissors, 9*

el **tío** *uncle, I3*

el **tipo** *kind; type, I9*

la **tira** *string, A5*

tirar *to throw, 6*

tirar al suelo *to throw on the ground, A4*

No tire basura. *Don't litter., 2*

el **titular** *headline, 3*

la **tiza** *chalk, E*

la **toalla** *towel, I5*

el **tocacintas** *cassette player, I9*

tocar *to play (an instrument), I3; to touch, 6*

todavía *still, I4*

todavía no *not yet, I7*

todo(a) *all, IA1*

todos(as) *everyone; all, I2*

todos los días *everyday, I4*

tomar *to drink, I2*

tomar el sol *to sunbathe, I5*

el **tomate** *tomato, I2*

los **tomos** *volumes, 12*

la **tormenta** *storm, I6*

el **tornado** *tornado, 3*

los **toros** *bulls, 6*

la **torre** *tower, I4*

la **torta** *pie, 7*

la **tortilla** *tortilla, I2*

la **tortilla francesa** *omelette, 7*

la **tortuga** *turtle, E*

el/la **trabajador(a)** *worker, 3*

trabajar *to work, I6*

trabajar de voluntario(a) *to volunteer, 11*

el **trabajo** *job, 11*

el **tractor** *tractor, 8*

tradicionales *traditional, 5*

la **traducción** *translation, 11*

el/la **traductor(a)** *translator, A2*

traer *to bring, 7*

el **tráfico** *traffic, 4*

el **traje** *suit, 9*

el **traje de baño** *bathing suit, I5*

los **trámites** *paperwork, I1*

las **trampas metálicas** *metallic traps, A3*

transparente *transparent, I5*

el **transporte** *transportation, I1*

el **transporte público** *public transportation, 4*

tras *after, A5*

tratar de agarrar *to try to catch, A4*

a través de *through, A6*

trece *thirteen, E*
treinta *thirty, E*
el **tren** *train, I1*
trepar *to climb, A1*
tres *three, E*
trescientos *three hundred, E*
las **tribus** *tribes, A3*
el **trigo** *wheat, 8*
triste *sad, I12*
la **trompeta** *trumpet, 5*
el **tronco** *trunk, A1*
tu *your (sing.), E*
tú *you, E*
los **tubos de ensayo** *test tubes, I7*
el **tucán** *toucan, 2*
tus *your (pl.), E*

U

último(a) *last, I7*
un/una *a, E*
el/la **único(a)** *only, 5*
unir *to join, E*
unirse *to unite, 1*
uno *one, E*
usar *are used, 1*
usted (Ud.) *you (formal sing.), E*
ustedes (Uds.) *you (formal pl.), E*
utilizar *to use, A6*
la **uva** *grape, 7*

V

la **vaca** *cow, 2*
vaciar *to empty, A3*
vacío(a) *empty, A3*
la **vainilla** *vanilla, I2*
¡Vale! (Spain) *Sure!; OK!, I8*
vale más que *it's worth more than, A6*
el **valle** *valley, I12*
valorar *to value, 12*
la **vanguardia** *van-guard, 5*

los/las **vanguardistas** *avant-gardists, 9*
los **vaqueros** *jeans, I8*
los **vaqueros rotos** *ripped jeans, 9*
la **variedad** *variety, 12*
el **vaso** *glass, I2*
el **vecindario** *neighborhood, I4*
el/la **vecino(a)** *neighbor, I3*
vegetariano(a) *vegetarian, I2*
veinte *twenty, E*
veintiuno(dos...) *twenty one(two . . .), E*
la **vela** *candle, I3*
el **velero** *sail boat, I5*
el/la **vendedor(a)** *salesperson, I1*
vender *to sell, I1*
venir (e>i) *to come, I1*
la **venta** *sale, I5*
la **ventaja** *advantage, 4*
la **ventana** *window, I4*
el **ventilador** *fan, 4*
ver *to watch; to see, I9*
el **verano** *summer, I6*
¿verdad? *isn't it? aren't they? right?, I2*
verde *green, E*
las **verduras** *vegetables, I2*
el **vestido** *dress, I8*
vestirse *to get dressed, I7*
la **vez (pl. veces)** *time, IA2*
a veces *sometimes, I6*
a la vez que *at the same time as, 5*
varias veces por... *several times a . . . , 9*
vía satélite *via satellite, 4*
viajar *to travel, I1*
el **viaje** *trip, I1*
la **víctima** *victim, 3*
la **vida** *life, A2*
la **vida cotidiana** *everyday life, A3*
la **videocasetera** *video cassette recorder; VCR, I9*
el **videojuego** *videogame, E*
el **vidrio** *glass, 11*
viejo(a) *old, E*

el **viento** *wind, I6*
el **viernes** *Friday, E*
el **vinagre** *vinegar, 7*
la **violencia** *violence, 11*
la **visa** *visa, I11*
los/las **visitantes** *visitors, I4*
visitar *to visit, I1*
vistoso(a) *colorful, 6*
vivir *to live, I4*
el **vocabulario** *vocabulary, I7*
el **volcán** *volcano, 2*
voleibol *volleyball, E*
el/la **voluntario(a)** *volunteer, 3*
volver (o>ue) *to return, I8*
vosotros(as) *you (plural), E*
el **vuelo** *flight, 1*
el **vuelo con escala** *stopover flight, 1*
el **vuelo sin escala** *non-stop flight, 1*
vuestro(a) *you (informal pl.), 4*

Y

y *and, E*
ya *already, E*
la **yerba** *herb, A4*
yo *I, E*
el **yogur** *yogurt, I2*

Z

la **zapatería** *shoe store, I1*
los **zapatos** *shoes, I8*
los **zapatos bajos** *flat shoes, 9*
los **zapatos de tacón** *high-heel shoes, 9*
la **zona** *zone; area, I1*
la **zona verde** *green area, 11*
las **zonas arqueológicas** *archaeological areas, 11*
el **zoológico** *zoo, 5*
los **zuecos** *clogs, 9*

GLOSARIO INGLÉS-ESPAÑOL

The **English-Spanish Glossary** contains useful vocabulary from **Juntos Uno** and **Juntos Dos.**

The number following each entry indicates the chapter in which the word or expression is first introduced. The letter *A* following an entry refers to the *Adelante* sections; the letter *E* refers to the *Encuentros* section in Level 1; a Roman numeral I indicates that the word was presented in **Juntos Uno.**

A

a, an *un; una,* E
able: to be able *poder (o>ue),* I8
about *sobre,* I1
to **accept** *aceptar,* I10
accident *el accidente,* 3
to **accompany** *acompañar,* A3
aquatic *acuático(a),* I5
to **acquire** *adquirir,* I11
to **act** *actuar,* 5
action figure *la figurita; (el) muñequito,* 6
active *activo(a),* A1
activity *la actividad,* E
actor *el actor,* 5
actress *la actriz,* 5
to **add** *añadir,* 7
address *la dirección,* E
to **admire** *admirar,* I12
advantage *la ventaja,* 4
advertisement *el anuncio,* I9
advice *el consejo,* I6
after *después,* E
afternoon *la tarde,* E
age *la edad,* 4
agency *la agencia,* I11
air *el aire,* I2
  air conditioner *el aire acondicionado,* 4
airline *la aerolínea,* 1
  airline fare *el pasaje,* I11
airport *el aeropuerto,* E
aisle *el pasillo,* 1
algebra *el álgebra,* I7
all *todo(a),* IA1
to **allow** *permitir,* A1

almost *casi,* I10
alone *solo(a),* I8
along *a lo largo (de),* I4
already *ya,* E
also *también,* E
aluminum *el aluminio,* 11
always *siempre,* IA2
ambitious *ambicioso(a),* 12
ambulance *la ambulancia,* 3
ancient *antiguo(a),* I1
and *y,* E
angel *el ángel,* 5
animal *el animal,* 2
anniversary *el aniversario,* I3
another *otro(a),* E
to **answer** *contestar,* I1
answering machine *el contestador automático,* I8
any *cualquier,* A6
anybody *alguien; nadie,* 3
to **appear** *aparecer,* A5
appearance *el aspecto,* 9
apple *la manzana,* I2
application *la solicitud,* I11
April *abril,* E
architecture *la arquitectura,* 4
armchair *el sillón,* 14
army *el ejército,* A1
arrival *la llegada,* 1
to **arrive** *llegar,* A2
art *el arte,* E
article *el artículo,* I10

arts and crafts *las artesanías,* I1
as *tan; como,* 4
  as . . . as *tan... como,* 4
  as many . . . as *tantos(as)... como,* 4
  as much . . . as *tanto (a)... como,* 4
to **ask** *preguntar,* E
to **ask for** *pedir (e>i),* I11
aspirin *la aspirina,* 10
to **assist** *atender (e>ie),* 11
at *a; en,* E
  at home *en casa,* I4
  at the same time as *a la vez que,* 5
  at . . . (time) *a la(s)...,* E
athlete *el/la deportista,* 10
to **attract** *atraer,* A3
auditorium *el salón de actos,* 17
August *agosto,* E
aunt *la tía,* I3
authorization *la autorización,* I11
autumn *el otoño,* I6
avenue *la avenida,* E
avocado *el aguacate,* I2
to **avoid** *evitar,* 10
award *el premio,* 3
awful *horrible,* I2; *fatal,* I7

B

baby sitter *el/la niñero(a),* 12
backpack *la mochila,* E
bad *mal(o,a),* 6

bag *la bolsa*, I10

baggage *el equipaje*, 1

  baggage claim *la terminal de equipaje*, 1

  baggage handler *el/la maletero(a)*, 1

ball *la pelota*, I5

balloon *el globo*, I3

banana *el plátano*, I2

bangs *el flequillo*, 9

barbecue *el asado*, 7; *(la) barbacoa*, I3

bargain *la ganga*, I10

to **bargain** *regatear*, I10

barn *el granero*, 8

baseball *el béisbol*, E

basement *el sótano*, I4

basket *la canasta*, I7

basketball *el baloncesto*, E

bass *el bajo*, 5

bat *el murciélago*, 2

bathing suit *el traje de baño*, I5

bathroom *el cuarto de baño*, I4

bathtub *la bañera*, I4

batter *el/la bateador(a)*, A3

to **be** *estar; ser*, E

beach *la playa*, I5

beans *los frijoles*, I2

beautiful *hermoso(a)*, I12

because *porque*, E

  because of *a causa de*, 4

bed *la cama*, I4

bedroom *el dormitorio*, I4

to **begin** *empezar (e>ie)*, I7

beginning *el comienzo*, A4

behind *detrás de*, I4

to **believe** *creer*, A3

belt *el cinturón*, I10

better (than) *mejor (que)*, I9

between *entre*, I4

beverage *la bebida*, I2

bicycle *la bicicleta*, I1

bilingual *bilingüe*, 12

binoculars *los binoculares*, 2

biology *la biología*, I7

bird *el pájaro*, E

birthday *el cumpleaños*, E

bizarre *extravagante*, 6

black *negro(a)*, E

blanket *la manta*, I12

blond *rubio(a)*, E

blouse *la blusa*, I8

blue *azul*, E

boarding gate *la puerta de embarque*, 1

boarding pass *la tarjeta de embarque*, 1

boat *el barco*, I12

to **boil** *hervir (e>ie)*, 7

book *el libro*, E

bookcase *el estante*, I4

bookstore *la librería*, I1

booth *el puesto*, I10

boots *las botas*, I6

border *la frontera*, I1

boring *aburrido(a)*, E

born: to be born *nacer (c>zc)*, 6

bottle *la botella*, 2

bottom *el fondo*, 7

bowling alley *el boliche*, 5

box *la caja*, 7

boy *el chico*, E

boyfriend *el novio*, I3

bracelet *la pulsera*, I10

bread *el pan*, I2

to **break** *romper*, I3

breakfast *el desayuno*, I2

bridge *el puente*, A1

to **bring** *traer*, 7

brochure *el folleto*, E

broom *la escoba*, 4

brother *el hermano*, E

brothers and sisters *los hermanos*, E

brown *marrón*, E

brunette *castaño(a)*, E

brush *el cepillo*, 8

to **brush** *cepillar*, 8

  to **brush (one's teeth)** *cepillarse (los dientes)*, I8

to **build** *construir*, 3

bus *el autobús*, E

but *pero*, E

butter *la mantequilla*, I2

butterfly *la mariposa*, 2

button *el botón*, 9

to **buy** *comprar*, I1

by *por; en*, I1

C

cafeteria *la cafetería*, E

cake *el pastel*, I2

calculator *la calculadora*, I7

calendar *el calendario*, E

to **call** *llamar*, I8

camera *la cámara*, I10

to **camp** *acampar*, 2

can *poder (o>ue)*, I8

can (metal) *la lata*, 2

candle *la vela*, I3

canteen *la cantimplora*, 2

capital *la capital*, E

car *el coche*, I1; *auto (Perú)*, I12

to **carry** *llevar*, I5

cartoons *los dibujos animados*, I9

cash *el dinero en efectivo*, I10

cashier *el/la cajero(a)*, 12

cassette player *el to cacintas*, I9

cat *el gato*, E

to **catch** *coger*, 6

cathedral *la catedral*, I12

to **cause** *causar*, 3

to **celebrate** *celebrar*, I3

celebration *la celebración*, I3

center *el centro*, 2

  cultural center *el centro cultural*, 5

  day-care center *la guardería*, 11

  recreational center *el centro recreativo*, 11

  recycling center *el centro de reciclaje*, 11

  shopping center *el centro comercial*, I1

  sports center *el centro deportivo*, 11

centimeter *el centímetro*, I12

century *el siglo*, A2
cereal *los cereales*, I2
certificate *el certificado*, I11
chair *la silla*, E
chalk *la tiza*, E
chalkboard *la pizarra*, E
championship *el campeonato*, 3
to change *cambiar*, I9
channel *el canal*, I9
chapter *el capítulo*, I7
character *el personaje*, 6
check *el cheque*, I10
to check luggage *facturar*, 1
cheese *el queso*, I2
chemistry *la química*, I7
chess *el ajedrez*, I6
chicken *el pollo*, I2
childhood *la niñez*, 6
children *los niños*, 11
chocolate *el chocolate*, I2
to choose *escoger*, E
Christmas *la Navidad*, 7
church *la iglesia*, I1
citizen *el/la ciudadano(a)*, I1
city *la ciudad*, E
class *la clase*, E
clean *limpio(a)*, 4
to clean *limpiar*, 7
to climb *subir*, I12
clock *el reloj*, I10
to close *cerrar*, 4
closet *el ropero*, I4
clothing *la ropa*, I5
coat *el abrigo*, I6
coffee *el café*, I2
coin *la moneda*, 6
cold (illness) *el catarro*, 10
cold *frío(a)*, I2
to collect *coleccionar*, 6
collection *la colección*, 6
color *el color*, E
comb *el peine*, E
to comb one's hair *peinarse*, I8
to come *venir (e>i)*, I1
comedian *el cómico*, 5
comedienne *la cómica*, 5
comfortable *cómodo(a)*, 4
comics *las historietas*, I9

commercial *el anuncio*, I9
communicative *comunicativo(a)*, 12
compact disc (CD) *el disco compacto*, I1
company *la compañía*, 12
to compare *comparar*, 1
compass *la brújula*, 2
composition *la composición*, I7
computer *la computadora*, E
computer science *la informática*, I7
concert *el concierto*, I1
condition *la condición*, 12
Congratulations! *¡Felicidades!*, I3
container *el contenedor*, 11
cook *el/la cocinero(a)*, 7
to cook *cocinar*, E
cookie *la galleta*, I3
corn *el maíz*, 8
corporation *la corporación*, 5
to cost *costar (o>ue)*, I8
cotton *el algodón*, 8
country *el país*, E
countryside *el campo*, I4
courteous *cortés*, I11
cousin *el/la primo(a)*, I3
to create *crear*, I1
creative *creativo(a)*, 12
credit card *la tarjeta de crédito*, I10
crop *la cosecha*, 8
cucumber *el pepino*, 7
culture *la cultura*, I11
cup *la taza*, I2
customs *la aduana*, E
to cut *cortar*, A2
to cut one's nails *cortarse las uñas*, 9

dad *el papá*, E
dance *la danza*, 5; *(el) baile*, I8
to dance *bailar*, E
date *la fecha*, E; *cita*, 6

daughter *la hija*, I3
day *el día*, E
death *la muerte*, 3
December *diciembre*, E
deep *profundo(a)*, I12
degree *el grado*, I6
delicious *delicioso(a)*, I2
to deliver *repartir*, 11
delivery person *el/la repartidor(a)*, 12
demanding *exigente*, 9
department store *el almacén*, I10
desert *el desierto*, I12
design *el diseño*, 9
to desire *desear*, I2
desk *el escritorio*, E
dessert *el postre*, I2
to destroy *destruir*, 3
detail *el detalle*, 6
dictionary *el diccionario*, E
difficult *difícil*, E
dining room *el comedor*, I4
dinner *la cena*, I2
to direct *dirigir*, A4
disadvantage *la desventaja*, 4
disciplined *disciplinado(a)*, 12
disco *la discoteca*, I1
discount *el descuento*, 1
to discover *descubrir*, I1
dishwasher *el lavaplatos*, I4
to do *hacer*, I3
  to do aerobics *hacer aerobic*, 10
  to do push-ups *hacer flexiones*, 10
  to do sit-ups *hacer abdominales*, 10
  to do paperwork *hacer los trámites*, I11
dock *el muelle*, 6
doctor *el/la médico(a)*, 3
document *el documento*, I11
documentary *el documental*, I9
dog *el perro*, E
doll *la muñeca*, 6
dollar *el dólar*, E

donation el donativo, 11

door la puerta, 14

downstairs abajo, 14

downtown el centro, 11

to **draw** dibujar, E

drawing el dibujo, 5

dream el sueño, A3

dress el vestido, 18

dressing room el probador, 9

to **drink** beber; tomar, 12

to **drive** manejar, 8

driver el/la conductor(a), 12

drums la batería, 5

dry seco(a), A1

duck el pato, 8

during durante, 1

E

e-mail el correo electrónico, 4

each cada, 16

early temprano, 8

earrings los aretes, I10

earthquake el terremoto, 3

east el este, 16

Easter la Pascua, 13

easy fácil, E

to **eat** comer, E

ecotourism el ecoturismo, 2

educational educativo(a), 19

egg el huevo, 12

eight ocho, E

eight hundred ochocientos, E

eighteen dieciocho, E

eighty ochenta, E

elbow el codo, A2

election la elección, 3

elegant elegante, 9

elevator el ascensor, 4

eleven once, E

emergency la emergencia, 1

employee el/la empleado(a), 1

end el fin, A2

endangered en peligro de extinción, 2

English (language) el inglés, E

enormously enormemente, 6

enough bastante, I5; suficiente, A6

to **enter** entrar, 4

entertaining entretenido(a), 19

environment el medio ambiente, 2

equipment el equipo, 5

eraser el borrador, E

evening la tarde; noche, E

every day todos los días, 14

everyone todos(as), 12

everywhere a todos lados, 9

exam el examen, 17

example ejemplo, 3

exciting emocionante, 15

excursion la excursión, 17

excuse la excusa, 17

exercise el ejercicio, 10

to **exercise** hacer ejercicio, 10

exit la salida, E

expensive caro(a), 12

experience la experiencia, I12

experiment el experimento, 17

to **explain** explicar, E

to **explore** explorar, 2

expressway la autopista, 4

extracurricular extraescolar, 17

F

fabulous fabuloso(a), 15

factory la fábrica, 4

fall el otoño, 16

to **fall** caerse, 3

   to **fall asleep** dormirse (o>ue), 5

   to **fall in love** enamorarse, 6

family la familia, E

famous famoso(a), 13

fan el ventilador, 4

fantastic fantástico(a), 19

far (from) lejos (de), 11

farm la granja; finca, 14

farmer el/la granjero(a), 8

fashion la moda, 18

   fashion magazine la revista de moda, 19

   fashion model el/la modelo, 9

   fashion show el salón de moda, 9

fast rápido(a), 19

father el padre, E

favorite favorito(a), E

fax el fax, 4

feather la pluma, A1

February febrero, E

to **feel** sentirse (e>ie), 11

fever la fiebre, 10

fifteen quince, E

fifty cincuenta, E

to **find** encontrar (o>ue), E

   to **find out** averiguar, 1

finger el dedo, A2

to **finish** terminar, IA4

fire la fogata, 2; (el) incendio, 3

firefighter el/la bombero(a), 3

firetruck el carro de bomberos, 3

fireworks los fuegos artificiales, 6

first primero(a), A2

fish el pescado, 12

to **fish** pescar, 2

five cinco, E

five hundred quinientos, E

flamingo el flamenco, 2

flexible flexible, 12

flight el vuelo, 1

   flight attendant el/la auxiliar de vuelo, 1

flood la inundación, 3

floor el piso, 14

flour la harina, 7

flower la flor, 13

flu la gripe, 10

to **follow** seguir, 2

food la comida, 12; (el) alimento, A3

foot el pie, I12

football *el fútbol americano*, E
footwear *el calzado*, 9
for *para; por*, I2
foreman *el/la capataz*, 8
to forget *olvidarse*, 2
fork *el tenedor*, I2
formula *la fórmula*, I7
forty *cuarenta*, E
four *cuatro*, E
four hundred *cuatrocientos*, E
fourteen *catorce*, E
free *gratis*, 1
French (language) *el francés*, I7
French fries *las papas fritas*, I2
frequently *con frecuencia*, 6
fresh *fresco(a)*, I2
Friday *el viernes*, E
friend *el/la amigo(a)*, E
from *de*, E
front page *la portada*, 3
fruit *la fruta*, I2
to fry *freír (e>i)*, 7
frying pan *la sartén*, 7
full *lleno(a)*, 2
full-time *la jornada completa*, 12
fun *divertido(a)*, E
funny *gracioso(a)*, 5; *cómico(a)*, I9
furniture *los muebles*, I4
future *el futuro*, 12

G

game *el juego*, 6; *partido*, I7
game show *el programa de concursos*, I9
garage *el garaje*, I4
garbage *la basura*, 11
garbage can *el basurero*, 11
garden *el jardín*, I4
gardener *el/la jardinero(a)*, 8

gas station *la gasolinera*, I4
gentleman *el caballero*, E
geography *la geografía*, E
geometry *la geometría*, I7
German (language) *el alemán*, I7
to get *recibir*, IA2
to get a good/bad grade *sacar buena/mala nota*, I7
to get a haircut *cortarse el pelo*, 9
to get a passport *sacar el pasaporte*, I12
to get along *llevarse*, 6
to get angry *enojarse*, 6
to get bored *aburrirse*, 5
to get dressed *vestirse*, I7
to get in shape *ponerse en forma*, 10
to get ready *prepararse*, I8
to get scared *asustarse*, 3
to get up *levantarse*, 8
to get used to *acostumbrarse*, A6
gift *el regalo*, I3
girl *la chica*, E
girlfriend *la novia*, I3
to give *dar*, I10
to give a present *regalar*, I10
to give a speech *dar un discurso*, 3
to give back *devolver (o>ue)*, I10
glad: to be glad *alegrarse*, 3
glass *el vaso*, I2; *vidrio*, 11
gloves *los guantes*, I6
to go *ir*, I1
to go abroad *ir al extranjero*, I11
to go away *irse*, 10
to go backpacking *salir a mochilear (Chile)*, I11
to go camping *ir de campamento*, 2
to go out *salir*, I8
to go to bed *acostarse (o>ue)*, 8

godfather *el padrino*, I3
godmother *la madrina*, I3
gold *el oro*, I10
good *buen(o,a)*, E
Good afternoon *Buenas tardes*, E
Good evening *Buenas noches*, E
Good morning *Buenos días*, E
Good night *Buenas noches*, E
goodbye *adiós*, E
grade *la nota*, I7
graduation *la graduación*, I3
graffiti *la pintada*, 11
gram *el gramo*, 7
grandfather *el abuelo*, E
grandmother *la abuela*, E
grape *la uva*, 7
gray *gris*, E
green *verde*, E
to greet *saludar*, I6
greeting card *la tarjeta*, E
grill *la parrilla*, 8
grocery store *la bodega*, I10
ground *el suelo*, 6
to grow up *crecer*, A1
guest *el/la invitado(a)*, I3
guitar *la guitarra*, I3
electric guitar *la guitarra eléctrica*, 5
gym *el gimnasio*, E

H

hair *el pelo*, E
hair drier *el secador*, 9
hair spray *la laca*, 9
haircut *el corte de pelo*, 9
hairdresser *el/la peluquero(a)*, 9
hairdresser's shop *la peluquería*, 9
half *medio(a)*, 7
hallway *el pasillo*, I7
ham *el jamón*, I2
hamburger *la hamburguesa*, E
hammer *el martillo*, A5
hand *la mano*, E

handbag *el bolso de mano*, I11
handsome *guapo*, E
to **happen** *pasar*, I7
Happy Birthday! *¡Feliz cumpleaños!*, I3
hard *duro(a)*, A6
hard rock *el rock duro*, I9
hat *el/la gorro(a)*, I6; *(el) sombrero*, I12
to **have** *tener*, E
  to **have to** *tener que*, E
  to **have a cold** *tener catarro*, 10
  to **have a good/bad time** *pasarla bien/mal*, 5
  to **have fun** *divertirse (e>ie)*, I11
he *él*, E
head *la cabeza*, 3
headline *el titular*, 3
headphones *los audífonos*, 1
health *la salud*, 10
healthy *sano(a)*, 10
to **hear** *oír*, 3
heart *el corazón*, A2
to **heat** *calentar*, 7
height *la altura*, I12
Hello! *¡Hola!*, E
helmet *el casco*, 2
help *la ayuda*, 4
Help! *¡Socorro!*, I5
to **help** *ayudar*, 4
hen *la gallina*, 8
her *su/sus*, I4; *la*, I9
  to/for her *le*, I10
herb *la yerba*, A4
here *aquí*, E
Hi! *¡Hola!*, E
to **hide** *esconder*, 6
high *alto(a)*, E
high-heel shoes *los zapatos de tacón*, 9
hiking boots *las botas de montaña*, 2
hill *el monte*, 1; *cerro*, 4
him *lo*, I9
  to/for him *le*, I10
to **hire** *contratar*, 8
his *su/sus*, I4
Hispanic *hispano(a)*, I4
history *la historia*, E
hole *el agujero*, A2

homeless people *la gente sin hogar*, 11
homework *la tarea*, I7
honest *honesto(a)*, 12
horse *el caballo*, 8
to **horseback ride** *montar a caballo*, 2
hose *la manguera*, 8
hospital *el hospital*, 3
hospitality *la hospitalidad*, I5
host *el/la anfitrión/anfitriona*, 3
hot *caliente*, I2
hotel *el hotel*, I4
hour *la hora*, E
house *la casa*, I3
How? *¿Cómo?*, E
  How awful! *¡Qué horror!*, 3
  How does it look on me? *¿Cómo me queda?*, 9
  How long ago . . . ? *¿Cuánto tiempo hace que...?*, 7
  How much does it/do they cost? *¿Cuánto cuesta(n)?*, E
  How much? *¿Cuánto(a)?*, E
  How many? *¿Cuántos(as)?*, E
  How old are you? *¿Cuántos años tienes?*, E
  How tall is it/are they? *¿Cuánto mide(n)?*, I12
however *sin embargo*, A1
to **hug (each other)** *abrazar(se)*, 6
humid *húmedo(a)*, A1
hunger *el hambre*, I2
hurricane *el huracán*, I6
to **hurt** *doler*, 10

I

I *yo*, E
ice *el hielo*, I6
ice cream *el helado*, I2
idea *la idea*, E
ideal *ideal*, I4
ill *enfermo(a)*, I7

immediately *en seguida*, 6
important *importante*, 8
impressive *impresionante*, I12
to **improve** *mejorar*, A5
in *en*, E
  in order to *para*, 12
inch *la pulgada*, I6
to **include** *incluir*, E
incredible *increíble*, 12
independence *la independencia*, 12
independent *independiente*, 12
inexpensive *barato(a)*, I1
information *la información*, E
insect *el insecto*, 2
  insect repellent *el repelente de insectos*, 2
inside *dentro de*, I4
instructions *las indicaciones*, 2
instrument *el instrumento*, IA2
intelligent *inteligente*, E
interesting *interesante*, E
interpreter *el/la intérprete*, 12
interview *la entrevista*, E
to **introduce** *presentar*, 5
invention *el invento*, A2
invitation *la invitación*, I3
to **invite** *invitar*, I3
island *la isla*, I5
it *lo*; *la*, I9
Italian (language) *el italiano*, 12
itinerary *el itinerario*, I11

J

jacket *la chaqueta*, I8
January *enero*, E
Japanese (language) *el japonés*, 12
jazz *el jazz*, I9
jeans *los vaqueros*, I8
  ripped jeans *los vaqueros rotos*, 9
jewel *la joya*, I10

jewelry store *la joyería, I10*

job *el trabajo, 11; empleo, 12*

joke *el chiste, 5*

journalist *el/la periodista, 3*

joy *la alegría, A3*

juice *el jugo, I2*

July *julio, E*

June *junio, E*

jungle *la selva, I1*

K

key *la llave, I8*

to **kill** *matar, 6*

king *el rey, A2*

to **kiss (each other)** *besar(se), 6*

kitchen *la cocina, I4*

knee *la rodilla, 10*

knife *el cuchillo, I2*

to **know** *conocer, I3; saber, I5*

knowledge *el conocimiento, A6*

L

laboratory *el laboratorio, I7*

lady *la señora, E*

lamb *el cordero, 7*

lamp *la lámpara, I4*

land *la tierra, 8*

to **land** *aterrizar, 1*

landscape *el paisaje, I12*

language *la lengua, IA1; (el) idioma, I11*

large *grande, E*

last *último(a), I7*

late *tarde, I8*

later *más tarde, I8*

to **laugh** *reírse (e>i), 5*

lawyer *el/la abogado (a), 12*

to **learn** *aprender, I5*

leather *el cuero, I10*

to **leave** *salir, I1*

leaf *la hoja, A2*

lecture *la conferencia, 5*

left *la izquierda, E*

leg *la pierna, 10*

lemonade *la limonada, E*

to **lend** *prestar, 5*

lentils *las lentejas, 10*

less *menos, I9*

less . . . than *menos . . . que, I9*

less than (with number expressions) *menos de, I10*

letter *la carta, I11*

lettuce *la lechuga, I2*

library *la biblioteca, I1*

life *la vida, A2*

lifeguard *el/la salvavidas, I5*

light *la luz, A3*

like *como, 9*

to **like** *gustar, I2*

lips *los labios, 3*

list *la lista, I3*

to **listen to** *escuchar, E*

liter *el litro, 7*

literature *la literatura, E*

little *poco(a, os, as); pequeño(a), E*

to **live** *vivir, I4*

living room *la sala, I4*

locker *el armario, I7*

long *largo(a), E*

to **look for** *buscar, I12*

to **lose** *perder, 8*

lot (of) *mucho(a, os, as), E*

love *el amor, A2*

to **love each other** *quererse (e>ie), 6*

luck *la suerte, I7*

lunch *el almuerzo, E; (la) comida (México), I2*

M

machine *la máquina, 4*

magazine *la revista, E*

mail *el correo, I4*

main *principal, 7*

to **make** *hacer, I3*

to **make mistakes** *equivocarse, A6*

to **make a reservation** *hacer la reserva, I11*

makeup *el maquillaje, I10*

man *el hombre, I6*

manager *el/la gerente, 12*

many *muchos(as), E*

map *el mapa, E*

marathon *el maratón, 3*

March *marzo, E*

market *el mercado, I1*

mathematics *las matemáticas, E*

May *mayo, E*

me *me; mí, E*

to/for me *me, I10*

to **mean** *significar, IA4*

meat *la carne, I2*

media *los medios de comunicación, I9*

medium *mediano(a), I10*

meeting *el encuentro, 3*

melon *el melón, I2*

member *el/la socio(a), 5*

memory *el recuerdo, 6*

menu *el menú, I2*

microphone *el micrófono, 5*

microscope *el microscopio, I7*

milk *la leche, I2*

to **milk the cows** *ordeñar las vacas, 8*

milkshake *el batido, E*

mineral water *el agua mineral, I2*

mirror *el espejo, I4*

to **mix** *mezclar, A4*

mixture *la mezcla, 7*

model *el modelo, 4*

modern *moderno(a), I1*

mom *la mamá, E*

moment *el momento, I7*

Monday *el lunes, E*

money *el dinero, 5*

monkey *el mono, 2*

month *el mes, I7*

more *más, I5*

more . . . than *más . . . que, I9*

more than (with number expressions) *más de, IA1*

more or less *más o menos, I5*

morning *la mañana, E*

in the morning *de la mañana, E*

mother *la madre, E*

motorboat *el bote a motor, I5*

motorcycle *la moto*, I7
mountain range *la cordillera*, I12
mouse *el ratón*, E
movie *la película*, I9
movie theater *el cine*, E
mower *la segadora*, 8
Mr. *el señor (Sr.)*, E
Mrs. *la señora (Sra.)*, E
Ms.; Miss *la señorita (Srta.)*, E
much *mucho*, I1
mural *el mural*, 11
muscle *el músculo*, 10
museum *el museo*, I1
music *la música*, E
  dance music *la música bailable*, I9
  pop music *la música pop*, I9
musician *el/la músico(a)*, 5
my *mi; mis*, E
mysterious *misterioso(a)*, I12

N

name *el nombre*, E
name: to be named *llamarse*, E
napkin *la servilleta*, I2
national park *el parque nacional*, 2
natural reserve *la reserva natural*, 2
nature *la naturaleza*, I11
near *cerca (de)*, I4
necessary *necesario(a)*, 8
neck *el cuello*, 10
necklace *el collar*, I10
necktie *la corbata*, I10
to **need** *necesitar*, E
neighbor *el/la vecino(a)*, I3
neighborhood *el barrio*, A4; *vecindario*, I4
neither *tampoco*, 3
  neither . . . nor *ni... ni*, 3
nervous *nervioso(a)*, I12
net *la red*, I5
never *nunca*, I6
new *nuevo(a)*, E
  New Year's *el Año Nuevo*, 7

news *las noticias*, 3
newscast *el noticiero*, I9
newspaper *el periódico*, I1
newsstand *el quiosco*, I1
next to *al lado de*, I4
nice *simpático(a)*, E
  Nice to meet you. *Mucho gusto.*, E; *Encantado(a).*, I3
night table *la mesa de noche*, I4
nine *nueve*, E
nine hundred *novecientos*, E
nineteen *diecinueve*, E
ninety *noventa*, E
no *no*, E
no one/nobody *nadie*, 3
noise *el ruido*, 4
noisy *ruidoso(a)*, I9
non-stop *sin parar*, I9
  non-stop flight *el vuelo sin escala*, 1
none *ningún; ninguno(a)*, 3
north *el norte*, I6
northeast *el nordeste*, 2
northwest *el noroeste*, 2
not *no*, E
  not yet *todavía no*, I7
notebook *el cuaderno*, E
notes *los apuntes*, I7
nothing *nada*, E
novel *la novela*, I7
November *noviembre*, E
now *ahora*, E
number *el número*, E

O

occasion *la ocasión*, I3
ocean *el océano*, I12
October *octubre*, E
of *de*, E
  Of course! *¡Claro!*, I3
to **offer** *ofrecer*, 11
office *la oficina*, E
oil *el petróleo*, 3
old *viejo(a)*, E
olive *la aceituna*, 7
  olive oil *el aceite de oliva*, 7
omelette *la tortilla francesa*, 7
on *en*, E

on foot *a pie*, I1
on Mondays (Tuesdays, etc.) *los lunes (martes, etc.)*, E
on time *a tiempo*, 1
one *uno*, E
  one way ticket *el pasaje de ida*, 1
one hundred *cien*, E
one thousand *mil*, I8
one thousand five hundred *mil quinientos*, I8
one thousand one hundred *mil cien*, I8
onion *la cebolla*, 7
only *el/la único(a)*, 5; *sólo*, I8
to **open** *abrir*, I3
opportunity *la oportunidad*, 12
or *o*, I2
orange *anaranjado(a)*, E; *(la) naranja*, I2
orchid *la orquídea*, 2
to **order** *pedir (e>i)*, I11
to **organize** *organizar*, 11
other *otro(a)*, E
our *nuestro(a, os, as)*, I4
outdoors *al aire libre*, I2
outside (of) *fuera (de)*, I4
outstanding *sobresaliente*, 11
oven *el horno*, 4
  microwave oven *el horno microondas*, 4
overhead bin *el compartimiento de arriba*, 1
oxygen mask *la máscara de oxígeno*, 1

P

package *el paquete*, 7
page *la página*, E
to **paint** *pintar*, 11
painting *la pintura*, 4
palm tree *la palmera*, 2
pants *los pantalones*, I8
  baggy pants *los pantalones anchos*, 9
paper *el papel*, E; I12
paperwork *los trámites*, 11

parachute *el paracaídas, I5*
parade *el desfile, 5*
paradise *el paraíso, A3*
paragraph *el párrafo, A6*
parents *los padres, E*
park *el parque, I1*
part-time *el tiempo parcial, 12*
to **participate** *participar, I11*
party *la fiesta, I3*
passenger *el/la pasajero(a), 1*
Passover *Pesach, 7*
passport *el pasaporte, E*
pasta *la pasta, I2*
path *el sendero, 2*
patient *el/la paciente, 12*
pattern *el patrón, A5*
to **pay** *pagar, I10*
    to **pay attention to** *prestar atención a, I6*
peace *la paz, 3*
    Peace Corps *el Cuerpo de Paz, 12*
peasant *el/la campesino(a), 1*
pen *el bolígrafo, E*
pencil *el lápiz, E*
people *la gente, 11*
pepper *el ají (Argentina), 7*
perfectly *perfectamente, I11*
performance *la actuación, 5*
perfume *el perfume, I10*
perhaps *tal vez, E*
person *la persona, E*
persuasive *persuasivo(a), 12*
pet *la mascota, E*
pharmacy *la farmacia, E*
photocopying machine *la fotocopiadora, 4*
photograph *la foto, I1*
photographer *el/la fotógrafo(a), 3*
physical education *la educación física, E*
physics *la física, I7*
picnic *el picnic, I3*
picture *el retrato, A6*
pie *la torta, 7*
pig *el cerdo, 8*
pillow *la almohada, 1*

pin *el broche, I10*
pineapple *la piña, I2*
plain *liso(a), 9*
plane *el avión, I11*
plant *la planta, I7*
to **plant** *plantar, 8*
plastic *el plástico, 11*
plate *el plato, I2*
play *la obra, 5*
to **play** *jugar (u>ue), I6*
    to **play (an instrument)** *tocar, I3*
player *el/la jugador(a), A3*
playwright *el/la dramaturgo(a), 11*
please *por favor, E*
plot *el argumento, 6*
poem *el poema, I7*
poet *el/la poeta, 4*
poetry *la poesía, A2*
    poetry reading *la lectura de poesía, 5*
point *el punto, I*
police officer *el/la policía, 3*
polka dots *a lunares, 9*
pollution *la contaminación, 11*
popular *popular, I3*
possible *posible, 8*
post office *el correo, I4*
postcard *la tarjeta postal, E*
poster *el cartel, E*
pot *la olla, 7*
potato *la papa, I2; patata (España), 10*
power *el poder, A3*
powerful *poderoso(a), A2*
practical *práctico(a), 9*
to **practice** *practicar, I5*
to **prefer** *preferir (e>ie), I9*
to **prepare** *preparar, 7*
present *el presente, 7*
president *el/la presidente(a), 3*
prestige *el prestigio, 12*
pretty *guapa, E*
price *el precio, 1*
programming *la programación, I9*
pronoun *pronombre*
to **protect** *proteger, 2*
public *público(a), 4*
purchase *la compra, I10*
purple *morado(a), E*

purpose *el propósito, 12*
put *puesto(a), 7*
to **put** *poner, IA1*
    to **put on** *ponerse, I8*
    to **put out a fire** *apagar un incendio, 3*

quality *la calidad, 9*
quantity *la cantidad, 7*
question *la pregunta, E*

rabbit *el conejo, 8*
radio *la radio, I4*
rain *la lluvia, I6*
to **rain** *llover (o>ue), I6*
raincoat *el impermeable, I6*
raisin *la pasa, 7*
ranch *la estancia, 8; (el) rancho, I4*
reaction *la reacción, 3*
to **read** *leer, E*
ready *listo(a), I8*
reason *la razón, 4*
receipt *el recibo, I10*
to **receive** *recibir, 3*
receptionist *el/la recepcionista, 12*
recipe *la receta, 7*
to **recognize** *reconocer, 7*
to **recommend** *recomendar (e>ie), 12*
to **recycle** *reciclar, 11*
red *rojo(a), E*
    Red Cross *la Cruz Roja, 3*
redhead *pelirrojo(a), E*
reference *la referencia, A1*
    in reference to *en referencia a, A1*
refrigerator *el refrigerador, I4*
region *la región, I11*
relationship *la relación, 6*
relative *el/la pariente(a), I3*
relaxation *la relajación, 10*
remote control *el control remoto, I9*
to **rent** *alquilar, I5*
report *el informe, I7*

reporter *el/la reportero(a)*, 3

representative *el/la representante*, I11

reservation *la reserva, I11; reservación*, 1

resistant *resistente*, 4

responsibility *la responsabilidad*, 8

to rest *descansar*, 10

restaurant *el restaurante, I2*

resumé *el currículum*, 12

rice *el arroz, I2*

to ride *montar, E*

right *la derecha, E*

ring *el anillo, I10*

river *el río, I4*

rock band *la banda de rock, I8*

rodeo show *la doma*, 8

room *el cuarto, I4*

rooster *el gallo*, 8

roots *las raíces*, 5

rope *la cuerda*, 6

round trip ticket *el pasaje de ida y vuelta*, 1

rug *la alfombra, I4*

ruins *las ruinas, I11*

to run *correr*, 10

  to run away *escaparse*, 8

S

sad *triste, I12*

safe *seguro(a), A5*

sailboat *el velero, I5*

sailing *la navegación*, 2

salad *la ensalada, I2*

salary *el sueldo*, 12

sale *la venta, I5; rebaja, I10*

salt *la sal*, 10

sand *la arena, I5*

sandals *las sandalias, I10*

sandwich *el sándwich, E*

Saturday *el sábado, E*

saxophone *el saxofón*, 5

to say *decir (e>i), I11*

scarf *la bufanda, I6; (el) pañuelo*, 9

scene *la escena*, 1

schedule *el horario, E*

school *la escuela, E*

scientist *el/la científico(a), A1*

scissors *las tijeras*, 9

to scuba dive *bucear, I5*

sea *el/la mar, I5*

seaport *el puerto*, 6

season *la temporada, A3; estación del año, I6*

seat *el asiento*, 1

  aisle seat *el asiento de pasillo*, 1

  window seat *el asiento de ventana*, 1

second *segundo(a), A3*

section *la sección, I9*

security *la seguridad*, 1

  security check *el control de seguridad*, 1

  security measures *las medidas de seguridad*, 1

to see *ver, I9*

seed *la semilla*, 8

to sell *vender, I1*

semester *el semestre, E*

senator *el/la senador(a)*, 3

to send *mandar*, 4

senior citizen *el/la anciano(a)*, 11

  senior citizen home *la residencia de ancianos*, 11

September *septiembre, E*

to serve *servir (e>i)*, 5

service *el servicio*, 9

seven *siete, E*

seven hundred *setecientos, E*

seventeen *diecisiete, E*

seventy *setenta, E*

shame *la lástima, E*

shampoo *el champú, E*

to share *compartir (e>i), I2*

to shave *afeitarse*, 9

she *ella, E*

sheep *la(s) oveja(s)*, 8

shirt *la camisa, I8*

  sleeveless shirt *la camisa sin mangas*, 9

shoe *el zapato, I8*

  shoe size *el número de zapato, I10*

  shoe store *la zapatería, I1*

shopping *de compras, E*

short *bajo(a); corto(a), E*

shoulder *el hombro*, 10

show *el espectáculo, I12*

to show *mostrar, A6*

sick *enfermo(a)*, 11

side *el lado, I4*

sideburns *las patillas*, 9

sights *los puntos de interés, I12*

sign *la señal*, 2

to sign *firmar, A1*

similar *parecido(a)*, 5

simple *sencillo(a), A3*

to sing *cantar, I1*

singer *el/la cantante*, 5

sink *el fregadero, I4*

sister *la hermana, E*

six *seis, E*

six hundred *seiscientos, E*

sixteen *dieciséis, E*

sixty *sesenta, E*

size *la talla, I1*

to skate *patinar, I1*

skates *los patines*, 5

skating *el patinaje*, 5

to ski *esquiar, I6*

skirt *la falda, I8*

skyscraper *el rascacielos*, 4

to sleep *dormir (o>ue)*, 10

sleeping bag *el saco de dormir*, 2

sloth *el perezoso*, 2

slow *lento(a), I9*

small *pequeño(a), E*

snack (afternoon) *la merienda, I2*

snake *la serpiente*, 2

sneakers *los tenis, I8*

to snow *nevar (e>ie), I6*

soap *el jabón, E*

  soap opera *la telenovela, I9*

soccer *el fútbol, E*

social worker *el/la asistente social*, 12

sofa *el sofá, I4*

soft drink *el refresco, E*

some *algún; alguno (a,os, as)*, 3

somebody *alguien*, 3

something *algo*, 3

sometimes *a veces, I6*

son *el hijo, I3*

song *la canción*, 5

soon *pronto, I8*

Sorry! *¡Perdón!, E*

sound *el sonido*, 5

soup *la sopa, I2*

south *el sur, I6*

South America *América del Sur*, I11
southeast *el sureste*, 2
southwest *el suroeste*, 2
spaghetti *los espagueti*, 7
Spain *España*, I7
Spanish (language) *el español*, E
to **speak** *hablar*, E
speaker *el parlante*, 5
special *especial*, I3
species *las especies*, 2
spectacular *espectacular*, I12
spicy *picante*, I2
spiked hair *el pelo de punta*, 9
spoon *la cuchara*, I2
sport *el deporte*, E
spring *la primavera*, I6
stability *la estabilidad*, 12
stable *el establo*, 8
stadium *el estadio*, I1
stage *el escenario*, 5
stamp *el sello*, 6
star *la estrella*, A3
station *la estación*, I1
to **stay** *quedarse*, 1
steak *el bistec*, I2
stepfather *el padrastro*, E
stepmother *la madrastra*, E
stereo *el estéreo*, I9
sticker *la calcomanía (Rep. Dominicana)*, 6
still *todavía*, I4
stomach *el estómago*, 10
stone *la piedra*, I11
stop *la parada*, I1
to **stop** *parar*, 8
store *la tienda*, E
storm *la tormenta*, I6
stove *la estufa*, I4
straight *derecho*, I1
straw *la caña*, A4
street *la calle*, E
strength *la fuerza*, 10
stress *el estrés*, 10
striped *a rayas*, 9
strong *fuerte*, A5
student *el/la estudiante*, E
studies *los estudios*, I11
to **study** *estudiar*, I7
subject *la materia*, E
suburbs *las afueras*, I4
subway *el metro*, E

sugar *el azúcar*, 7
suggestion *la sugerencia*, A2
suit *el traje*, 9
suitcase *la maleta*, I11
summer *el verano*, I6
summer camp *el campamento de verano*, 12
to **sunbathe** *tomar el sol*, I5
Sunday *el domingo*, E
sunglasses *los lentes de sol*, I5
sunscreen *el protector solar*, I5
supermarket *el supermercado*, I1
surprise: to be surprised *sorprenderse*, 3
sweater *el suéter*, I6
to **sweep** *barrer*, 7
sweet *dulce*, I2
to **swim** *nadar*, I5
swimming pool *la piscina*, I5
swing *el columpio*, 6

T

T-shirt *la camiseta*, E
table *la mesa*, I4
tablecloth *el mantel*, 7
to **take** *llevar*, I6; *sacar*, A1
  to **take off** *despegar*, 1
  to **take out the garbage** *sacar la basura*, 7
  to **take pictures** *sacar fotos*, I1
to **talk** *hablar*, E
tall *alto(a)*, E
tape recorder *la grabadora*, A6
tasty *rico(a)*, I2
tea *el té*, I2
to **teach** *enseñar*, A1
teacher *el/la profesor(a)*, E; *maestro(a)*, 12
technology *la tecnología*, 4
teenager *el/la adolescente*, 11
teeth *los dientes*, I8
telegram *el telegrama*, 4
telephone *el teléfono*, E

cellular phone *el teléfono celular*, 4
telephone number *el número de teléfono*, E
television *la televisión*, E
to **tell** *decir (e>i)*, I11
temperature *la temperatura*, I6
ten *diez*, E
ten thousand *diez mil*, I8
tent *la tienda de campaña*, 2
tenth *décimo(a)*, 12
territory *el territorio*, 2
test tube *el tubo de ensayo*, I7
thank you (thanks) *gracias*, E
Thanksgiving *Acción de Gracias*, 7
that *que*, E; *ese(a, o)*, I10
the *el; la; los; las*, E
theater *el teatro*, I1
their *su; sus*, I4
them *los; las*, I9
  to/for them *les*, I10
these *estos(as)*, I10
they *ellos(as)*, E
thing *la cosa*, E
to **think** *pensar*, 1
third *tercero(a)*, 4
thirst *la sed*, I2
thirteen *trece*, E
thirty *treinta*, E
this *este(a, o)*, I10
  this way *así*, A3
those *esos(as)*, I10
three *tres*, E
three hundred *trescientos*, E
throat *la garganta*, 10
through *por*, I1; *a través de*, A6
Thursday *el jueves*, E
to **till the soil** *cultivar la tierra*, 8
time *la hora*, E; *vez*, IA2; *(el) tiempo*, I5
tired *cansado(a)*, I12
to *a*, E
today *hoy*, E
together *juntos(as)*, E
toilet *el inodoro*, I4
tomato *el tomate*, I2
tomorrow *mañana*, E
too *también*, E

tool *la herramienta, 1*
toothbrush *el cepillo de dientes, E*
toothpaste *la pasta de dientes, E*
topic *el tema, I11*
tornado *el tornado, 3*
toucan *el tucán, 2*
to **touch** *tocar, 6*
tour guide *el/la guía de turismo, 12*
toward *hacia, 2*
towel *la toalla, I5*
tower *la torre, I4*
town *el pueblo, I4*
tractor *el tractor, 8*
traditional *tradicional, 5*
traffic *el tráfico, 4*
  traffic light *el semáforo, 11*
train *el tren, I1*
trainer *el/la entrenador(a), 12*
translation *la traducción, 11*
translator *el/la traductor(a), A2*
transparent *transparente, I5*
transportation *el transporte, I1*
trash *la basura, 2*
to **travel** *viajar, I1*
treasure *el tesoro, 4*
treaty *el acuerdo, A1*
tree *el árbol, I4*
trip *el viaje, I1*
truck *el camión, 8*
trumpet *la trompeta, 5*
to **try** *intentar, 6; tratar, A4*
  to **try on** *probarse (o>ue), 9*
Tuesday *el martes, E*
tuna *el atún, I2*
tune *el son, 8*
turkey *el pavo, 7*
to **turn off** *apagar, I9*
to **turn on** *encender (e>ie), I9*
turtle *la tortuga, E*
twelve *doce, E*
twenty *veinte, E*
twenty one(two . . .) *veintiuno(dos...), E*
two *dos, E*
two hundred *doscientos, E*

two thousand *dos mil, E*
type *el tipo, I9*
typewriter *la máquina de escribir, 4*

U

U.S. *EE.UU., I10*
ugly *feo(a), E*
umbrella *el paraguas, I6*
uncle *el tío, I3*
under *debajo de, I4*
to **understand** *comprender, I7*
United Nations *ONU (Organización de las Naciones Unidas), 12*
unnecessary *innecesario(a), 11*
until *hasta, 2*
upside down *boca abajo, A2*
upstairs *arriba, I4*
us *nos, I9*
  to/for us *nos, I10*
to **use** *usar, 1*
usually *generalmente, I1*

V

vacuum cleaner *la aspiradora, 4*
valley *el valle, I12*
vanguard *la vanguardia, 5*
vanilla *la vainilla, I2*
variety *la variedad, 12*
vegetables *las verduras, I2*
vegetarian *vegetariano(a), I2*
very *muy, E*
victim *la víctima, 3*
video camera *la cámara de video, 4*
video cassette recorder (VCR) *la videocasetera, I9*
videogame *el videojuego, E*
vinegar *el vinagre, 7*
violence *la violencia, 11*
visa *la visa, I11*
to **visit** *visitar, I1*
visitor *el/la visitante, I4*

vocabulary *el vocabulario, I7*
volcano *el volcán, 2*
volleyball *el voleibol, E*
volunteer *el/la voluntario(a), 3*
to **volunteer** *trabajar de voluntario(a), 11*

W

waiter *el mesero, I2*
waitress *la mesera, I2*
waiting room *la sala de espera, 1*
to **walk** *caminar, I1*
wall *la pared, I4*
walnut *la nuez, 7*
to **want** *querer (e>ie), I5*
warrior *el/la guerrero(a), A4*
to **wash** *lavar, 7*
  to **wash (one's hair)** *lavarse (el pelo), I8*
watch *el reloj, I10*
to **watch** *mirar, E*
waterfalls *las cataratas, I12*
watermelon *la sandía, 7*
wave *la ola, I5*
way *la manera, 7*
we *nosotros(as), E*
to **wear** *llevar, I6*
weather *el tiempo, I6*
weather forecast *el pronóstico del tiempo, I6*
wedding *la boda, I3*
Wednesday *el miércoles, E*
week *la semana, E*
weekend *el fin de semana, E*
weekly *semanal, E*
weight *la pesa, 10*
Welcome! *¡Bienvenidos!, E*
west *el oeste, I6*
to **wet** *mojar, A1*
What? *¿Qué...?, E*
  What happened? *¿Qué pasó?, 3*
  What's up? *¿Qué tal?, E*
wheat *el trigo, 8*

wheel *la rueda*, A2
When? *¿Cuándo?*, E
Where? *¿Dónde?*, E
  Where are you from?
  ¿De dónde eres?, E
  Where to? *¿Adónde?*, I1
Which? *¿Cuál(es)?*, E
white *blanco(a)*, E
Who(m)? *¿Quién(es)?*, E
Why? *¿Por qué?*, E
wild *salvaje*, 8
to **win** *ganar*, I7
wind *el viento*, I6
window *la ventana*, I4
winter *el invierno*, I6
to **wish** *desear*, I2
with *con*, E
  with me *conmigo*, I1
  with you *contigo*, I1
without *sin*, I6
woman *la mujer*, I6
wood *la madera*, I12
wool *la lana*, I12
to **work** *trabajar*, I6

worker *el/la trabajador(a)*, 3
workshop *el taller*, I1
World Cup *el Mundial de Fútbol*, 3
worried *preocupado (a)*, I12
worse (than) *peor (que)*, I9
to **write** *escribir*, I2

year *el año*, E
yellow *amarillo(a)*, E
yesterday *ayer*, I7
yogurt *el yogur*, I2
you *tú; vosotros(as); Ud.; Uds.*, E
  to/for you *te; os; le; les; ti*, I10
young *joven*, E
your *tu; tus*, E

Z

zero *el cero*, E
zip code *el código postal*, E
zipper *la cremallera*, 9
zone *la zona*, I1
zoo *el zoológico*, 5

English-Spanish Glossary

ÍNDICE GRAMATICAL

Note: unless otherwise specified, verbs are in the present tense.
For irregular verbs, see the infinitive form.

A

a: personal **a** 25
adverbs, formation of 164
adjectives
    comparatives 118
    following an article 242
    superlatives 31
articles
    del (de + el) 16
    preceding an adjective 242

C

commands
    informal **(tú)** commands
        affirmative forms 27, 260
        negative forms 262
    nosotros(as) commands 292
    formal **(Ud./Uds.)** commands 68

comparisons
    más/menos... que 118
    tan... como 118
    tanto(a, os, as)... como 118
    superlatives 31

D

deber 27
del (de + el) 16
demonstrative pronouns 242

E

estar
    present tense 5
    preterite 194
    present progressive 33
    estar vs. **ser** 244

F

future tense
    formation 212
    verbs with irregular stems 212

G

gustar 12, 13

H

hace... que + the present tense of a verb 194
haber + past participle (present perfect tense) 310
hacer
    preterite 19
hay
    preterite **hubo** 98

I

imperfect tense
    formation 116
    vs. preterite 166
indefinite words 100
interrogative word 7, 9
ir
    present tense 15
    preterite 19, 70
    imperfect tense 116
    with **a** to express future 212

N

negative words 100

P

para vs. **por** 214
past participles 196
personal **a** 25
present tense
    of regular **-ar**, **-er**, and **-ir** verbs 9
present progressive tense 33
present perfect tense 310
preterite tense
    of regular **-ar**, **-er**, **-ir** verbs, 21, 70
    of **ir**, **ver**, **hacer** 19, 70
    of stem-changing -ir verbs such as **divertirse**, **dormir** 146
    of verbs with irregular stems in the preterite such as **poner, venir** 194
    of verbs with spelling change in the preterite such as **leer, oír** 98
    vs. imperfect 166
pronouns
    demonstrative 242
    direct object pronouns 25, 50
    impersonal **se** 148
    indirect object pronouns 29, 148
    reciprocal **nos, se** 164
    reflexive pronouns 11
    with affirmative commands 260
    with negative commands 262

R

reflexive verbs 3, 11

S

ser
present tense 5
ser vs. **estar** 244
imperfect tense 116
subjunctive
formation 290
with impersonal expressions 290
to make recommendations 308
superlatives 31

T

tener
present tense 3
preterite tense 194
tener que 27

V

verbs
commands
informal **(tú)** commands
affirmative forms 27, 260
negative forms 262
nosotros(as) commands 292
formal **(Ud./Uds.)** commands 68
deber 27
estar
present tense 5
preterite 194
present progressive 33
estar vs. **ser** 244
gustar 12, 13
hacer
hace... que + the present tense 194
hay
preterite **hubo** 98
imperfect tense formation 116
imperfect vs. preterite 166

present tense
of regular **-ar**, **-er,** and **-ir** verbs 9
present progressive tense 33
present perfect tense 310
preterite tense
of regular **-ar**, **-er**, **-ir** verbs, 21, 70
of **ir**, **ver**, **hacer** 19, 70
of stem-changing **-ir** verbs such as **divertirse, dormir** 146
of verbs with irregular stems in the preterite such as **poner**, **venir** 194
of verbs with spelling change in the preterite such as **leer**, **oír** 98
vs. imperfect 166
reflexive verbs 3, 11
ser
present tense 5
ser vs. **estar** 244
subjunctive
formation 290
with impersonal expressions 290
to make recommendations 308
tener
present tense 3
tener que 27

CREDITS

Contributing Writers
Pilar Álamo, Luisa N. Alfonso, Adrián Collado, Eva Gasteazoro, Ron Horning, Saskia Gorospe-Rombouts, Stephen McGroarty, Daniel Montoya, Nela Navarro-LaPointe, Mariana Pavetto, Candy Rodó, Isabel Sampedro, Jeff Segall, Tanya Torres, Pedro Valiente, Walter Vega

Contributing Editors
Inés Greenberger
José Luis Benavides, Raquel Díez, Claudia DoCampo, Richard deFuria, Eva Garriga, Andrea Heiss, Elvira Ortiz, Margaret Maujenest, Sharon Montoya, Andrés Palomino, Timothy Patrick, Mercedes Roffé, Vincent Smith, Marta Vengoechea

Design/Production
Design: Rhea Banker,
Chuck Yuen, Patty Harris
Production Management: Helen Breen, Jo Ann Hauck
Electronic Production: Gwen Waldron, Lynne Torrey
Photo Research: Rory Maxwell, Elisa Frohlich, Omni-Photo Communications

Text Credits
Grateful acknowledgment is made to the following for permission to reprint copyrighted material:
El Museo del Barrio
Logo and information concerning membership and cultural mission of El Museo del Barrio, New York City used with permission.
Note: Every effort has been made to locate the copyright owner of material reprinted in this book. Omissions brought to our attention will be corrected in subsequent printings.

Art Credits
045 Nancy Doniger; 045 Rita Lascaro; 048 Tim Egan; 049 Tim Egan; 051 Aaron Koster; 051 Nancy Doniger; 054 Frank Ferri; 062 Rita Lascaro; 063 Nancy Doniger; 065 Neverne Covington; 066 Jim Deigan; 067 Jim Deigan; 074 Anne Stanley; 075 Anne Stanley; 092 Nancy Doniger; 093 Nancy Doniger; 096 André Labrie; 097 André Labrie; 110 Nancy Doniger; 111 Nancy Doniger; 111 Rita Lascaro; 114 Susan Greenstein; 115 Susan Greenstein; 117 Nancy Doniger; 141 Nancy Doniger; 144 Debbie Tilley; 145 Debbie Tilley; 148 Neverne Covington; 149 Neverne Covington; 158 Nancy Doniger; 159 Nancy Doniger; 159 Rita Lascaro; 162 Rodica Prato; 163 Rodica Prato; 168 Steve Henry; 170 Joey Art; 171 Joey Art; 188 Nancy Doniger; 189 Nancy Doniger; 190 Abe Gurvin; 192 Tim Egan; 193 Tim Egan; 203 Patty Harris; 206 Nancy Doniger; 210 Rodica Prato; 211 Rodica Prato; 213 Nancy Doniger; 218 Anne Stanley; 219 Anne Stanley; 236 Nancy Doniger; 237 Nancy Doniger; 237 Susan Blubaugh; 238 Gayle Kabaker; 240 Tim Egan; 241 Tim Egan; 243 Nancy Doniger; 245 Nancy Doniger; 247 Susan Blubaugh; 254 Nancy Doniger; 258 Jim Deigan; 259 Jim Deigan; 261 Nancy Doniger; 285 Nancy Doniger; 288 Susan Hunt Yule; 289 Susan Hunt Yule; 294 Josie Yee; 295 Josie Yee; 296 Robin Hotchkis; 297 Robin Hotchkis; 302 Nancy Doniger; 303 Nancy Doniger; 306 Rodica Prato; 307 Rodica Prato; 314 Jannine Cabossel; 315 Jannine Cabossel

Photo credits
cover Paul Loven/The Image Bank; cover James Marshall/The Stock Market; cover Ken Karp; cover Henry Cordero; cover Grace Davies/Omni-Photo Communications
xxx bottom The Granger Collection; xxx center David Stoecklein/The Stock Market; xxx top Peter Morgan/Matrix; xxxi center Stephen Ogilvy; xxxi top Byron Augustin/DDB Stock Photo; xxxi bottom Donald Dietz/Stock Boston
xxx bottom The Granger Collection; xxx center David Stoecklein/The Stock Market; xxx top Peter Morgan/Matrix; xxxi center Stephen Ogilvy; xxxi top Byron Augustin/DDB Stock Photo; xxxi bottom Donald Dietz/Stock Boston
002 Michael Krasowitz/FPG; 008 bottom Henry Cordero; 008 center Henry Cordero; 008 top Robert Frerck; 012 bottom Michal Heron; 012 center Lou Bopp; 012 top Lou Bopp; 020 bottom Paco Elvira; 020 center Colin Fisher; 020 top Rocío Escobar; 022 Runk/Schoenberger/Grant Heilman Photography; 024 bottom James Davis/International Stock; 024 center R. Walker/H. Armstrong Roberts; 024 top Bachmann/PhotoEdit; 028 Monkmeyer/Collins; 031 Rocío Escobar; 032 bottom Ken Karp; 032 center Ken Karp; 032 top Barbara Alper/Stock Boston; 034 Ken Karp; 035 bottom Lou Bopp; 035 top Anna Elias; 036 bottom Lou Bopp; 036 top Michal Heron; 037 bottom Marcos López; 037 top Lou Bopp; 040-041 Courtesy of Costa Rica Tourist Bureau; 041 bottom right Mike & Carol Werner/Comstock; 042-043 John F. Mason/The Stock Market; 043 bottom Rocío Escobar; 043 center Wil Blanche/Omni-Photo Communications; 043 top Comstock; 043 top center Rocio Escobar; 044-045 John F. Mason/The Stock Market; 050 Rocío Escobar; 053 Jeff Greenberg/Leo de Wys Inc.; 056-057 Comstock; 057 Wil Blanche/Omni-Photo Communications; 058 Rocío Escobar; 060-061 Rocío Escobar; 061 bottom Rocío Escobar; 061 bottom center John Elk III/Bruce Coleman Inc.; 061 center Rocío Escobar; 061 top Gregory G. Dimijian/Photo Researchers, Inc.; 062-063 Rocío Escobar; 064 bottom left Gregory G. Dimijian/Photo Researchers, Inc.; 064 bottom right Rocío Escobar; 064 top Rocío Escobar; 069 bottom Mike & Carol Werner/Comstock; 069 top Rocío Escobar; 070 Rocío Escobar; 071 Rocío Escobar; 072 left Rocío Esobar; 072 right Paul Gerda/Leo de Wys Inc.; 073 John Elk III/Bruce Coleman Inc.; 077 Rocío Escobar; 078-079 Art Gingert/Comstock; 079 bottom Louisa Preston/Photo Researchers, Inc.; 079 center Superstock; 079 top Rocío Escobar; 080 bot-

tom left David W. Hamilton/The Image Bank; 080 bottom right Rocío Escobar; 080 top Roy Morsch/The Stock Market; 081 bottom Byron Augustin/DDB Stock Photo; 081 top left Gregory G. Dimijian/Photo Researchers, Inc.; 081 top right Rocío Escobar; 083 Rocío Escobar; 084 bottom Lou Bopp; 084 top Lou Bopp; 085 bottom left Lou Bopp; 085 bottom right Lou Bopp; 085 top left Lou Bopp; 085 top right Lou Bopp; 086 bottom Tom Boyden; 086 top Rocío Escobar; 087 bottom Rocío Escobar; 087 top A.F.P. Photo; 088 MNAM; 088-089 Robert Frerck/The Stock Market; 089 Markova/The Stock Market; 090-091 Focus on Sports; 091 bottom Bill Hickey/Allsport USA; 091 bottom center D. Donne Bryant; 091 center Robert Frerck/Odyssey/Chicago; 091 top Henry Cordero; 091 top center Focus on Sports; 092-093 Comstock; 094 bottom center J.P. Courau/DDB Stock Photo; 094 bottom left Robert Frerck/Odyssey/Frerck/Chicago; 094 bottom right Focus on Sports; 094 top Michal Heron; 094 top center left The Bettmann Archive; 094 top center right Keith Dannemiller/SABA; 095 MNAM; 098 J.P. Courau/DDB Stock Photo; 099 A & J Verkaik/The Stock Market; 100 Peter Menzel/Stock Boston; 101 Henry Cordero; 102 D. Donne Bryant; 103 Robert Frerck/Odyssey/Chicago; 104-105 Bill Hickey/Allsport USA; 105 bottom Bob Daemmrich/Stock Boston; 106 J.P. Courau/DDB Stock Photo; 107 Robert Frerck/Odyssey/Chicago; 108-109 Keith Dannemiller/SABA; 109 bottom Eric Kroll/Omni-Photo Communications; 109 bottom center Giuliano du Portu; 109 center Emory Kristof/National Geographic Society; 109 top Bob Daemmrich ; 109 top center Peter Morgan/Matrix; 110-111 Joel Greenstein/Omni-Photo Communications; 112 bottom Arturo Rubio/DDB Stock Photo; 112 bottom center Chip and Rosa María Peterson; 112 top Markova/The Stock Market; 112 top center Peter Morgan/Matrix; 113 Bob Daemmrich; 118 Bob Daemmrich ; 119 Giuliano du Portu; 120-121 Steve Ogilvy; 123 Eric Kroll/Omni-Photo Communications; 124 Emory Kristof/national Geographic Society; 125 Jonathan Blair/National Geographic Society; 126-127 Carl Frank/Photo Researchers, Inc.; 127 bottom Odyssey/Frerck/Chicago; 127 center D. Donne Bryant; 127 top D. Donne Bryant; 128 bottom John V. Cotten/DDB Stock Photo; 128 top Robert Frerck/Odyssey/Chicago; 129 Robert Frerck/Odyssey; 132 bottom Stephen Ogilvy; 132 top Alyx Kellington/DDB Stock Photo; 133 bottom center Stephen Ogilvy; 133 bottom left Stephen Ogilvy; 133 bottom right Stephen Ogilvy; 133 top center Stephen Ogilvy; 133 top left Stephen Ogilvy; 133 top right Stephen Ogilvy; 134 bottom Suzanne L Murphy/DDB Stock Photo; 134 top Andrés Palomino; 135 bottom Jeff Foott/Bruce Coleman Inc.; 135 top Grace Davies/Omni-Photo Communications; 136-137 Lou Bopp; 138-139 Lou Bopp; 139 bottom The Stock Market; 139 bottom center Lou Bopp; 139 top Lou Bopp; 139 top center Eric Guttelwitz/Museo del Barrio/Omni Photo Communications; 140-141 Lou Bopp; 142 left "Portrait of Klavia". Rosa Ibarra/Courtesy of Mu: del Barrio; 142 right "Spring in Paris". Oil on canvas, 1976, Pedro Villarini/Courtesy of Museo del Barrio, Omni Photo Communications; 143 bottom Museo del Barrio; 143 top Eric Guttelwitz/Museo del Barrio/Omni Photo Communications; 146 Lou Bopp; 149 Comstock; 150 bottom Stephen Ogilvy; 150 top Jeff Greenberg/Photo Researchers; 151 Stephen Ogilvy; 152-153 Stephen Ogilvy; 153 bottom Lou Bopp; 153 top left M. López; 153 top right James McLoughlin/FPG International; 154 The Stock Market; 156-157 Lou Bopp; 157 bottom Lou Bopp; 157 bottom center Lou Bopp; 157 center Martha Cooper/Viesti Associates, Inc.; 157 top Lou Bopp; 157 top center Lou Bopp; 158-159 Lou Bopp; 160 bottom left Lou Bopp; 160 bottom right Lou Bopp; 160 top left Lou Bopp; 160 top right Lou Bopp; 161 1995 PhotoDisc, Inc.; 165 Lou Bopp; 167 bottom left Shelley Rotner/Omni Photo Communications; 167 bottom right Shelley Rotner/Omni Photo Communications; 169 C.D. Gordon/The Image Bank; 172 Martha Cooper/Viesti Associates, Inc.; 173 Stephen Ogilvy; 174-175 Rob Tringali Jr./Sportschrome East/West; 175 bottom Lou Bopp; 175 center Chip & Rosa María Peterson; 175 top Lou Bopp; 176 Rob Tringali/Sportschrome East/West; 176-177 Wide World Photos, Inc.; 177 Lou Bopp; 179 1995 PhotoDisc, Inc.; 180 bottom Lou Bopp; 180 top Lou Bopp; 181 bottom center Lou Bopp; 181 bottom left Lou Bopp; 181 bottom right Lou Bopp; 181 top center Lou Bopp; 181 top right Lou Bopp; 181 top right Lou Bopp; 182 bottom Dr. Paul A. Zahr/Photo Researchers, Inc.; 182 top Lou Bopp; 183 bottom Lou Bopp; 183 top Charles Seaborn/Odyssey/Chicago; 184-185 Mark Newman/International Stock; 185 Gary Payne/Gamma Liaison; 186-187 Marcos López; 187 bottom Marcos López; 187 bottom center Marcos López; 187 top Stephen Ogilvy; 187 top center Robert Frerck/Odyssey/Chicago; 188-189 Joe Viesti; 194 Robert Frerck/Odyssey/Chicago; 196 Marcos López; 197 Stephen Ogilvy; 199 Stephen Ogilvy; 200-201 Stephen Ogilvy; 202 Marcos López; 204-205 Michael Moody/DDB Stock Photo; 205 bottom Michael Moody/DDB Stock Photo; 205 bottom center Marcos López; 205 center Robert Frerck/ Woodfin Camp; 205 top Carlos Goldin/Focus -Stock Fotográfico; 206-207 Marcos López; 208 bottom left Carlos Goldin/Focus -Stock Fotográfico; 208 bottom right Marcos López; 208 top Marcos López; 212 Marcos López; 214 Marcos López; 215 bottom center Stephen Ogilvy; 215 bottom left Marcos López; 215 bottom right Marcos López; 215 top center Marcos López; 215 top left Marcos López; 215 top right Marcos López; 216-217 Michael Moody/DDB Stock Photo; 220-221 Robert Frerck/Woodfin Camp; 222-223 Jose Fuste Raga/The Stock Market; 223 bottom The Stock Market; 223 center George D. Lepp/Comstock; 223 top Alex Stewart/The Image Bank; 224 bottom `led Gillette/The Stock Market; vanovich/DDB Stock Photo; 225 ett/Bruce Coleman Inc.; 227 Lou arcos López; 228 right Marcos om center Marcos López; 229 bot- os López; 229 bottom right Marcos top center Marcos López; 229 top left opez; 229 top right Marcos López; 230 Travel Ink/Corbis; 230 top Loren yre/Woodfin Camp; 231 bottom Marcos z; 231 top Marcos López; 232-233 Robert rck/Odyssey/Chicago; 233 Marcos López; 234-35 G & M. David de Lossy/The Image Bank; 235 bottom Paco Elvira; 235 bottom center Paco Elvira; 235 center Paco Elvira; 235 top Paco Elvira; 235 top center Paco Elvira; 236-237 Paco Elvira; 242 Paco Elvira; 243 Paco Elvira; 244 Paco Elvira; 249 Paco Elvira; 250 Paco Elvira; 251 Paco Elvira; 252-253 Paco Elvira; 253 bottom Paco Elvira; 253 bottom center Stephen McBrady/PhotoEdit; 253 center Arthur Tilley/FPG International; 253 top D. Donne Bryant; 253 top center Paco Elvira; 254-255 Paco Elvira; 256 bottom Tony Freeman/PhotoEdit; 256 top Stuart Cohen/Comstock; 257 Stephen Ogilvy; 260 Paco Elvira; 261 Paco Elvira; 262 D. Donne Bryant; 263 Stephen McBrady/PhotoEdit; 265 Stephen Ogilvy; 266 Lou Bopp; 266-267 Stephen Ogilvy; 267 Arthur Tilley/FPG International; 268 Paco Elvira; 269 Paco Elvira; 270-271 Globe Photos; 271 bottom Doug Pensinger/Allsport USA; 271 top Chris Cole/Allsport USA; 271ccenter Allsport ; 272 bottom Globe Photos; 272 top D. Pensinger/Allsport; 273 bottom AP/Wide World; 273 top Stephen Ogilvy; 275 Lou Bopp; 276 Paco Elvira; 277 bottom center Paco Elvira; 277 bottom left Paco Elvira; 277 bottom right Paco Elvira; 277 top center Paco Elvira; 277 top left Paco Elvira; 277 top right Paco Elvira; 278 bottom Art Resourse, NY; 278 top Photofest; 279 bottom Roger Ressmeyer/Corbis; 279 top Courtesy of Ignacio Burgos; 280-281 Martha Cooper/Viesti Associates, Inc.; 281 bottom Ken Ross/Viesti Associates, Inc.; 281 center Martha Cooper/Viesti Associates, Inc.; 281 top Martha Cooper/Viesti Associates, Inc.; 282-283 James Wilson/Woodfin Camp; 283 bottom Andrés Palomino; 283 bottom center Cristina Salvador; 283 center Cristina Salvador; 283 top Cristina Salvador; 283 top center Jim Cummins/FPG; 284-285 Cristina Salvador; 286 bottom Myrleen Cate/Tony Stone Images, Inc.; 286 center David Young-Wolff/Tony Stone Images, Inc.; 286 top Peter Correz/Tony Stone Images, Inc.; 291 Jim Cummins/FPG; 292 Cristina Salvador; 293 Cristina Salvador; 298 Andrés Palomino; 299 Cristina Salvador; 300-301 Michael Newman/PhotoEdit; 301 bottom Courtesy of Edward Powe; 301 bottom center John Maher/The Stock Market; 301 center Michael Newman/PhotoEdit; 301 top Richard Hutchings /Photo Researchers, Inc.; 301 top center Comstock; 302-303 Comstock; 308 John Maher/The Stock Market; 309 Comstock; 310 Michael Krasowitz/FPG International; 311 Richard Hutchings /Photo Researchers, Inc.; 312 Michael Newman/PhotoEdit; 316 Courtesy of Edward Powe; 317 Lou Bopp; 318-319 Jeff Greenberg/Omni-Photo Communications; 319 bottom Cristina Salvador; 319 center Michal Heron; 319 top Courtesy of Univisión Televisión Network; 320 bottom Stephen Ogilvy; 320 top Bill Pogue/The Stockhouse; 321 left Cover of Ser Padres magazine August/September 1995, photography by Rosanne Olson; 321 right Christine Galida; 322 Lou Bopp; 324 bottom center Lou Bopp; 324 bottom left Lou Bopp; 324 bottom right Lou Bopp; 324 top Lou Bopp; 325 bottom Lou Bopp; 325 bottom center Lou Bopp; 325 top Lou Bopp; 325 top center Lou Bopp; 326 Andrés Palomino/Omni-Photo Communications; 327 bottom Carmen Lomas Garza. "Cumpleaños de Lala y Tudi". Oil on canvas 36x48 inches. c. Carmen Lomas Garza. Collection of Paula Maciel Benecke and Norbert Benecke, Apotos, CA. Photograph by Wolfgang Dietz; 327 top Gerry Goodstein

000 tx 02 bottom center David Muench Photography; tx 02 bottom left Craig Pickering/TexStock Photo Inc.; tx 02 bottom lower center David Muench; tx 02 bottom middle center Laurence Parent; tx 02 bottom right David Muench Photography; tx 02 top Laurence Parent; tx 02 top middle center Laurence Parent; tx 02 top upper center Laurence Parent; tx 04 bottom left Bob Daemmrich Photography, Inc.; tx 04 bottom right Bob Daemmrich Photography, Inc.; tx 04 top Laurence Parent; tx 05 bottom left Jack Parsons/Omni-Photo Communications; tx 05 bottom right Superstock; tx 05 top right Laurence Parent; tx 06 bottom Jack Parsons/Omni-Photo Communications; tx 06 top left Superstock; tx 06 top right Michael Friedman; tx 07 bottom Michael Friedman; tx 07 top Four by Five; tx 08 bottom Stephen Ogilvy; tx 08 top Courtesy of Texas A&M University; tx 09 bottom left Brazos Films; tx 09 bottom right Charles W. Bush/Shooting Star; tx 09 top left Al Rendon; tx 09 top right Bob Daemmrich; tx 10 Bob Daemmrich; 000 tx 11 Bob Daemmrich; tx 12 Colin Fisher; tx 15 bottom Courtesy of Emyre Robinson; tx 15 center AP Photo/Kevork Djansezian; tx 15 top Reuters/HO-Treasury Dept./Archive Photos; tx 16 bottom AP Photo/David Breslauer; tx 16 top The Institute of Texan Cultures, San Antonio, TX. Courtesy of Texas Medical Association